REPARACIONES y RENOVACIONES

suelos y escaleras

PSS 28 AE
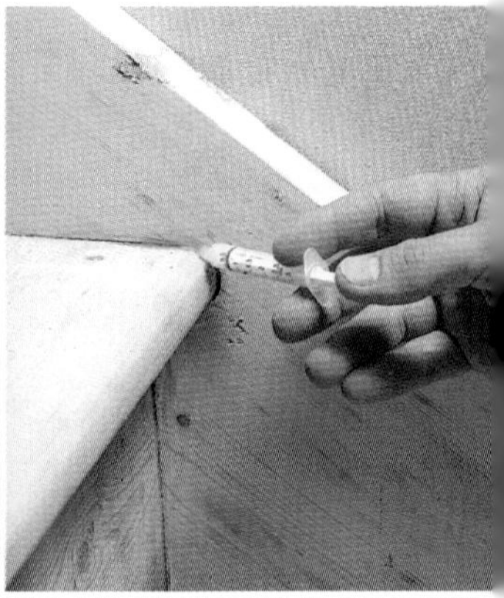

REPARACIONES y RENOVACIONES

suelos y escaleras

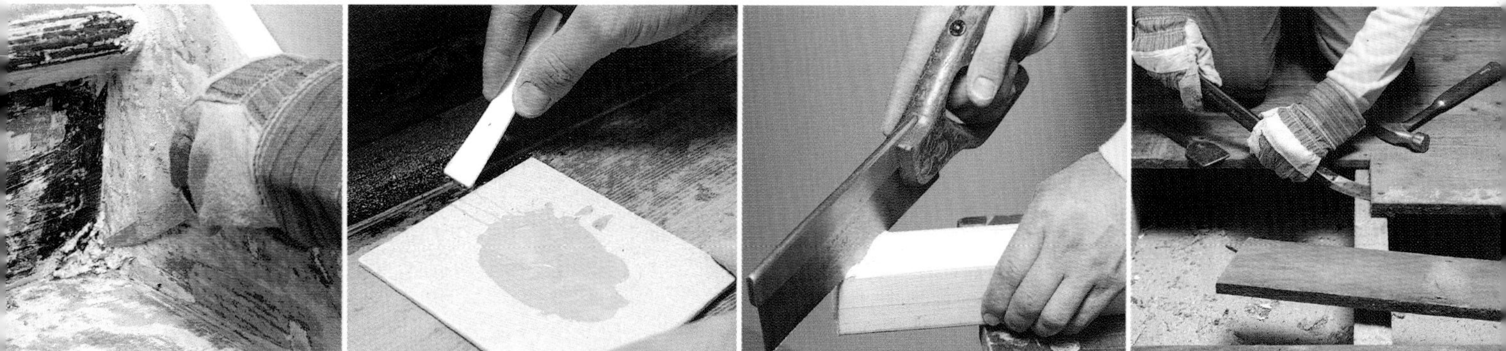

Mark Corke

suelos y escaleras **contenido**

En los últimos tiempos ha habido una reaparición del interés por las baldosas de vinilo, que ahora se pueden conseguir en una amplia gama de colores y estilos.

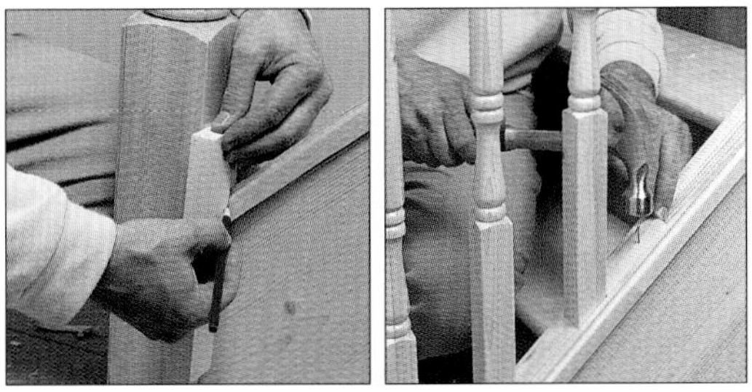

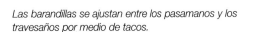

Las barandillas se ajustan entre los pasamanos y los travesaños por medio de tacos.

Introducción

La reforma de la vivienda se está convirtiendo de una manera vertiginosa en el pasatiempo nacional, existiendo cada vez más aficionados que optan por llevar a cabo trabajos que se solían dejar para que los realizara un profesional. Hacerse cargo de un proyecto usted solo y seguir su progresión desde la planificación hasta la decoración final puede ser más gratificante que contratar a alguien y además contribuirá a asegurar que usted logrará el aspecto deseado, y con un mínimo coste de mano de obra se ahorrará bastante.

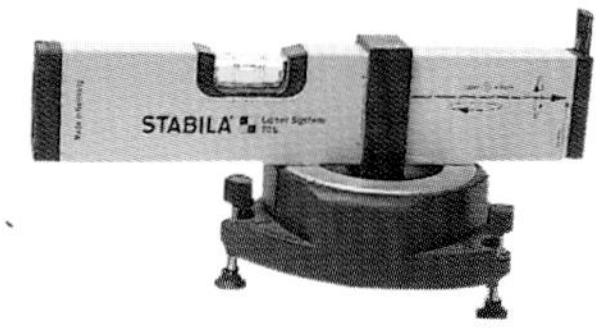

Reflexión sobre las reformas

Pocas cosas nos producen tanta satisfacción como ser propietario de una vivienda, y para mucha gente sacar partido de su destreza en las técnicas del bricolaje para crear el entorno ideal para vivir, tanto ellos como sus familias, es parte del placer. Incluso después de que la reforma y la decoración se hayan terminado; con el paso de los años, siempre hay algún trabajo que hacer, por el inevitable deterioro por el uso y desgaste. Cada vez un número mayor de personas descubren lo reconfortante que puede ser el bricolaje, y lo que una vez se vio como una tarea o trabajo que se tenía que encargar a un profesional ahora se valora como un pasatiempo creativo y útil.
En este libro encontrará proyectos de reforma y renovación que abarcan desde los fáciles y simples a los proyectos de construcción complejos y difíciles. A menos que usted esté seguro de sus facultades, probablemente es mejor no comenzar inmediatamente con uno de los proyectos que conllevan más dificultad. Si es novato en las tareas de bricolaje, entonces comience con uno de los trabajos más simples, que puedan acabarse fácilmente en un día o fin de semana; le ayudará a afianzar su confianza y cogerá experiencia para llevar a cabo otros proyectos más ambiciosos y de más duración incluidos en este libro. Nada es más desmoralizador al principio que comenzar un proyecto por encima de su nivel de destreza, y arrastrarlo semana tras semana. Si a usted realmente no le gusta realizar el proyecto, entonces no le prestará la atención necesaria y es más que probable que lo acabe como un trabajo de segunda categoría. Cualquier proyecto de reparación o reforma le costará dinero, así que cuando planifique el trabajo debería tener una idea clara desde ese mismo momento de cuánto costará cada cosa y cuánto está dispuesto a gastar.

ABAJO: *Los suelos de madera maciza pueden ser caros y difíciles de instalar, pero colocar suelo laminado es una tarea de bricolaje mucho más fácil y el resultado final puede ser igual de impactante si se ha colocado bien.*

Haga un presupuesto de los gastos probables y prevea también algún gasto inesperado; incluso los constructores profesionales tienen un fondo para imprevistos. Considere también qué trabajo es mejor dejarlo a profesionales; en particular puede que decida dejar la fontanería y la electricidad a personas cualificadas. Incluso si usted mismo cuenta con la destreza y experiencia necesarias para llevar a cabo este trabajo, sería prudente contratar a un profesional para que revise la obra con el fin de garantizar que se ha hecho correctamente y, sobre todo, que no hay problemas de seguridad. Quizá usted ya tenga ideas sobre reformas y mejoras que le gustaría hacer en su casa, pero antes de sacar las herramientas y empezar en seguida, le recomendamos en serio que se lea este libro.

DERECHA: *Una escalera de madera teñida con un barniz oscuro contribuye a que este vestíbulo de entrada parezca más cálido y acogedor, mientras que los balaustres y pilares de arranque ornamentales crean un ambiente con clase.*

DEBAJO: *Si el lugar donde se va a instalar la escalera es un sitio de dimensiones reducidas, dividida en dos tramos que hagan ángulo recto quedará bien sin necesidad de que sea muy empinada.*

No solamente le ayudará a descubrir los problemas que usted ha pasado por alto, sino que quizá también le dé más ideas para hacer que su hogar quede mejor.

Los suelos y las escaleras los utilizamos a diario, pero habitualmente casi nunca pensamos en ellos cuando redecoramos. La cobertura del suelo de una habitación tiene una influencia tremenda en su apariencia, mientras que las escaleras son uno de los elementos estructurales más robustos de una casa.

Por todo el libro verá unos cuadros con consejos de seguridad que dan sugerencias sobre prevención y protección. Téngalos en cuenta y sus proyectos serán seguros y entretenidos. Si lee y comprende cada una de las secciones de este libro, los trabajos de reparación y reforma que lleve a cabo le darán la satisfacción del trabajo bien hecho y le ayudarán a coger confianza.

DERECHA: *Impermeable y de fácil limpieza, el vinilo es ideal para utilizar en un cuarto de baño y se puede encontrar en baldosas o en rollo.*

ABAJO: *Las baldosas de barro le ofrecen lo último en durabilidad y si las coloca usted mismo se ahorrará un montón de dinero.*

Cómo utilizar este libro

La composición de este libro se ha diseñado para darle instrucciones sobre los proyectos de la manera más amplia y simple posible. La página de ejemplo que se muestra más abajo da unas pautas sobre los diferentes elementos que se incorporan en el diseño de la página e indica cómo hacer el mejor uso de ellos. Las fotos en color y los gráficos acompañados de texto explicatorio, mostrados paso a paso y de forma clara, ofrecen unas instrucciones fáciles de seguir. Cada proyecto va precedido de un cuadro azul que contiene una lista de herramientas para que sepa de antemano el equipo requerido para el trabajo en cuestión. Otros cuadros con texto adicional acompañan cada proyecto, y están destinados a llamar su atención sobre un aspecto en particular. Los cuadros de color rosa alertan al lector sobre medidas de protección y detallan las precauciones que hay que tomar.

También indican aquellos trabajos que particularmente deben ser realizados por un profesional. Los cuadros verdes ofrecen consejos de profesionales sobre la mejor manera de realizar una tarea específica incluida en el proyecto. Los cuadros con un borde naranja describen las opciones y técnicas alternativas que son relevantes para el proyecto, pero que no se muestran en la página.

Grado de dificultad

Los siguientes símbolos están diseñados para indicarle el nivel de dificultad de las tareas concretas y los proyectos que aparecen en este libro. Realmente, lo que puede ser un simple trabajo para una persona, quizá sea difícil para otra y viceversa. Estas pautas están basadas principalmente en la destreza de una persona en relación con la experiencia y el grado de habilidad técnica requerido.

Fácil y requiere pocas destrezas técnicas.	*Fácil, pero requiere un cierto nivel de habilidad.*
Técnicamente bastante difícil y podría conllevar bastante experiencia.	*Se requiere un alto nivel de experiencia e incluye cierto número de técnicas.*

Cuadros de seguridad, en color rosa para que resalte; advierten sobre cuestiones de seguridad en cada proyecto.

Los cuadros de trucos nos dan ideas útiles, basadas en la experiencia, sobre la mejor manera de realizar ciertas tareas.

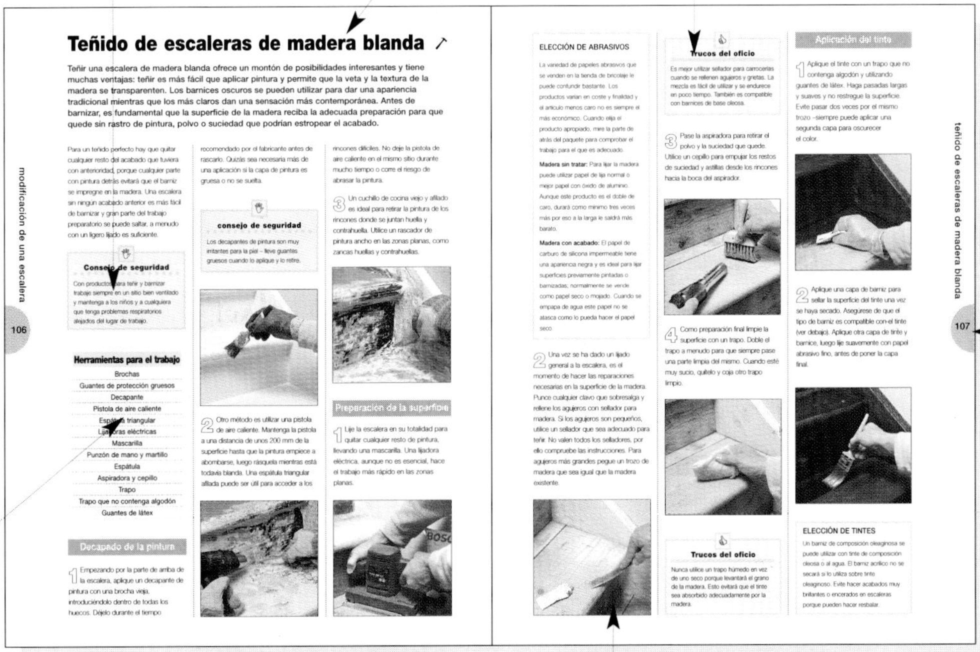

Se da una lista de herramientas al principio de cada proyecto.

Los cuadros de opciones ofrecen información adicional sobre técnicas relacionadas con el proyecto en sí.

Las pestañas de color coordinadas le ayudan a encontrar rápidamente la página en que estaba si ha ojeado otros capítulos.

anatomía de suelos y escaleras

Los suelos y las escaleras los usamos a diario sin pararnos a pensar en cómo se han construido. En cierta medida, su diseño vendrá determinado por la normativa y los preceptos sobre edificación que estaban en vigor cuando se construyó la casa y también con los materiales de que se disponía en aquel momento. No obstante, dentro de estos parámetros, hay un enorme campo para variar la construcción, con el fin de satisfacer diferentes propósitos y funciones, además de que las preferencias del arquitecto y la relación del edificio con su entorno también tendrán algo que ver. El siguiente capítulo identifica y examina los principales tipos de construcción para suelos y escaleras.

Las escaleras de caracol se construyen de manera que cada peldaño esté unido a una parte del pilar central.

Construcción de suelo de hormigón

La mayoría de la gente piensa que los suelos de hormigón, como tienen un sentido un tanto industrial y se les considera de segunda categoría comparados con el tradicional suelo de tarima flotante, en realidad sólo se utilizan en sótanos o garajes. El hormigón tiene muchas ventajas y ahora más que nunca los suelos de hormigón se colocan en las principales zonas de estar de las casas. En particular son perfectos para muros de carga pesados y ofrecen una base ideal para muchos tipos de coberturas de suelo.

Suelos de hormigón

Los suelos de hormigón cumplen diversas funciones. Si la casa está construida sobre una base de hormigón, entonces la planta baja formará parte de estos cimientos y será parte de la estructura general de la vivienda. Los suelos de hormigón a menudo forman parte de una plancha que soporta paredes de los pisos superiores, ofreciendo al mismo tiempo un subsuelo liso y nivelado sobre el que normalmente se coloca un revestimiento. Si se ha quitado un suelo de madera y se ha sustituido por hormigón, obviamente esto no tendrá ninguna influencia en la estructura de la casa. El hormigón a menudo se utiliza para la planta baja, aunque no es raro encontrar suelos de hormigón en los pisos superiores.

Cuando se coloca correctamente, el hormigón tiene una duración casi ilimitada, haciendo que sea una sustitución rentable para un suelo estropeado. Algunos suelos de hormigón viejos pueden tener humedad, pero normalmente se debe a que la capa aislante horizontal es defectuosa y no a que el hormigón se haya resquebrajado. Cuando se echa el hormigón hay que dejarlo que se fragüe totalmente antes de colocar ninguna cobertura de suelo. Esto llevará desde tres semanas a varios meses, dependiendo del grosor de la capa.

El hormigón sirve como excelente base para muchos tipos de pavimentos. No está sujeto a movimientos como la madera y puede soportar grandes pesos, haciendo que sea adecuado para cocinas y trasteros en donde los objetos pesados podrían dañar un suelo de madera.

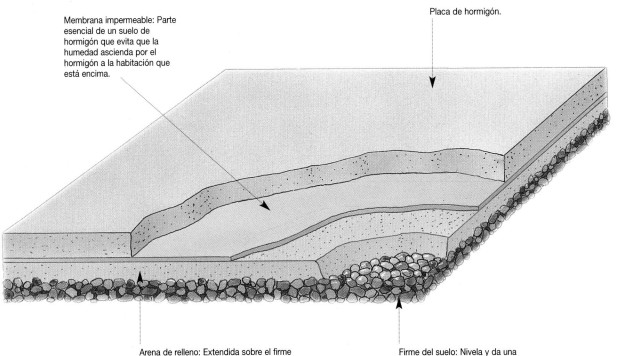

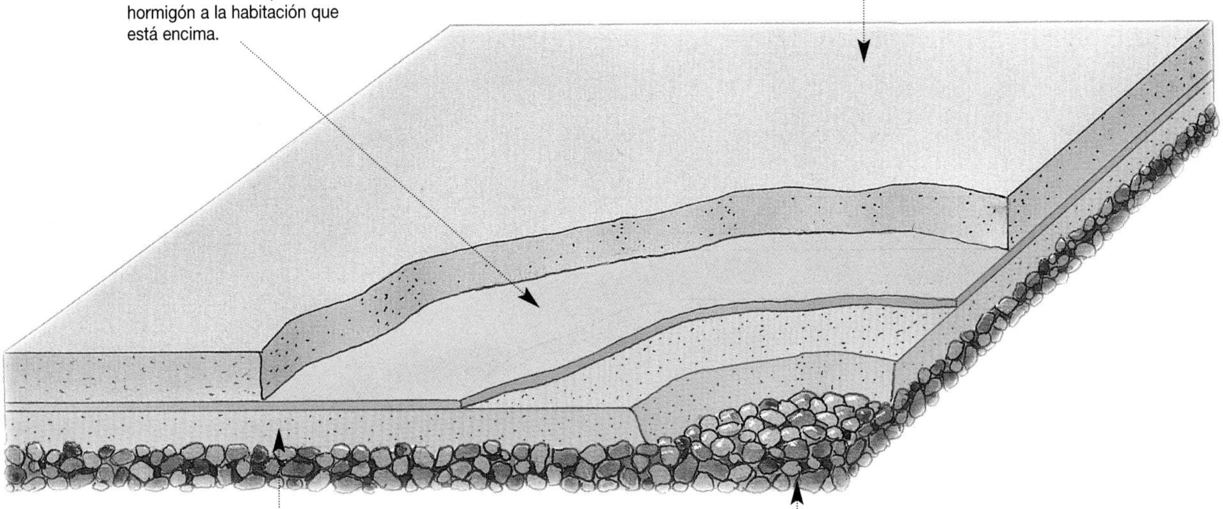

Membrana impermeable: Parte esencial de un suelo de hormigón que evita que la humedad ascienda por el hormigón a la habitación que está encima.
Placa de hormigón.
Arena de relleno: Extendida sobre el firme del suelo para que la membrana impermeable no se rompa con la piedra.
Firme del suelo: Nivela y da una base estable al hormigón.

Ingredientes para hacer el hormigón

El hormigón es una mezcla de áridos gruesos y finos —piedras de hasta 20 mm de diámetro con piedras más pequeñas y arena gruesa—, que crean una matriz sólida al unirlos con cemento. Puede comprar los ingredientes por separado en los almacenes de materiales de construcción y mezclarlos usted mismo, comprar un preparado de mezcla seca en bolsas de cemento y áridos (ideal para pequeños trabajos) o pedir hormigón mezclado (mejor para zonas amplias). El hormigón mezclado quizá se lo lleve un gran camión hormigonera con su familiar tambor que gira lentamente, o un vehículo más pequeño que transporta cemento seco, áridos más una hormigonera, y puede mezclar la cantidad necesaria en el lugar. Las hormigoneras pueden echar hasta seis metros cúbicos de hormigón de sus tolvas directamente en el sitio. Los vehículos más pequeños vierten la mezcla en una carretilla de carga, la cual usted luego tendrá que llevar desde el camión. Los ingredientes de una mezcla de hormigón dependen del uso que se le vaya a dar al material. La mezcla ideal para colocar un suelo de hormigón es una parte de cemento Portland ordinario, una parte de arena de construcción y tres partes de áridos. Los áridos se componen de una mezcla de arena gruesa y áridos de 20 mm. Mezcle siempre los ingredientes por volumen, utilizando cubos distintos o contenedores similares del mismo tamaño para cemento y áridos. Mezcle tandas basadas en un cubo de cemento más el número respectivo de cubos de arena y áridos. Tenga cuidado, al mezclar, de que no le salpique cemento en la piel y ojos; lávelos inmediatamente si ocurre.

Mezclado de su propio hormigón

Herramientas para el trabajo

Tabla para mezclar
Pala
Cubo limpio
Carretilla
Hormigonera alquilada

A mano

Ponga la arena y los áridos en un montón. Forme un cráter en el centro con una pala y añada el cemento. Mezcle los ingredientes secos hasta que el conjunto quede de un color y textura uniformes. Si va a utilizar mezcla de cemento seco preparada, vacíe el contenido del saco y mézclelo. Forme un cráter en el centro del montón y añada agua.

Los áridos ya contendrán algo de agua, así que al principio tendrá que tantear la cantidad que tiene que añadir. Después de dos o tres tandas, ya sabrá calcular la porción exacta. Eche el material en seco desde el borde del montón hacia dentro del cráter central. Siga mezclando y añadiendo un poco más de agua cada vez hasta que la mezcla tenga la consistencia correcta; los pequeños montoncitos que se formen se quedarán pegados a la pala. Si está demasiado aguada, añada ingredientes secos, en la proporción correcta como anteriormente, para que se vuelva a espesar.

Con una hormigonera

Si va a utilizar una hormigonera, colóquela de pie y compruebe que es segura. Ponga algún árido y agua en el tambor y empiece a girarla. Añada la mayor parte del cemento y la arena, luego agua y material sólido alternativamente para asegurar una mezcla total. Deje que siga funcionando la hormigonera durante dos minutos una vez todos los ingredientes estén dentro, después eche un poco del contenido en una carretilla. La mezcla se deberá soltar limpiamente de las cuchillas de la hormigonera.

HORMIGÓN COLOREADO

Existen pinturas especialmente fabricadas para colorear hormigón y se pueden aplicar una vez se ha echado el suelo y se ha asentado, o se pueden añadir pigmentos al hormigón húmedo cuando se está mezclando. La ventaja de utilizar pigmentos es que son de larga duración y el hormigón retendrá su color con independencia del uso que se le dé al suelo.

Construcción de suelo de madera

En la mayor parte de las viviendas los suelos están construidos con madera. Hasta hace bastante poco, un suelo de madera significaba sólo eso: un suelo construido con tablas de madera maciza clavadas a la parte superior de vigas. Sin embargo, los avances tecnológicos han cambiado muchos de los métodos tradicionales de construcción, por lo que ahora en vez de madera es habitual utilizar aglomerado o contrachapado. La antigüedad de la casa tendrá relación con la técnica de construcción, siendo la tendencia a que en las casas más nuevas se utilicen tableros para suelos, porque ofrecen una base lisa sobre la que colocar cualquier cobertura de suelo.

Suelo tradicional de madera

El gráfico de más abajo muestra el método tradicional de construcción de un suelo de madera. Quizá las tablas de tarima estén unidas unas a otras por los cantos o quizá estén ensambladas con lengüeta y ranura, lo que evita que no quede ninguna rendija. Las casas nuevas no suelen tener suelos de tarima porque el procedimiento de colocación es mucho más lento y más caro que el de los tableros para suelos. Cuando se lleva a cabo alguna reforma, se habrá dado cuenta de que bastante a menudo se ha quitado la tarima y en su lugar se han colocado tableros de aglomerado, porque recientemente se ha puesto de moda para suelos lisos en el diseño de interiores. Si el suelo de un piso de una planta superior se ha construido utilizando este método tradicional, es probable que el techo de abajo siga la técnica de construcción al viejo estilo de bastidor y yeso.

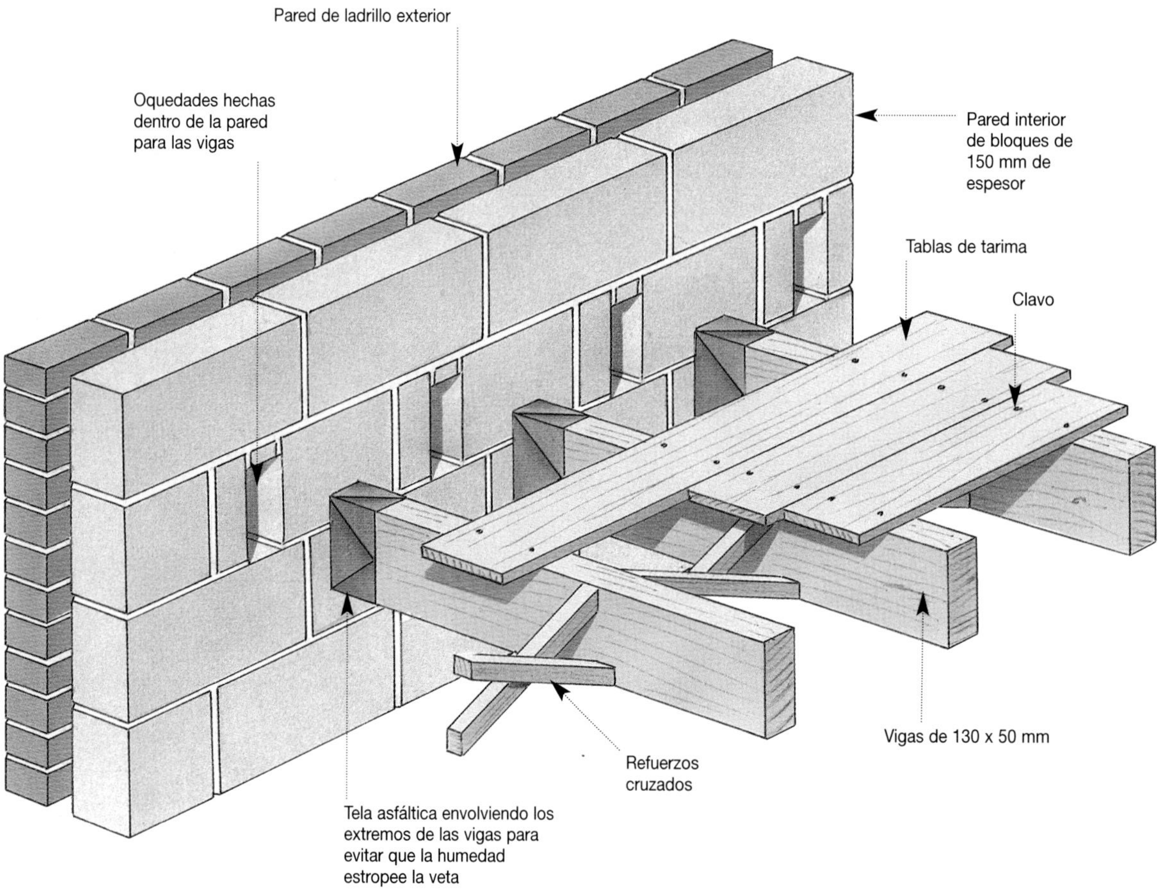

Suelo sujetado por soportes de vigas

El suelo flotante de las casas modernas normalmente está sujetado por soportes de vigas. Estos apoyos evitan que las vigas de madera estén en contacto directo con la fábrica de ladrillos o de bloques; así la humedad no dañará los extremos de los mismos. Las vigas suelen ser más finas que las utilizadas en la construcción tradicional, y el tablero de aglomerado en lugar de la tarima actúa como un componente tensador ajustando todas las piezas en su sitio. Si el suelo al mismo tiempo hace de techo para la habitación inferior, será de cartón yeso con un acabado de yeso.

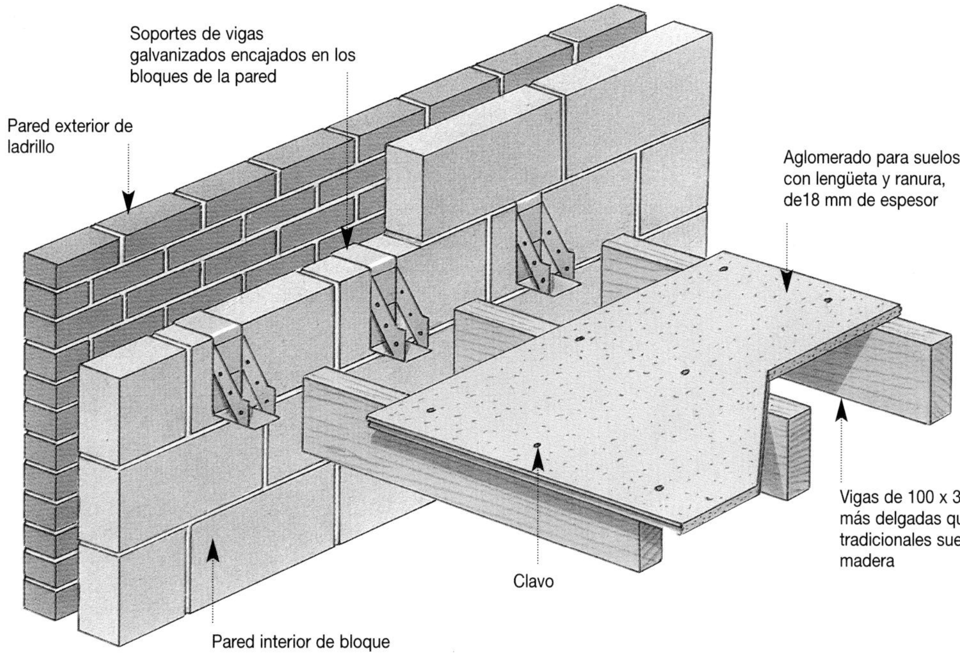

Construcción de suelo con viga de doble T

Este tipo de suelo se puede encontrar en casas que utilizan armazón de madera para la estructura de las paredes y es frecuente en los Estados Unidos. Puede parecer de inferior calidad, pero de hecho la construcción con viga de doble T es extremadamente fuerte y resistente. Las vigas se pueden construir en el mismo sitio, pero es más habitual comprarlas prefabricadas con unos requisitos de control de calidad. Al igual que con los suelos sujetados con soportes de vigas, generalmente se utilizan tableros para techos y suelos realizados con estas vigas.

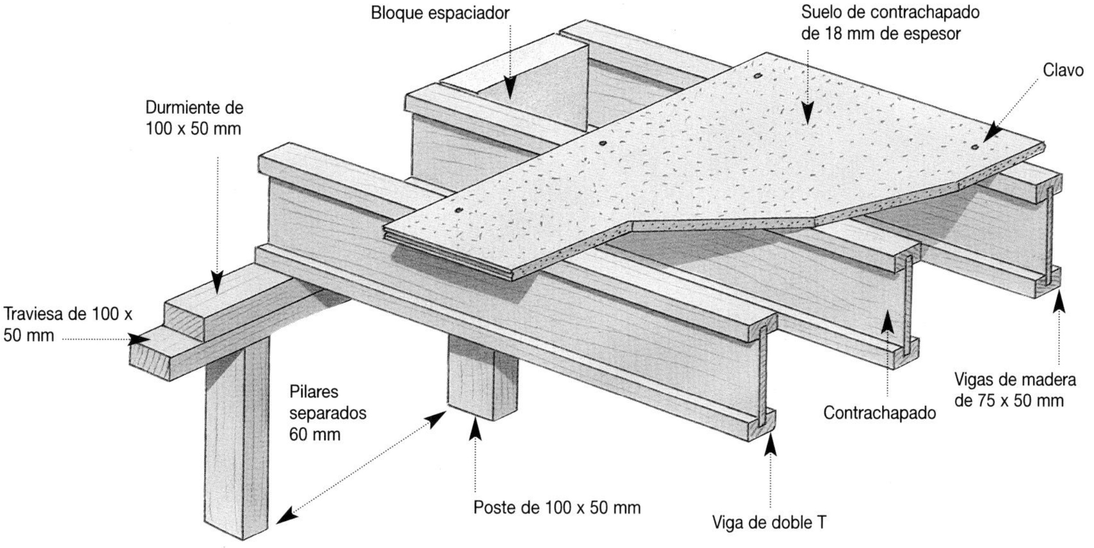

Construcción de escaleras

Cuando usted entra en una casa, la mayoría de las veces lo primero que ve es la escalera, que va del vestíbulo al rellano de la primera planta. Por ello, una escalera siempre está "a la vista" y su forma y diseño pueden influir en gran medida en el aspecto y percepción de un interior. La forma y disposición de la escalera vendrán determinadas en gran medida por la estructura de la casa, pero las variaciones en el estilo de los balaustres y pasamanos y los materiales de que están hechos dan oportunidad para cambiar su apariencia. La mayoría de las escaleras en viviendas están hechas de madera, aunque no es raro encontrarlas de hormigón y metal.

Escaleras tradicionales

El gráfico de más abajo muestra el estilo y método de construcción de una escalera tradicional de madera. Con mucho, la mayoría de las casas incluirán este tipo de escalera, aunque naturalmente se pueden encontrar otros modelos. Las piezas de madera llamadas zancas forman los lados de la escalera, y puede que estén fabricadas de madera maciza o de madera prensada de densidad media. Estas zancas llevan hendiduras en zigzag en la parte interna, dentro de las cuales se acoplan y pegan las piezas que forman las huellas y las contrahuellas. Cuando están adecuadamente construidas y acabadas, tales escaleras darán años de servicio sin problemas.

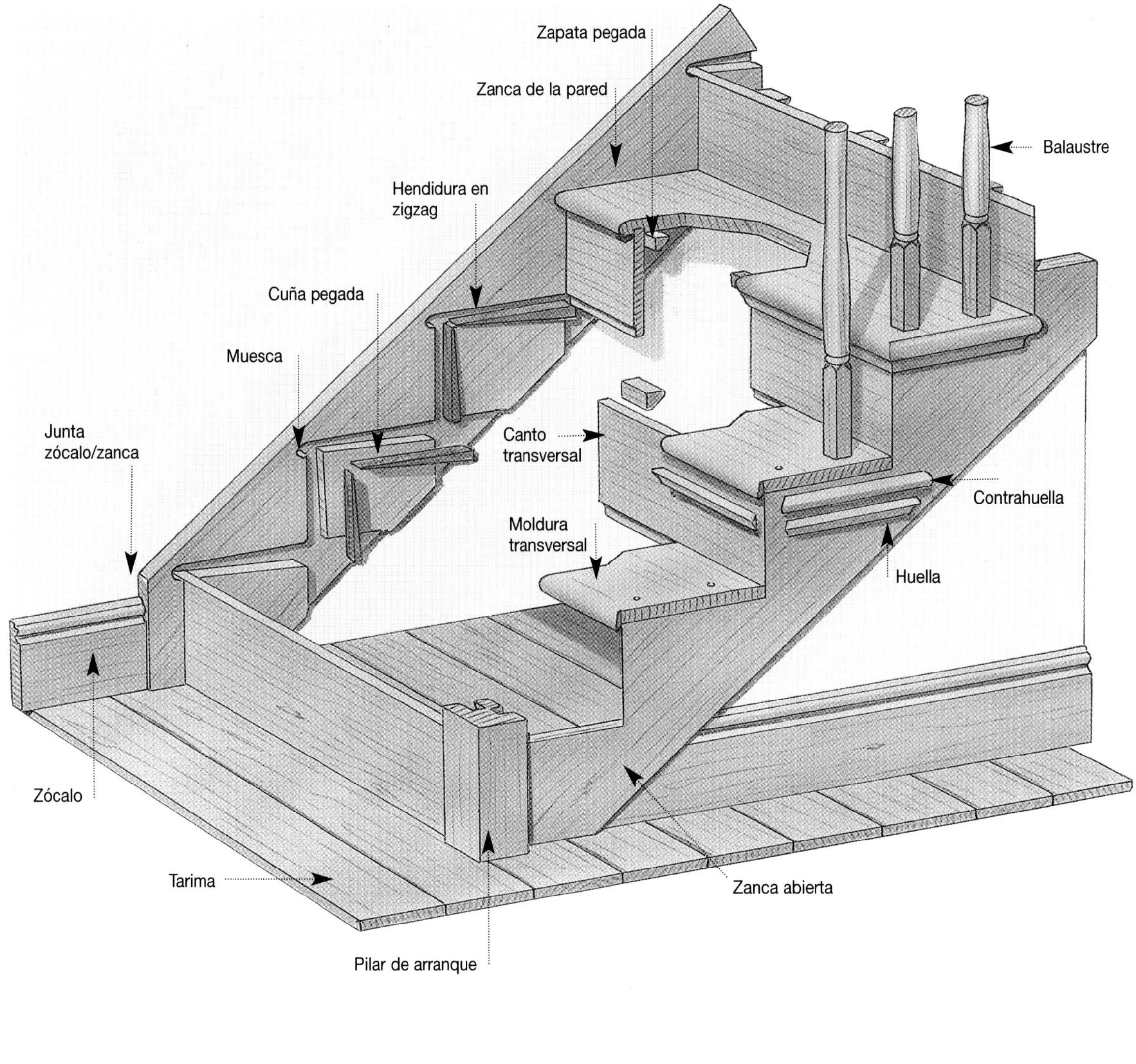

Escaleras de hormigón

Las escaleras de hormigón son comparativamente raras en viviendas, pero de ningún modo desconocidas. Se pueden construir fuera o en el mismo sitio de la obra, pero se tardará más en construirlas y son sustancialmente más pesadas que sus homólogas de madera. Si una casa se ubica en un lugar con pendiente quizá se coloquen en el exterior de la puerta principal o de la puerta trasera. La apariencia del hormigón quizá se pueda suavizar añadiendo caras de ladrillo, o también cabe la posibilidad de darle una capa decorativa de pintura.

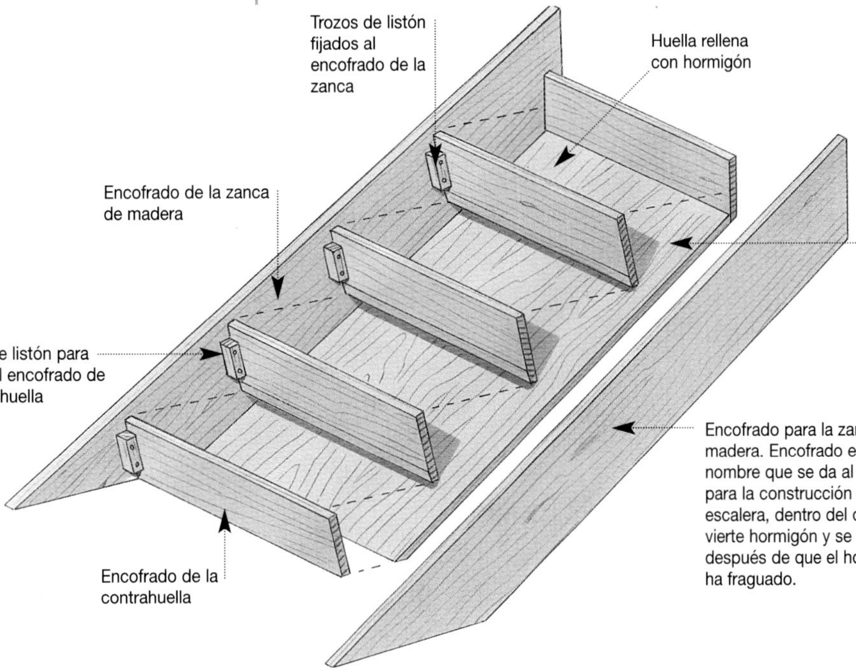

Escaleras de caracol

Las escaleras de caracol representan una opción poco usual para colocar una escalera, y a menudo se eligen puramente por estilo, para crear un punto de atención "retro" en la casa. Sin embargo, son una elección muy efectiva donde el espacio es un lujo. Las escaleras de caracol se pueden hacer de madera, metal, hormigón o una combinación de todos estos materiales. Como usted puede suponer, las escaleras de caracol son más difíciles de construir que una de hormigón o la tradicional escalera de madera. El gráfico de la derecha ilustra la manera más común de construcción, donde las distintas piezas, de hierro fundido o de madera, se ensamblan en el mismo sitio. Aunque agradable a la vista, el giro de las escaleras de caracol puede hacer el movimiento de muebles difícil, especialmente cuando el borde exterior de las escaleras está junto a una pared.

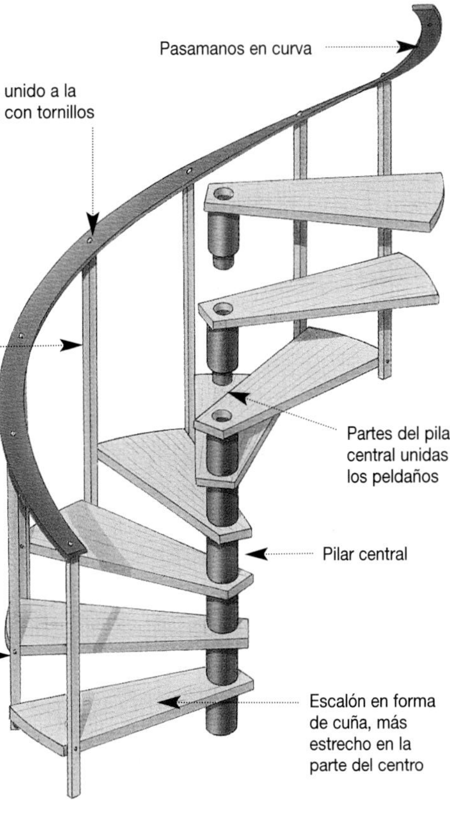

planificación

Una vez haya decidido llevar a cabo un proyecto de bricolaje, cabe la tentación de ponerse a trabajar de inmediato, resolviendo los imprevistos según vayan saliendo. Sin embargo, una planificación minuciosa y sosegada antes de empezar cualquier trabajo nunca se debería considerar una pérdida de tiempo, sino que se debería tener en cuenta como parte integral de la tarea. La previsión ahorra tiempo y además atempera, permitiendo que el trabajo discurra de una manera más sosegada y se puedan reducir costes. Uno de los aspectos más importantes que tiene que considerar en el momento de planificar es si pretende realizar el trabajo usted solo o necesitará contratar algún profesional. También a veces se requerirá una licencia de obras, por ello consulte en su Ayuntamiento y asegúrese antes de comenzar el trabajo. Otra cuestión clave que se tiene que preguntar es si cuenta con las herramientas, materiales, presupuesto, experiencia y tiempo necesarios para ir realizando el trabajo.

La combinación de acero y madera en este corto vuelo de escaleras contribuye a dar una apariencia industrial contemporánea al interior.

Alternativas para cambios

Los suelos y las escaleras son elementos estructurales y decorativos básicos en una casa, por lo que realizar cambios en estas zonas puede tener una gran influencia en la apariencia general de la vivienda. Sin embargo, cuando se planean transformaciones se debería considerar cuidadosamente si no sería mejor mantener algunos elementos originales y de época. Por ejemplo, aquellas cosas que llamaron su atención la primera vez que vio la casa se deberían conservar. También es muy fácil modernizar en exceso o renovar los elementos originales dejándolos de lado. Cuando esté realizando un trabajo, recuerde que, aunque lo haga por placer y diversión, quizá en un futuro quiera vender la propiedad.

Alternativas para suelos

Quizá ahora más que antes haya más donde elegir a la hora de colocar un suelo. La moqueta de pared a pared tradicionalmente ha sido para mucha gente la primera opción tanto por su sensación mullida bajo los pies como por el aislamiento que ofrece a la habitación, ayudando a crear un ambiente cálido y acogedor. Sin embargo, una buena moqueta puede ser cara y quizá no sea la mejor alternativa para zonas con mucho paso o en habitaciones donde suele haber humedad, como los cuartos de baño y cocinas. En estas zonas los materiales para suelos más resistentes quedarán mejor y muchos de ellos se podrán colocar con un acabado profesional, aunque lo realice un aficionado al bricolaje con un nivel avanzado.

DERECHA: *Un suelo de madera o de tarima laminada puede ser una excelente opción para el suelo de una habitación de adolescentes.*

Se está incrementando cada vez más el uso de baldosas de cerámica y, aunque son caras, son un valor añadido para cualquier vivienda. Las planchas de vinilo siempre han tenido popularidad desde su introducción, contando cada vez con más modelos y colores. Si es afortunado de tener una tarima en buenas condiciones, entonces cabe la posibilidad de teñirla, barnizarla o pintarla para darle una apariencia totalmente renovada con una inversión económica mínima. Aunque estrictamente hablando no forma parte del suelo, un zócalo o rodapié bien elegidos complementarán el acabado del mismo. Muchas casas de nueva construcción cuentan con pocos zócalos y con escasas o ninguna moldura decorativa. Cambiarlos para que combinen con un suelo laminado o elegirlos del mismo color del suelo es una manera simple, pero efectiva, realzar el aspecto del suelo.

IZQUIERDA: *Las baldosas de cerámica no tienen rival en cuanto a duración y son ideales para habitaciones que dan a zonas exteriores.*

Alternativas para escaleras y rellanos

Las escaleras también pueden cambiar de apariencia totalmente con los procedimientos más simples y más económicos. Realizando unas cuantas reparaciones, quitando el acabado existente y aplicando un nuevo acabado de tinte o pintura, una vieja escalera puede quedar totalmente rejuvenecida; las escaleras victorianas oscuras parecerán más alegres con unas cuantas capas de tinte o pintura. Un modo relativamente fácil de alterar la estructura de una escalera, y abrir más la escalera al resto de la casa, es sustituir una barandilla panelada por balaustres. Muchas tiendas de bricolaje ofrecen ahora una amplia variedad de elementos para escaleras, como pueden ser balaustres, pasamanos y pilares de arranque, que cualquiera que tenga un poco de maña puede instalar para transformar la apariencia de la escalera entera. El rellano también se beneficiará del mismo tratamiento dado a la escalera y siempre se considerará dentro del esquema general de renovación de la misma. Por ejemplo, continuar una balaustrada a lo largo del rellano superior garantizará un ambiente unificado.

ARRIBA DERECHA: *Los balaustres torneados y los pasamanos curvados dan a esta escalera un aire de elegancia clásica, conjuntando el estilo tradicional con la utilización de materiales modernos.*

CENTRO DERECHA: *Las escaleras no tienen por qué estar hechas totalmente de madera. Una mezcla de materiales puede crear efectos con estilo y una balaustrada de metal como ésta también ayuda a ahorrar espacio.*

ABAJO: *Una ventana en la parte baja de la escalera ayuda a iluminar y aligera esta escalera empotrada, aunque es importante instalar además varios puntos de luz artificial.*

Escaleras de desvanes

Las escaleras plegables para desvanes o altillos son baratas y fáciles de instalar, pero no son escaleras estrictamente hablando. Si el desván se va a utilizar como dormitorio o como otra habitación habitable según establece la normativa sobre edificación, entonces habrá que instalar una escalera más resistente y más permanente. Si al principio parece imposible acomodar una escalera para acceder al desván, no se desespere. Busque asesoramiento profesional y se sorprenderá de lo que se puede crear. Si los detalles de la nueva escalera combinan con los de la escalera principal, entonces se volverá parte de la estructura general de la casa y no parecerá fuera de lugar o como un añadido reciente.

Planificación del trabajo

Incluso si usted va a realizar un trabajo que sólo le llevará unas horas en el fin de semana, merece la plena planificar el orden del trabajo antes de comenzar. Llegar a la mitad y encontrarse con que se ha quedado sin algún material básico, no sólo es decepcionante, sino que quizá anule el trabajo que tiene entre manos y tenga que empezarlo de nuevo. Cualquier trabajo en casa causará inevitablemente alguna interrupción. Trabajando con una previsión, tendrá al menos una idea de cuánto tiempo se prolongará y quizá pueda hacer alguna adaptación. Los siguientes factores tienen que tenerse en cuenta cuando se planifica el orden del trabajo.

Sacar tiempo

Una de las ventajas de hacer usted mismo mejoras en la casa es que, a diferencia de un profesional, no tendrá que trabajar con un horario fijo, pero debería considerar cuidadosamente cómo reparte su tiempo.

- Sea realista sobre el período de tiempo previsto para hacer el trabajo, y no se marque objetivos inalcanzables ni una fecha límite que no sea real. Es mucho mejor añadir un día más que apresurarse y dejar un acabado de ínfima calidad.

- Marcarse un tiempo demasiado largo significa que se verá interrumpido en el fluir del trabajo. Si le dan unos días de vacaciones extras en su trabajo, acoplando uno o dos días después del fin de semana podrá terminar el trabajo mejor que si lo alarga durante varios fines de semana; es siempre más fácil volver a coger la tarea que dejó el día anterior que la que dejó el fin de semana precedente. Muchas de las herramientas o equipamiento de alquiler hay que reservarlo con semanas de antelación si lo necesita para un fin de semana, pero tienen poca demanda en los días de diario, por lo que podrá hacer uso de ellas sin problema.

- Si tiene que incluir en el horario a algún profesional contratado, tendrá que estimar su tiempo con precisión para que pueda tener ayuda profesional en el momento oportuno. Si se presenta el fontanero para conectar las tuberías del baño cuando ya ha colocado el suelo no sólo será violento sino que además podría cobrarle por el desplazamiento. Solicite los servicios de cualquier profesional con tiempo, porque es probable que ellos estén contratados con semanas de antelación.

- Sobre todo sea flexible y esté preparado para rectificar sus planes si descubre algo que necesita su atención. A veces, en las casas antiguas pueden aparecer desagradables sorpresas.

Metodología de los trabajos

- Trabaje con método para que los trabajos grandes que quizá tengan una repercusión en el futuro se terminen primero. Por ejemplo, si el tejado tiene goteras o existe un grifo que gotea en el cuarto de baño, debería reparar estos elementos antes de colocar el suelo, porque si no el nuevo suelo podría tener problemas de humedad y usted tendría que sustituirlo otra vez; o si la casa necesita renovar la instalación eléctrica es mejor tener esto hecho antes de pensar en colocar una moqueta nueva.

- Si está reformando varias habitaciones de la casa, recapacite si el trabajo en una habitación puede repercutir en otra. Por ejemplo, si para pasar a una habitación tiene que hacerlo atravesando otra, espere hasta el final del proyecto para decorar ambas habitaciones. No cometa el error de colocar un suelo caro si sabe que tendrá que pisarlo con botas llenas de barro para acceder a la habitación contigua.

Herramientas y materiales

- Asegúrese de que cuenta con todas las herramientas y materiales necesarios para empezar el trabajo. La mayoría de las herramientas se encuentran en las estanterías de las tiendas, pero algunas herramientas de gran tamaño las tendrá que encargar. Antes de precipitarse en comprar equipamiento caro, mire qué herramientas pueden utilizarse para varias funciones y cuáles para una única tarea, porque estas últimas es más rentable alquilarlas que comprarlas.

- Si va a alquilar equipamiento pesado, como una hormigonera o una lijadora eléctrica, resérvelas con bastante tiempo de antelación para que estén disponibles en el momento en que las necesite.

- Si tiene que encargar materiales, como suelo laminado o moqueta, suele haber una demora de varias semanas desde que hace el pedido hasta que se lo entregan, por lo que tendrá que tenerlo en cuenta en su calendario.

- Asegúrese de que conoce las dimensiones de cualquier material sólido que va a utilizar, como madera, baldosas, cartón yeso, contrachapado, etc., y utilícelas como unidad de medida para cuantificar las cantidades necesarias.

- Con materiales sueltos que vienen en sacos, tales como cemento, arena y yeso, averigüe qué cantidad lleva cada saco y tenga en cuenta esta proporción para ver cuántos sacos necesitará.

- No esté tentado a sobreestimar las cuantías; es un derroche rebasar el margen de seguridad aproximado, es decir, un 5 por 100. A la inversa, tampoco lo subestime; es fastidioso quedarse sin algún artículo cuando las tiendas están cerradas.

Extras

- La retirada de escombros es una labor que a menudo se pasa por alto, pero también tiene que aparecer en la previsión del trabajo; por ejemplo, quizá tenga que alquilar un contenedor para retirar un suelo viejo o materiales de construcción.

- Incluya tiempo de sobra para el acabado general y la decoración de la habitación si fuera necesario.

- Si tiene que solicitar licencia de obras, tendrá que esperar ocho semanas desde la presentación hasta que reciba la contestación. Infórmese de si tiene que rellenar alguna solicitud y el lapso de espera debería formar parte de sus preparativos.

Planificar cuidadosamente hasta los últimos detalles es la clave para finalizar un trabajo con éxito y sin tensiones.

DIBUJOS A ESCALA

Hacer un plano a escala sobre papel milimetrado le ayudará a calcular las cantidades y le servirá para recordarle lo que necesita cuando visite las tiendas y proveedores. Tales dibujos no tienen por qué estar hechos como los de un arquitecto, pero deberían plasmar los detalles que dan una idea del efecto que tendrá un proyecto sobre el aspecto de la casa. El papel milimetrado hace que cualquier dibujo técnico sea más fácil y permite realizar mediciones más seguras. Marque la posición de las puertas y ventanas y de cualquier otro accesorio fijado de manera permanente; luego añada los muebles al gráfico, para que pueda comprobar el efecto del cambio sobre el trazado general de la habitación.

Contrato de profesionales

Si bien es cierto que casi cualquier proyecto de bricolaje lo puede realizar un aficionado con experiencia, hay ocasiones en que no hay más remedio que contratar a profesionales. Puede que usted esté terminando uno o más de los trabajos de este libro, como parte de un proyecto de reforma o cambio mucho mayor, y aunque sea capaz de colocar un suelo nuevo, quizá no tenga tiempo o la suficiente confianza en sí mismo como para construir una escalera de la nada. O podría ser que a usted simplemente le gusten los planos realizados por un arquitecto. Sea lo que sea lo que necesite, el secreto está en encontrar al profesional de confianza que le ayude y le cobre el precio adecuado.

Elección de un profesional

- Trate siempre de conseguir una recomendación personal preguntando a algún amigo. Si pasa por delante de una casa donde se ha realizado alguna obra, no dude en preguntarle al propietario si está satisfecho con el trabajo y si le recomendaría a los operarios.

- Si no le recomiendan a nadie, otra opción es mirar en las páginas amarillas. Verá que literalmente hay cientos de albañiles o constructores que están dispuestos a ofrecerle sus servicios. Mire aquellos que son miembros de alguna asociación de reconocido prestigio, como puede ser la Asociación de Maestros Constructores. Para pertenecer a esta organización el constructor tiene que dar referencias junto con pruebas de que cuenta con una póliza de seguro.

- Tenga en cuenta que a un buen albañil habrá que contratarle con semanas de antelación, cuando no meses, y hay que informarles por anticipado cuándo desearía que empezase a trabajar.

- Una vez hecha una lista de probables contratistas que quieran y sean capaces de realizar el trabajo, ahora es el momento de "ir de tiendas", pidiendo presupuestos a cada uno de ellos. Anote las estipulaciones y entrégueselas a todos para que puedan hacer los cálculos basándose en los mismos requisitos.

- Cuando le presenten los presupuestos no tiene por qué optar por el más barato, sino por el mejor en general. Quizá observe que el menos caro ha omitido ciertos costes que aparecerán a la hora de pagar. Es probable que el mejor presupuesto sea el más detallado, en el que se han puntualizado los gastos y se pueden justificar.

- Pregunte si puede ver otro trabajo que el probable contratista haya efectuado. No tema hacer esto, si es una empresa de prestigio se lo mostrarán con gusto.

- **Arquitectos:** Estos profesionales cualificados pueden ser caros de contratar si va a realizar cambios complejos o de envergadura. Pueden preparar todos los planos técnicos para usted, tratar con la autoridad local, solicitar cualquier permiso y, si el trabajo es extensivo, pueden supervisar a los contratistas o las subcontratas. Los arquitectos colegiados en el Reino Unido tienen que ser miembros de la RIBA (Real Instituto de Arquitectos Británicos), donde podrá obtener nombres de arquitectos de su zona.

- **Supervisores:** Estas personas están capacitadas para evaluar la integridad estructural de los edificios. Si contrata a un supervisor porque está preocupado por las condiciones estructurales de su vivienda, su trabajo normalmente conlleva examinar cosas tales como podredumbre y plagas, si existe humedad en el edificio, el estado en que se encuentra la fontanería y otros servicios, y el estado en general de la vivienda. Inspeccionarán su casa y quizá le recomienden realizar el trabajo que ellos creen es necesario. Por ejemplo, si el suelo se está hundiendo en una habitación, le sugerirán que lo cambie y además están capacitados para indicarle la causa del problema y la mejor manera de evitar su reaparición.

Si va a contratar a profesionales para que realicen la mayor parte del trabajo de construcción de su casa, es esencial asegurarse de que elige a personas o empresas competentes y con prestigio, y que los costes y el tiempo se acuerdan por adelantado.

Negociación del precio

- Un presupuesto es simplemente una indicación del posible coste final y se puede dar de forma escrita o verbal. Un presupuesto no es un contrato formal.

- Una propuesta es un precio fijado y será el precio que usted pagará. La cifra vincula legalmente y es la base de un contrato entre usted y el profesional. Cualquier variación o cambio por cualquiera de las partes debería estar acordado por escrito. El coste del trabajo que se va a realizar no debería cambiar a menos que usted cambie las estipulaciones del mismo.

- Nunca pague por anticipado, esto puede animarles a no cumplir con el trabajo. Si se paga una vez el trabajo haya finalizado, es el mayor incentivo para que no desaparezcan.

- Sin embargo, si hay que comprar materiales caros, es aceptable dar un anticipo al profesional antes de empezar a colocarlos.

- Dé instrucciones y detalles claros sobre cualquier trabajo. Señale con precisión qué es lo que le está pidiendo al contratista que realice y qué es lo que van a realizar otras personas. Esto evita malentendidos y disputas posteriores.

- Los pagos se deberían acordar al principio y en realidad antes de empezar a trabajar. Para contratos grandes que probablemente conlleven algún tiempo, como puede ser una ampliación de la casa, tendrá que acordar un calendario de pagos que se harán en relación proporcional al trabajo efectuado. Hay ocasiones en que habrá que negarse a pagar, pero si no es así las demoras innecesarias agriarán las relaciones. Si el contratista ha hecho un buen trabajo, entonces hay que pagarle con prontitud; en realidad, ateniéndose a las cláusulas de pago.

Normativa y legislación

La mayoría de las reparaciones pequeñas y la decoración interior no están sujetas a ninguna normativa ni ley específica de obligado cumplimiento, aunque deberá seguir sus propias normas de seguridad. Los trabajos para los que necesitará contar con una licencia o que se sometan a lo establecido en la normativa vigente sobre edificación serán aquellos que incluyen alteraciones grandes en el edificio y/o cambios de la apariencia exterior o la estructura del edificio. Para la mayoría de cambios de suelos y escaleras no se requerirá ningún permiso, pero es mejor comprobarlo antes de empezar, porque quizá se vea obligado a deshacer lo que ya haya realizado. Cualquier obra grande, incluyendo colocación de suelos y alteración de escaleras, está sujeta al cumplimiento de la normativa municipal.

Licencia de obras

El término "licencia de obras" se refiere al permiso oficial que se necesita para que sea estudiado por el Ayuntamiento antes de que se lleve a cabo cualquier cambio significativo de la estructura de un edificio. Aunque no es probable que tenga que solicitar licencia para la mayoría de los cambios en suelos y escaleras, tendrá que ser consciente de su responsabilidad en cuanto a lo establecido en las normas urbanísticas. Los siguientes puntos son una pequeña guía que le ayudará a saber si tiene que solicitar algún permiso, cómo hacerlo y a qué le vincula:

- La normativa y legislación urbanística se ha establecido para asegurar que ningún edificio de nueva construcción o las reformas de los viejos se adapten al entorno y no tengan un impacto negativo sobre las edificaciones cercanas.

- Usted tiene libertad para realizar reformas en su casa sin solicitar licencia de obras, aunque hay excepciones, especialmente para aquellos casos que conllevan alteraciones mayores. Por ejemplo, la instalación de una escalera adicional para acceder a un ático, como parte de un proyecto de conversión diseñado para crear más espacio habitable, entraría dentro de esta categoría. Si su casa está en una zona protegida o es un edificio protegido, habrá más probabilidad de que necesite licencia de obras, incluso para realizar una reparación pequeña.

- Los ayuntamientos cuentan con funcionarios encargados de conceder las licencias y son responsables de vigilar el cumplimiento de la normativa vigente. Estos funcionarios le podrán informar de si el trabajo que va a llevar a cabo requiere licencia o no.

- Muchas entidades de la Administración publican folletos informativos gratuitos detallando algunos puntos sobre la normativa urbanística y estos libritos pueden ser de ayuda para determinar si necesitará licencia.

- Si se requiere licencia de obras, tendrá que pagar una cuota y presentar la solicitud, junto con la propuesta correspondiente para su estudio.

- Puede hacer usted mismo la propuesta o quizá prefiera contratar los servicios de un arquitecto o un aparejador para que hagan este trabajo. La ventaja de que lo hagan ellos es que están familiarizados con el procedimiento, saben qué requisitos van a pedir y podrán hacer los necesarios planos a escala.

- Una vez haya entregado la solicitud de licencia, por ley le tienen que contestar en el plazo máximo de ocho semanas. No podrá empezar ningún trabajo hasta que le hayan concedido la licencia o incurrirá en penalización.

- La licencia de obras es válida durante cinco años; si no empieza el trabajo en este plazo, tendrá que solicitar una nueva licencia.

Trucos del oficio

Cuando hable con el funcionario del Ayuntamiento, él no estará familiarizado con su vivienda. Tome unas fotografías de la casa, en particular de las zonas que quiere modificar, y llévelas cuando acuda a la oficina municipal. Con la ayuda visual será más fácil entender el trabajo que quiere realizar y la decisión a favor o en contra se la darán con más rapidez.

DERECHA: *Un inspector de urbanismo visitará el lugar para asegurar que se está cumpliendo la normativa vigente.*

Normativa urbanística

La normativa urbanística es de aplicación tanto a nivel local como nacional y especifica los requisitos esenciales que se tienen que cumplir. Cualquier alteración mayor de su vivienda estará sujeta a la normativa urbanística y el cambio de una escalera o la sustitución de un suelo podrían entrar en esta categoría.

- Un inspector de urbanismo municipal tiene la responsabilidad del cumplimiento de la normativa sobre edificación. Si prevé realizar cambios estructurales en su casa, entonces antes de empezar tendrá que pedir una cita con el inspector para explicarle su proyecto.
- Al igual que el inspector comprobará que la obra se está llevando a cabo conforme a lo establecido en la normativa, también usted le puede preguntar sobre el proyecto en general; así que no dude en pedirle asesoramiento. Aunque no le podrá recomendar ningún constructor, quizá le dé un par de ideas que usted pueda incorporar a su esquema.
- Si contrata a un profesional, él será el responsable de averiguar si se requiere licencia para cualquier trabajo que realice y, si es así, solicitará el permiso antes de empezar.
- Una vez el trabajo haya empezado, es más probable que le visite el inspector en diferentes fases del proyecto. Usted tiene la responsabilidad de notificarle en el momento oportuno.
- Una vez acabe el trabajo, el inspector le firmará un documento de finalización para certificar que la obra se ha realizado de acuerdo a lo estipulado en la normativa vigente.
- Si cualquier trabajo contraviniera lo especificado en la normativa urbanística, tendrá que pagar una cuantiosa factura para poner las cosas en condiciones. O, peor aún, podría verse obligado a restituir el edificio a su estado original.
- No tiene que temer estas normativas. Contacte con la oficina urbanística de su Ayuntamiento y pídales asesoramiento. Es mejor consultarles al principio y ahorrará trabajo a las dos partes.

Herramientas y equipamiento

Es fundamental contar con un juego básico de herramientas para los trabajos caseros. Al principio la cantidad de herramientas que se pueden adquirir puede ser desconcertante, pero en realidad muchos de los trabajos se pueden realizar con tan sólo unas cuantas herramientas básicas de buena calidad. Según vaya creciendo su habilidad y confianza, querrá comprar otros elementos de utillaje más especializados. Gastar dinero de esta manera es derrocharlo, dado que las herramientas de buena calidad durarán toda la vida.

Herramientas generales

Un juego que incluya las herramientas que se muestran en esta página será suficiente para completar muchos de los proyectos que aparecen en este libro y la mayoría de las tareas de mantenimiento general en la vivienda. Compre siempre las mejores herramientas que pueda pagar y añada sólo aquellas cuya inversión rentabilizará por el ahorro de tiempo y la facilidad de uso que suponen.

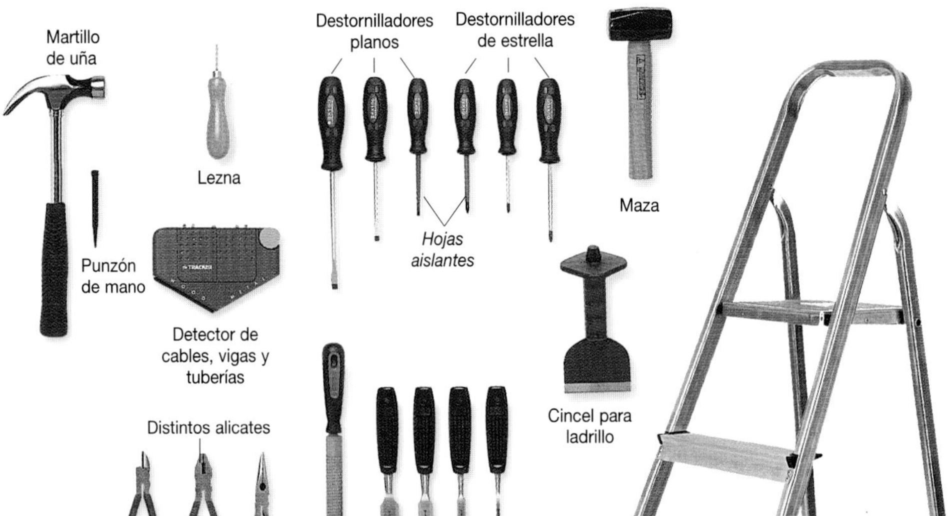

Herramientas de construcción

Para trabajos grandes de construcción se necesitarán algunas herramientas especiales. Trate de comprar herramientas de buena calidad, porque tendrán una duración mayor, serán más fáciles de utilizar y le darán mejores resultados. La mayoría de estas herramientas se pueden comprar en una buena ferretería o en almacenes de materiales de construcción; las grandes tiendas de bricolaje tienen un surtido más limitado.

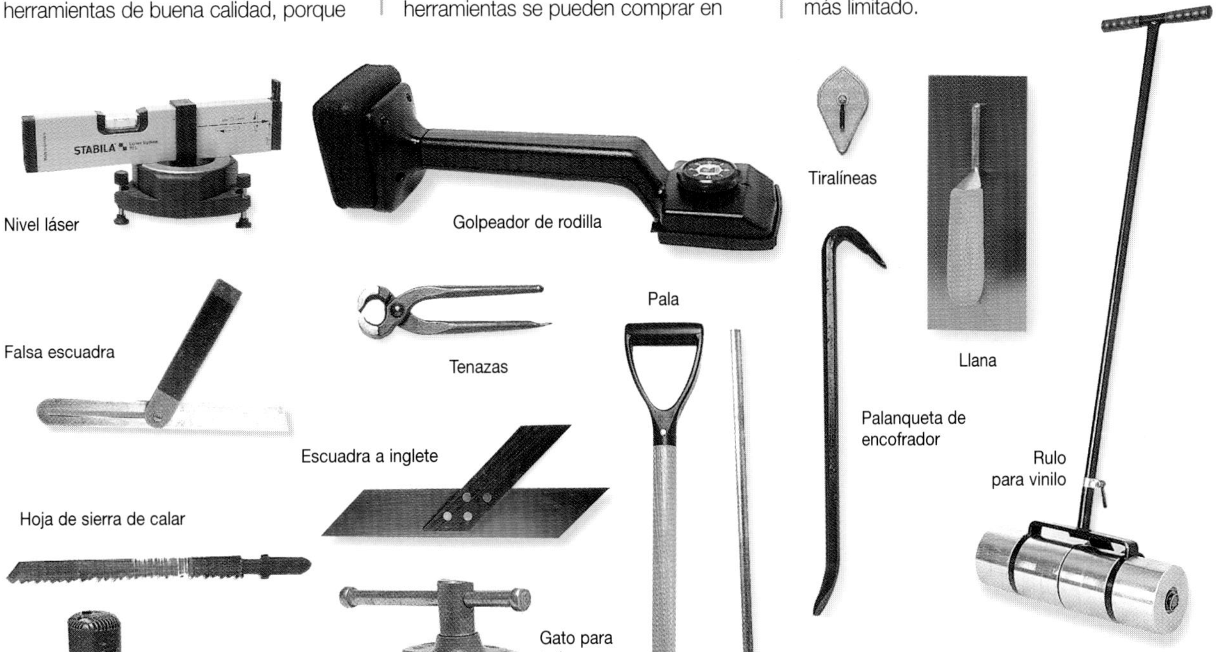

ALQUILER DE HERRAMIENTAS

Para tareas aisladas que requieran una máquina en particular, o herramientas que son muy caras de comprar, normalmente es mejor alquilarlas. Este tipo de comercio es un sector que va en aumento dentro del mercado del bricolaje, y las tiendas de alquiler cada vez ofrecen más productos para los entusiastas de las reparaciones caseras, así como para los clientes del mercado tradicional.

Herramientas eléctricas

Una taladradora/destornillador sin cable se ha convertido en una parte esencial de cualquier juego de herramientas y otros instrumentos eléctricos están creciendo en popularidad debido a la capacidad de ahorro de tiempo y los precios competitivos. No compre las herramientas más baratas ni maquinaria pesada para profesionales, sino diríjase hacia algo intermedio. Es posible comprar recambios de la taladradora para lijar, serrar y otras tareas. Sin embargo, suelen ser peores que las herramientas específicas y el tiempo que puede con los cambios de estos elementos puede ser frustrante.

Taladradora eléctrica

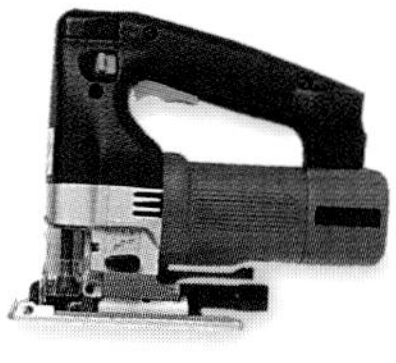
Sierra de calar

Guimbarda

Lijadora eléctrica

Alquiler de equipamiento especializado

Algunos de los proyectos descritos en este libro requerirán la utilización de herramientas y equipamiento especializado, que a menudo son grandes y caros. Si el equipamiento solamente se necesita para el trabajo ocasional o una tarea específica, puede ser caro comprarlo. Alquilar una pieza de equipamiento para una semana, un día o sólo unas horas es una alternativa viable y el mercado está ahora en condiciones de atender esta práctica en aumento entre los aficionados al bricolaje. Sabiendo que usted tiene acceso a una casi ilimitada variedad de equipamiento especializado, le permitirá planificar muchos más proyectos ambiciosos.

Cuándo alquilar

Cuando planifique cualquier trabajo, ya sea grande o pequeño, se debe pensar qué experiencia y herramientas necesitará. En muchos casos los proyectos mostrados en este libro pueden ser completados con éxito con un conjunto básico de herramientas caseras. Al aumentar su experiencia, se incrementará su confianza, y se quedará asombrado de lo que puede conseguir sin recurrir a un vasto arsenal de herramientas, pero a veces esto no es suficiente y una tarea en particular exigirá la ayuda de una pieza o equipamiento específico. Casi cualquier herramienta se puede alquilar hoy en día, pero puede ser difícil para el aficionado conocer qué es lo que hay en el mercado y saber cuándo una pieza de equipamiento debe alquilarse. En todo este libro verá referencias a diferentes herramientas. Un juego de herramientas básico se muestra en la página 28, siendo suficiente para completar la mayoría de los proyectos. Cuando se necesitan piezas grandes de maquinaria entonces es seguro que éstas se pueden alquilar. Es decir, si usted va a utilizar tal equipamiento por un período prolongado de tiempo, o con frecuencia, debería considerar comprarlo, dado que llegará un momento en que el coste total del alquiler será mayor que el precio de la herramienta en el mercado.

DERECHA: *Una hormigonera pequeña se puede alquilar por un precio relativamente económico y contribuirá en gran medida a conseguir un acabado profesional.*

Qué alquilar

Herramientas como pueden ser limpiadoras de moquetas son productos populares de alquiler, pero hay muchos otros de los cuales la persona media quizá no sepa. Las hormigoneras y lijadoras de suelo aumentan la rapidez del trabajo magníficamente, consiguiendo resultados profesionales dentro del alcance del aficionado. Un compresor pequeño y pistolas de clavar se pueden usar para fijar una gran cantidad de tablas de suelo muy rápidamente, mientras que una allanadora eléctrica dará un acabado plano al hormigón y bases de suelo.

IZQUIERDA: *Aunque esta máquina de inyección de fluido antihumedad es altamente especializada, es posible alquilar una para hacer el trabajo usted mismo.*

En la tienda de alquiler

Una vez metido en el terreno del constructor profesional, las tiendas de alquiler abastecen cada vez más al mercado de los aficionados al bricolaje, y muchos almacenes incluso ofrecen servicio de entrega a domicilio, por una cantidad extra pequeña, de herramientas demasiado grandes o demasiado voluminosas para que las transporte usted mismo. Antes de que por primera vez empiece a usar una máquina con la que no esté familiarizado, es esencial que entienda totalmente cómo funciona; por ello asegúrese de que se lo han explicado antes de dejar la tienda. No tema solici que le hagan una demostración si no está seguro del todo. Los empleados de las tiendas de alquiler generalmente son unos grandes entendidos, así que no dude en pedirles asesoramiento. Pueden sugerirle diferentes métodos para realizar una tarea y mostrarle las herramientas que puede ser que no conozca. Explíqueles claramente cuál es su proyecto, qué herramientas tiene ya y qué herramientas ellos podrían sugerirle que usted debería alquilar para completar el trabajo. Muchos almacenes tendrán un catálogo, aunque no espere que éste le explique cómo funciona cada pieza de equipamiento. Es más probable que den detalles de costes, períodos mínimos de alquiler, etc. Además de la máquina en sí, quizá tenga que comprar algunos consumibles. En el caso de una lijadora de suelo, esto significará las hojas de papel abrasivo. A menudo la tienda le dará unas cuantas y solamente le cobrará aquellas que usted en realidad haya utilizado cuando devuelva la máquina.

ARRIBA DERECHA: *Quizá tenga que alquilar una máquina de afilar de buena calidad para poner a punto sus propias herramientas.*

DERECHA: *Un rulo de acero, de mucho peso, es esencial para asegurar una adherencia total del suelo de vinilo, pero si sólo lo tiene que utilizar una vez, es mejor alquilarlo.*

ABAJO: *Una lijadora eléctrica para suelos aligerará el trabajo que de otra manera sería una tarea desalentadora. Existen modelos grandes para bordes y rincones.*

El almacén tendrá en asistencia y le ofrecerá todo el equipo necesario de protección, como gafas protectoras, rodilleras y protectores de oídos, aunque es probable que se vea obligado a comprarlas.

Encontrar el almacén de alquiler de herramientas más cercano deberá ser tan simple como mirar en las páginas amarillas o en la guía de teléfonos local.

En la actualidad es fácil encontrar este tipo de almacenes debido al creciente número de personas que se animan a llevar a cabo reparaciones en casa ellos mismos.

Recomendaciones de seguridad

Cuando se lleva a cabo cualquier proyecto en la vivienda, la seguridad debería ser la norma número uno. Siempre existe un factor de riesgo cuando se realiza cualquier tipo de trabajo y es esencial minimizar tal peligro tomando las precauciones necesarias. Por ejemplo, el equipamiento de seguridad se debería considerar como un elemento fundamental dentro de su caja de herramientas, así como tener un maletín de primeros auxilios de primera calidad. Sobre todo, nunca realice ninguna tarea que el sentido común le indique que puede ser peligrosa.

Seguridad con escaleras de mano

Las escaleras de mano y de tijera son imprescindibles para llegar a las partes más altas. Aunque sean equipo de manejo sencillo, a menudo nos confiamos demasiado y nos pueden acarrear desagradables accidentes si no se utilizan de la manera correcta. Observando las normas que damos a continuación, se minimizarán los riesgos de lesiones.

- La distancia desde la base de la pared o zócalo al pie de la escalera tiene que ser una cuarta parte de la altura del punto donde la escalera esté apoyada.
- La base de la escalera tiene que estar apoyada en una superficie antideslizante y horizontal.
- Los dos pies de la escalera tienen que tocar el suelo. Quizá tenga que poner unos calzos de madera, pero mantenga la escalera en posición horizontal.
- Asegúrese de que la parte alta de la escalera está bien apoyada en la pared.
- Antes de subirse a la escalera, compruebe que todos los peldaños son seguros y no tienen ningún tipo de daño.
- Si utiliza la escalera en exteriores, observe si existen por encima cables de teléfono o de alta tensión.
- Nunca se estire demasiado; si no alcanza de una manera cómoda, mueva la escalera.
- Cuando trabaje a cierta altura, busque un ayudante que le sujete la base de la escalera para evitar que se mueva.

Consejo de seguridad

El gran entusiasmo que tienen los niños y la curiosidad natural de los animales pueden acarrear accidentes. Trate de mantener a estos "elementos" fuera de la zona de trabajo.

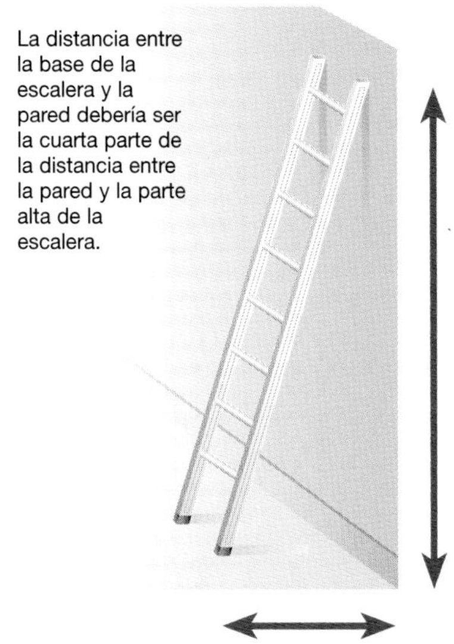

La distancia entre la base de la escalera y la pared debería ser la cuarta parte de la distancia entre la pared y la parte alta de la escalera.

La colocación correcta de la escalera es esencial para la seguridad del usuario.

Equipo de protección

Se pueden adquirir diferentes artículos de protección adecuados para las diversas tareas de bricolaje. Algunos de ellos están diseñados para realizar un trabajo específico, pero otros, como gafas, botas y guantes, hay que llevarlos en la mayoría de los casos. También es básico contar con un botiquín de primeros auxilios para curar rozaduras y quemaduras.

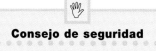

Guantes de protección

Botas de trabajo

Kit comprobador de plomo

Guantes de plástico

Casco

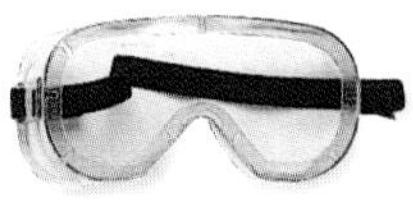
Gafas

Protectores de oídos

Mascarilla

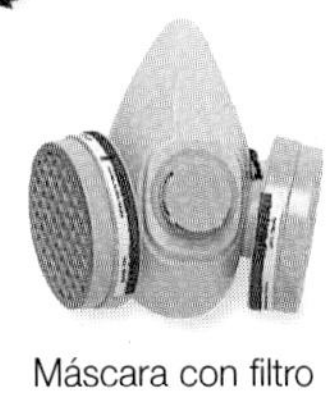
Máscara con filtro

Rodilleras

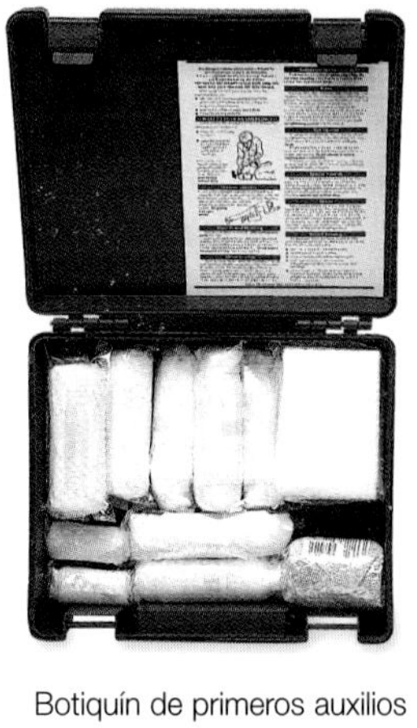
Botiquín de primeros auxilios

Cuidando de su salud

Levantamiento de pesos

Pida ayuda cuando tenga que levantar tablones o vigas. No coja más peso del que usted puede aguantar de manera segura, y cuando levante cualquier objeto doble sus rodillas, no su cintura. Lleve guantes para proteger las manos del hormigón tosco y las astillas de madera.

Polvo

El polvo puede ser letal, por ello lleve siempre una mascarilla, que en Europa deberá estar marcada con las letras 'CE'. Algunas de las mascarillas más baratas ofrecen poca o ninguna protección contra ciertos tipos de polvo. Corte las baldosas y los tableros de madera en el exterior siempre que sea posible, particularmente cuando utilice herramientas eléctricas.

Taladrado

Nunca taladre en una zona de la pared, suelo o techo donde es probable que detrás existan cables eléctricos o tuberías de gas o de agua. Utilice un detector de vigas, tuberías y cables para localizar la posición exacta de tales elementos antes de empezar a trabajar.

Riesgo de incendio

Para algunas de las técnicas descritas aquí se utilizan herramientas que generan calor, particularmente las que sirven para eliminar pintura. Tenga siempre a mano un cubo con agua o un extintor cuando trabaje con tales herramientas, porque un pequeño incendio se puede convertir rápidamente en un gran siniestro si no se apaga de inmediato.

Corte de corriente

Si utiliza herramientas que funcionen con electricidad, es una buena idea invertir en un aparato especial para que corte la corriente. En el supuesto de que se corte el cable accidentalmente, el dispositivo cortará automáticamente la electricidad suministrada a la herramienta. Esto comúnmente se llama circuito de corriente residual, o CCR en abreviatura.

Materiales tóxicos

Algunas casas antiguas quizá estén construidas con aislamientos o productos que contienen amianto. Si usted se encuentra con algo que sospeche que puede ser amianto, contrate a un profesional para que lo quite. Hasta hace bien poco, a la pintura se le añadía plomo y se puede soltar en la atmósfera si se quema un viejo acabado. Quite las pinturas que contienen plomo con un decapante antes de volver a dar otra capa, mejor que con un soplete o pistola de aire caliente. Las pinturas y barnices modernos están bastante lejos de ser tóxicos, pero aun así es importante seguir las instrucciones que vienen en el bote, particularmente en lo que concierne a limpieza con cepillo y eliminación de pintura sobrante. Quite la pintura de la piel con un trapo de limpieza y no con aguarrás, porque éste se come los aceites esenciales de la piel y puede producir dermatitis en casos extremos. Evite inhalar el vapor de los adhesivos y trabaje en un espacio bien ventilado, siempre que sea posible. Si se empieza a sentir un poco mareado, deje de trabajar inmediatamente y salga fuera a respirar aire fresco.

SEGURIDAD CON LAS HERRAMIENTAS

- Antes de utilizar cualquier herramienta con la que no esté familiarizado, lea despacio las instrucciones del fabricante. Las herramientas que se alquilan en las tiendas deberían venir con un folleto de instrucciones, pero si tiene alguna duda, pida que le hagan una demostración antes de llevársela.

- Los cinceles, cuchillas y herramientas cortantes siempre tienen que estar lo más afiladas posibles. Se producen más accidentes con herramientas desafiladas que se escurren sobre la superficie que con herramientas afiladas. Una piedra de afilar es ideal para mantener afiladas herramientas tales como cinceles o cuchillas.

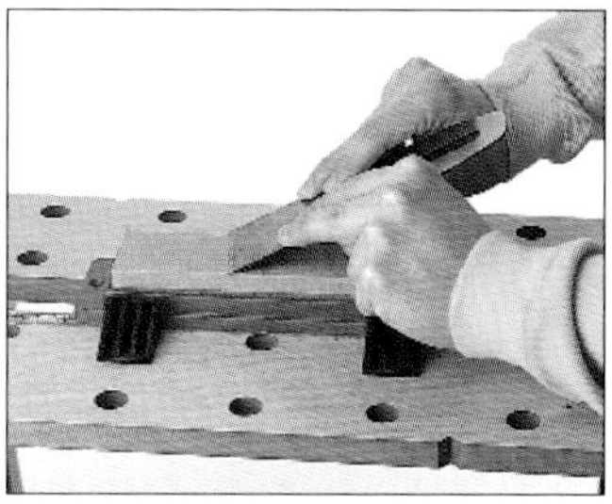

- Las herramientas eléctricas requieren precauciones complementarias. Desenchufe cualquier herramienta antes de cambiar brocas o cuchillas y nunca la ponga en funcionamiento si no tiene puesta la carcasa protectora. Revise regularmente los cables para asegurar que están en óptimas condiciones de uso. Si están desgastados o dañados, deberían ser repuestos para prevenir el riesgo de una posible descarga eléctrica. Aunque las herramientas eléctricas por seguridad llevan doble aislamiento, nunca meta un cable en agua o utilice una herramienta eléctrica en el exterior cuando está lloviendo. Las herramientas eléctricas en general requieren revisiones periódicas y recambio de accesorios, como brocas o cuchillas, porque las que están gastadas forzarán el funcionamiento de la máquina.
- Los martillos con bastante frecuencia se deslizan de la cabeza del clavo cuando se está golpeando. Para prevenir esto, lije la parte ancha de la cabeza del martillo para que quede limpia. Esta técnica se puede aplicar a toda clase de martillos y es bastante útil.

Fijadores y adhesivos

Para llevar a cabo incluso los proyectos más pequeños de este libro, necesitará proveerse de los materiales adecuados para ejecutar el trabajo en condiciones. Aunque no es posible mostrar todos y cada uno de los que usted necesitará, en estas dos páginas se muestran casi todos los fijadores y adhesivos que requerirá, y se describen su finalidad y propiedades. Si es la primera vez que va a llevar a cabo proyectos de bricolaje, no se precipite en comprar gran cantidad de cada uno de los clavos, tornillos, pegamentos y cintas que posiblemente necesitará. Compre lo que precise para cada proyecto y después de varios proyectos se encontrará con que ha empezado a reunir un pequeño almacén de estas piezas más pequeñas.

Clavos y tornillos

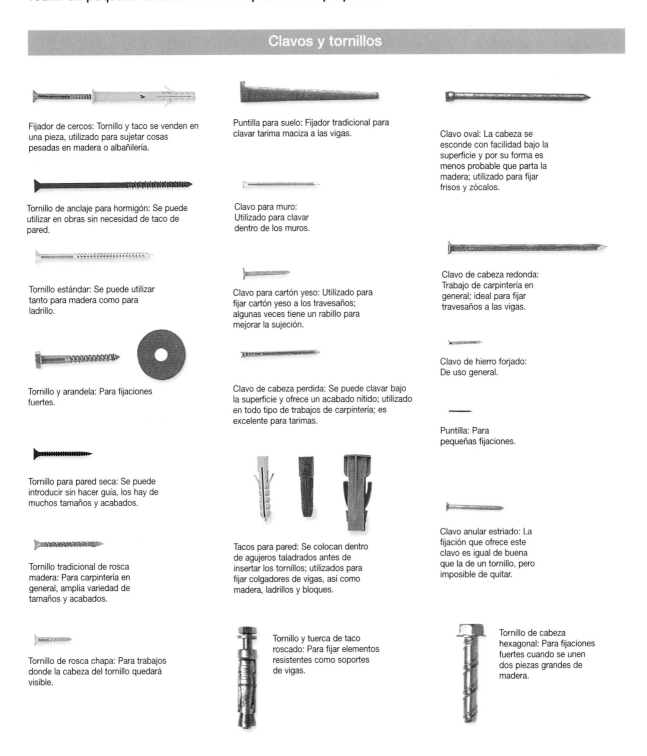

Fijador de cercos: Tornillo y taco se venden en una pieza, utilizado para sujetar cosas pesadas en madera o albañilería.

Tornillo de anclaje para hormigón: Se puede utilizar en obras sin necesidad de taco de pared.

Tornillo estándar: Se puede utilizar tanto para madera como para ladrillo.

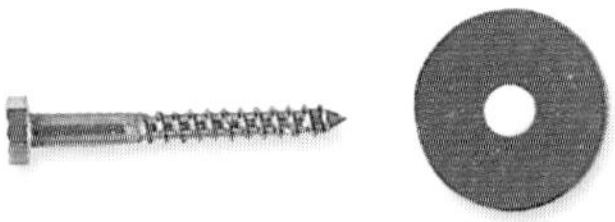

Tornillo y arandela: Para fijaciones fuertes.

Tornillo para pared seca: Se puede introducir sin hacer guía, los hay de muchos tamaños y acabados.

Tornillo tradicional de rosca madera: Para carpintería en general, amplia variedad de tamaños y acabados.

Tornillo de rosca chapa: Para trabajos donde la cabeza del tornillo quedará visible.

Puntilla para suelo: Fijador tradicional para clavar tarima maciza a las vigas.

Clavo para muro: Utilizado para clavar dentro de los muros.

Clavo para cartón yeso: Utilizado para fijar cartón yeso a los travesaños; algunas veces tiene un rabillo para mejorar la sujeción.

Clavo de cabeza perdida: Se puede clavar bajo la superficie y ofrece un acabado nítido; utilizado en todo tipo de trabajos de carpintería; es excelente para tarimas.

Tacos para pared: Se colocan dentro de agujeros taladrados antes de insertar los tornillos; utilizados para fijar colgadores de vigas, así como madera, ladrillos y bloques.

Tornillo y tuerca de taco roscado: Para fijar elementos resistentes como soportes de vigas.

Clavo oval: La cabeza se esconde con facilidad bajo la superficie y por su forma es menos probable que parta la madera; utilizado para fijar frisos y zócalos.

Clavo de cabeza redonda: Trabajo de carpintería en general; ideal para fijar travesaños a las vigas.

Clavo de hierro forjado: De uso general.

Puntilla: Para pequeñas fijaciones.

Clavo anular estriado: La fijación que ofrece este clavo es igual de buena que la de un tornillo, pero imposible de quitar.

Tornillo de cabeza hexagonal: Para fijaciones fuertes cuando se unen dos piezas grandes de madera.

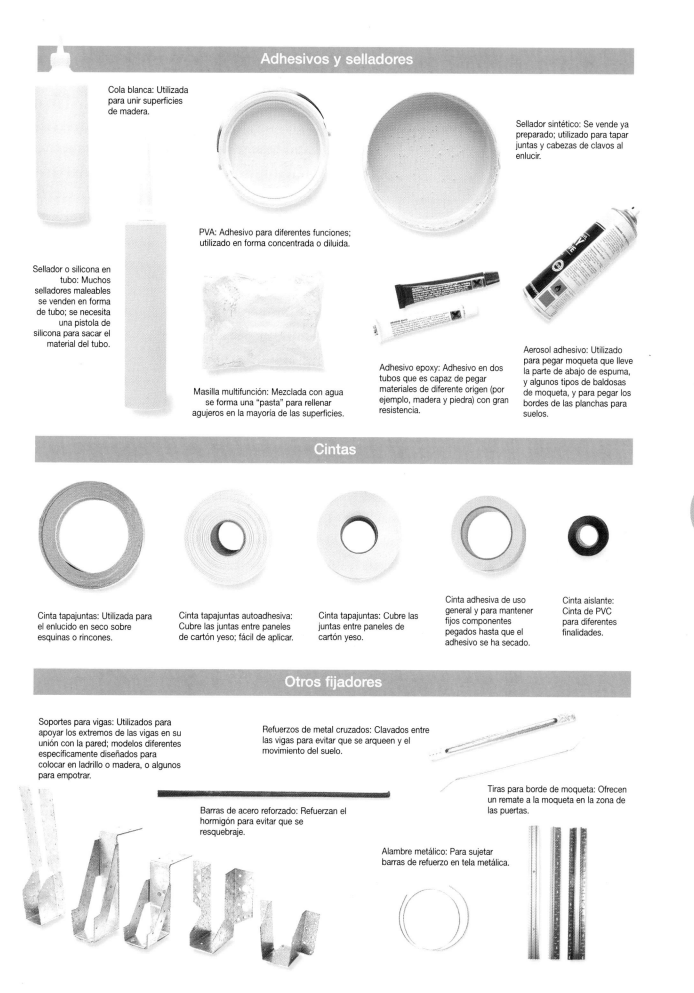

Adhesivos y selladores

Cola blanca: Utilizada para unir superficies de madera.

Sellador o silicona en tubo: Muchos selladores maleables se venden en forma de tubo; se necesita una pistola de silicona para sacar el material del tubo.

PVA: Adhesivo para diferentes funciones; utilizado en forma concentrada o diluida.

Sellador sintético: Se vende ya preparado; utilizado para tapar juntas y cabezas de clavos al enlucir.

Masilla multifunción: Mezclada con agua se forma una “pasta” para rellenar agujeros en la mayoría de las superficies.

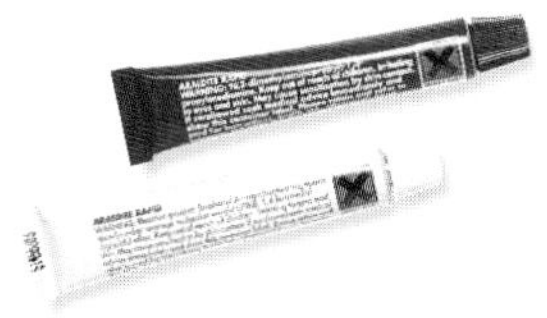

Adhesivo epoxy: Adhesivo en dos tubos que es capaz de pegar materiales de diferente origen (por ejemplo, madera y piedra) con gran resistencia.

Aerosol adhesivo: Utilizado para pegar moqueta que lleve la parte de abajo de espuma, y algunos tipos de baldosas de moqueta, y para pegar los bordes de las planchas para suelos.

Cintas

Cinta tapajuntas: Utilizada para el enlucido en seco sobre esquinas o rincones.

Cinta tapajuntas autoadhesiva: Cubre las juntas entre paneles de cartón yeso; fácil de aplicar.

Cinta tapajuntas: Cubre las juntas entre paneles de cartón yeso.

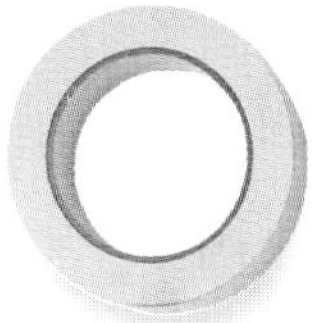

Cinta adhesiva de uso general y para mantener fijos componentes pegados hasta que el adhesivo se ha secado.

Cinta aislante: Cinta de PVC para diferentes finalidades.

Otros fijadores

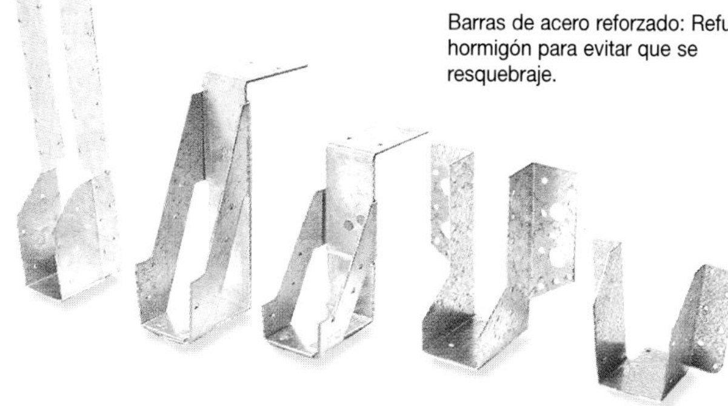

Soportes para vigas: Utilizados para apoyar los extremos de las vigas en su unión con la pared; modelos diferentes específicamente diseñados para colocar en ladrillo o madera, o algunos para empotrar.

Refuerzos de metal cruzados: Clavados entre las vigas para evitar que se arqueen y el movimiento del suelo.

Barras de acero reforzado: Refuerzan el hormigón para evitar que se resquebraje.

Tiras para borde de moqueta: Ofrecen un remate a la moqueta en la zona de las puertas.

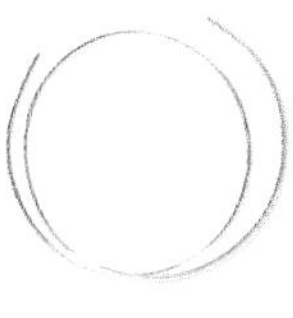

Alambre metálico: Para sujetar barras de refuerzo en tela metálica.

Materiales de construcción

Además de los fijadores y adhesivos descritos en las páginas 34-35, necesitará algunos materiales de construcción para mezclar hormigón, fijar tarimas y material de suelo, para crear capas resistentes a la humedad y para colocar material aislante. Todas estas piezas que se muestran aquí se podrán encontrar en los almacenes de bricolaje, almacenes de materiales de construcción y tiendas de pavimentos para suelos; así que vaya de tiendas para ver qué puede obtener y compare precios.

Madera y molduras

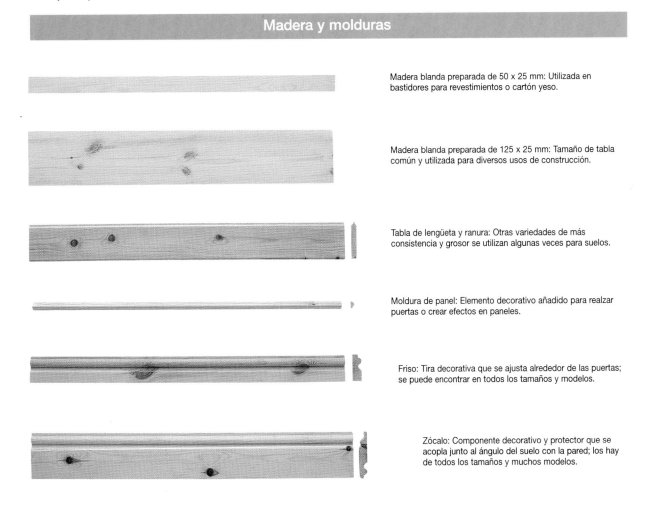

Madera blanda preparada de 50 x 25 mm: Utilizada en bastidores para revestimientos o cartón yeso.

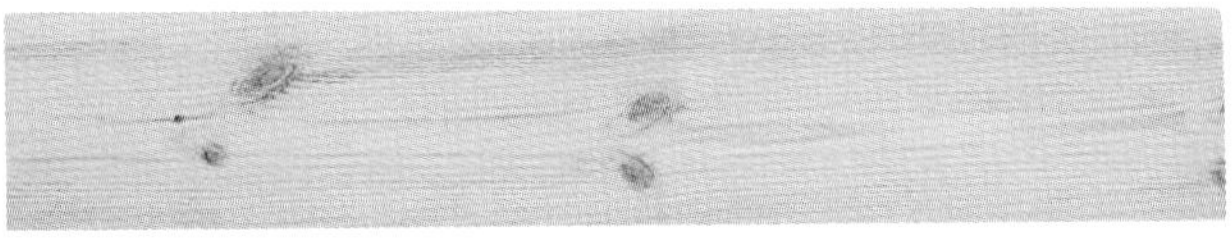

Madera blanda preparada de 125 x 25 mm: Tamaño de tabla común y utilizada para diversos usos de construcción.

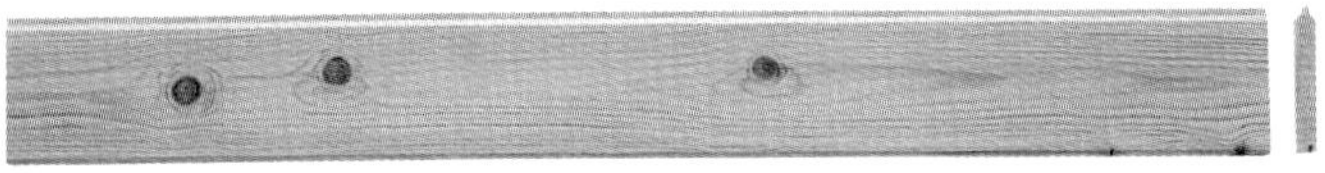

Tabla de lengüeta y ranura: Otras variedades de más consistencia y grosor se utilizan algunas veces para suelos.

Moldura de panel: Elemento decorativo añadido para realzar puertas o crear efectos en paneles.

Friso: Tira decorativa que se ajusta alrededor de las puertas; se puede encontrar en todos los tamaños y modelos.

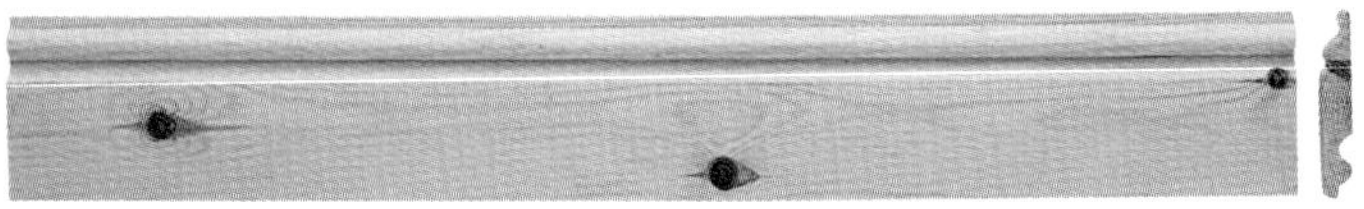

Zócalo: Componente decorativo y protector que se acopla junto al ángulo del suelo con la pared; los hay de todos los tamaños y muchos modelos.

Materiales para aislamiento e impermeabilización

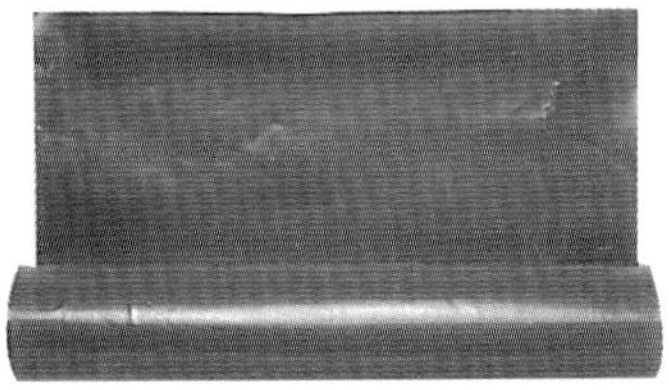

Membrana impermeable: Instalada entre la base del suelo y material de solado para evitar que la humedad ascienda por el hormigón y el piso.

Capa horizontal aislante: Membrana impermeable que se instala entre dos capas de fábrica en paredes exteriores; colocada entre el cimiento y el piso de la primera planta, para evitar que la humedad penetre en el interior de la vivienda.

Material aislante suelto: Alternativa a la lana mineral.

Baldosa de aislamiento sonoro: Utilizada en paredes, techos y suelos.

Lana mineral: Viene en rollos o en planchas; usada para el aislamiento térmico de desvanes.

Materiales para suelos

Tarima de madera: Material tradicional para suelos; los cantos pueden ser lisos (arriba) o machihembrados (abajo).

Tablero de fibra de densidad media: Normal (arriba) o resistente a la humedad (abajo); utilizado para construcción en general y fabricado en varios grosores y tamaños.

Aglomerado: Generalmente de 18 mm de grosor, se puede adquirir en tableros grandes con el canto liso (abajo) o machihembrado (arriba); utilizado para colocar suelos.

Contrachapado: Para construcción en general; fabricado con chapas de madera comprimidas y disponible en diferentes grosores.

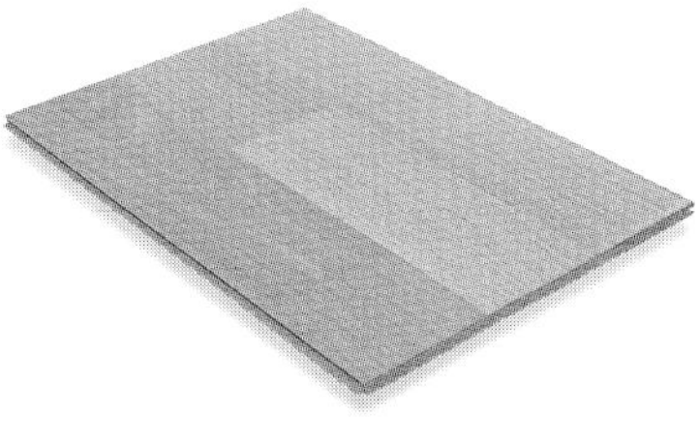

Tablero laminado: Aglomerado o tabla de MDF generalmente de 9 mm de grosor, que se une a una chapa de madera para utilizar como cobertura de suelo.

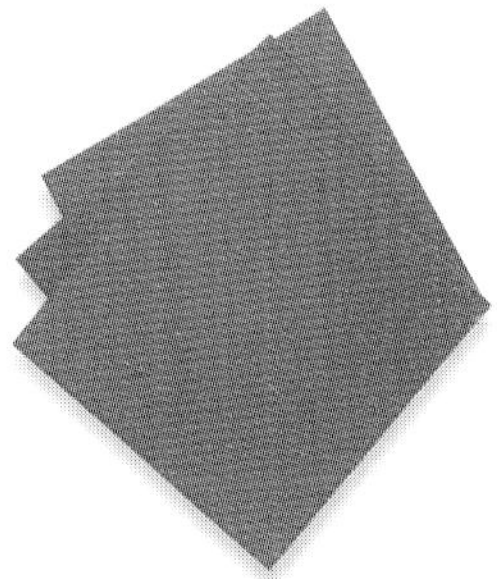

Baldosas de barro: Baldosas de estilo terracota utilizadas en cocinas e invernaderos; se pueden encontrar pulidas o sin pulir.

Baldosas de cerámica: Baldosas para suelos fabricadas con arcilla endurecida, brillantes o mates.

Baldosas de vinilo: Disponible en modelos autoadhesivos o sin adhesivo para utilizar junto con un producto adherente; amplia variedad de estilos y colores.

Moqueta y base: Normalmente de 3,75 m de ancho, con esponja o lana en la parte trasera.

Cemento y áridos

Arena de construcción: Mezclada con cemento y agua, forma el mortero para construcción.

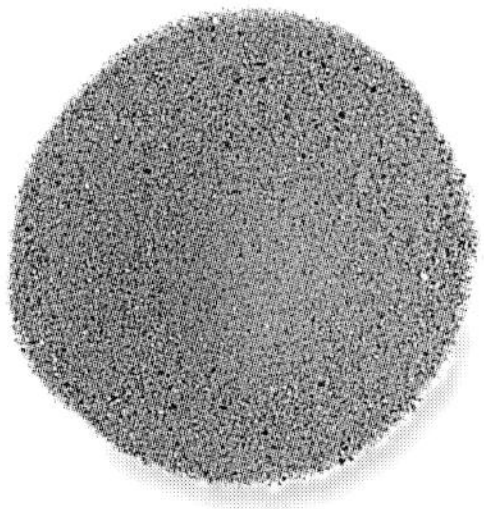

Arena gruesa: Mezclada con cemento y agua para revestimientos de suelo y enlucidos.

Cemento: Mezclado con arena, grava y agua para hacer morteros y hormigón.

Grava: Mezclada con agua, arena y cemento para hacer hormigón.

Cálculo de cantidades

Una vez haya decidido empezar con un proyecto de reforma de la vivienda, uno de los aspectos más importantes sobre los que tiene que recapacitar es sobre el coste total del proyecto, para que pueda planificar el presupuesto y ver si financieramente es viable; después haga los pedidos de materiales. Para hacer esto necesitará hacer unos cálculos claros de las cantidades que necesitará de cada producto.

Previsión de las cantidades

Con las prisas de empezar un nuevo proyecto es muy fácil olvidarse de hacer una planificación. Calcular con fidelidad la cuantía de los materiales que necesitará es un elemento esencial en la etapa de planificación, para que luego pueda hacer el pedido con precisión; cuando acuda al almacén de materiales o a la tienda de bricolaje no será el momento adecuado para hacer esto. Con los productos caros, como las baldosas de barro y la moqueta, es especialmente importante no pedir de más o le saldrá caro quedarse con las que sobren. Algunos proyectos son más fáciles que otros cuando se van haciendo los cálculos de los materiales que serán necesarios. En el caso de un suelo de una habitación que es perfectamente cuadrada o rectangular, por ejemplo, simplemente multiplique la longitud por la anchura para obtener el área total. Cuando se trabaja en tres dimensiones es ligeramente más complicado, recuerde tan sólo multiplicar la anchura por la longitud por el fondo. La mejor manera de prever las cantidades es tomar medidas exactas y traspasarlas a un plano a escala, desde el cual usted podrá hacer los cálculos.

Trucos del oficio

Añada siempre un 10 por 100 más al resultado cuando calcule cantidades. Con esto incluirá los recortes y el material que se estropee, y le permitirá quedarse con un poco de material de sobra para futuras reparaciones.

OBSERVACIONES ESPECIALES

- **Suelo con dibujo:** Si va a colocar un suelo que lleve dibujo, prevea que se gastará más porque tendrá que seguir el diseño según lo va instalando.
- **Muebles fijos:** Si coloca suelo en una habitación que tenga muebles fijos, por ejemplo en una cocina o baño, puede cubrir el suelo antes de instalarlos, o recorte alrededor de los muebles dejando un pequeño margen. Si opta por esto último, incorpore los elementos fijos en su plan si tiene una idea fiable de sus dimensiones, o mídalo después de la instalación.

MODO DE HACER LOS CÁLCULOS

Altura de las vigas

La capacidad de una viga para soportar peso depende más de la altura que de su grosor, el cual suele ser en torno a unos 50 mm. Siga la fórmula que se muestra más abajo para averiguar la altura de la viga que necesitará. El número de vigas necesarias dependerá del tamaño de la habitación y del espaciado entre las mismas.

Fórmula para calcular la altura de las vigas:

$$\text{Altura en unidades de 25 mm} = \frac{\text{Longitud de las vigas en unidades de 300 mm}}{2} + 2$$

Ejemplo para una habitación de 3 m:

$$3\text{ m dividido por }300\text{ mm} = \frac{10\text{ unidades}}{2} = 5 + 2 = 7\text{ unidades}$$

$$7\text{ unidades} \times 25\text{ mm} = 175\text{ mm}$$

Cobertura de suelo

Para calcular la cantidad de cobertura de suelo necesaria, multiplique la anchura por la longitud y añada un 10 % más.

Ejemplo para una habitación que mide 3 x 7 m: $3 \times 5\text{ m} = 15\text{ m}^2 + 1{,}5 = 16{,}5\text{ m}^2$

planificación

Trazado de un plano a escala

Para hacer un cálculo exacto de la cantidad de material necesario para solar, es buena idea trazar un plano detallado a dos dimensiones de la habitación con mediciones en cada una de las zonas que se indican. Incluso los profesionales hacen dibujos a escala de la habitación plasmando la situación de los principales elementos. Si la habitación incluye muebles empotrados o que se empotrarán, éstos se deben incluir en el dibujo, especialmente si no tiene intención de instalar suelo bajo los mismos. Utilizar papel milimetrado para dibujar el plano le ayudará a garantizar las medidas. Si se lleva el plano con usted cuando vaya a comprar los materiales, con todas las medidas anotadas sobre el mismo, esto le facultará para hacer el pedido exacto a fin de no pecar por exceso ni por defecto.

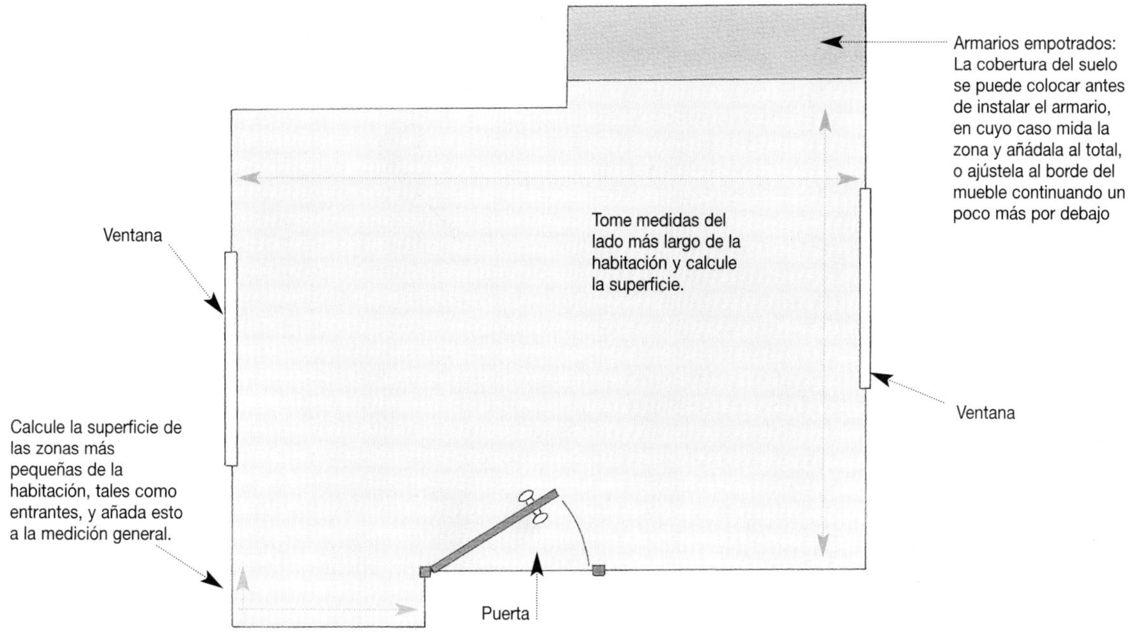
Armarios empotrados: La cobertura del suelo se puede colocar antes de instalar el armario, en cuyo caso mida la zona y añádala al total, o ajústela al borde del mueble continuando un poco más por debajo
Ventana
Tome medidas del lado más largo de la habitación y calcule la superficie.
Ventana
Calcule la superficie de las zonas más pequeñas de la habitación, tales como entrantes, y añada esto a la medición general.
Puerta

Cálculo de la cobertura de suelo para escaleras

Para calcular la cantidad de material para el suelo de una escalera, añada al total del recorrido (la suma de la profundidad de cada escalón) el total de la elevación (la suma de la altura de cada escalón). Estas medidas se pueden calcular midiendo la altura y anchura total de la escalera o midiendo uno por uno y multiplicando el resultado por el número total de escalones. Así hallará la "longitud" del material requerido, pero tendrá que multiplicar esto por la anchura de los escalones para que nos dé la superficie total. Si hubiera algún resalte a cualquier lado de los escalones, ajuste la medición de la anchura. Añada un 5 por 100 al total por si se necesitara algún recorte.

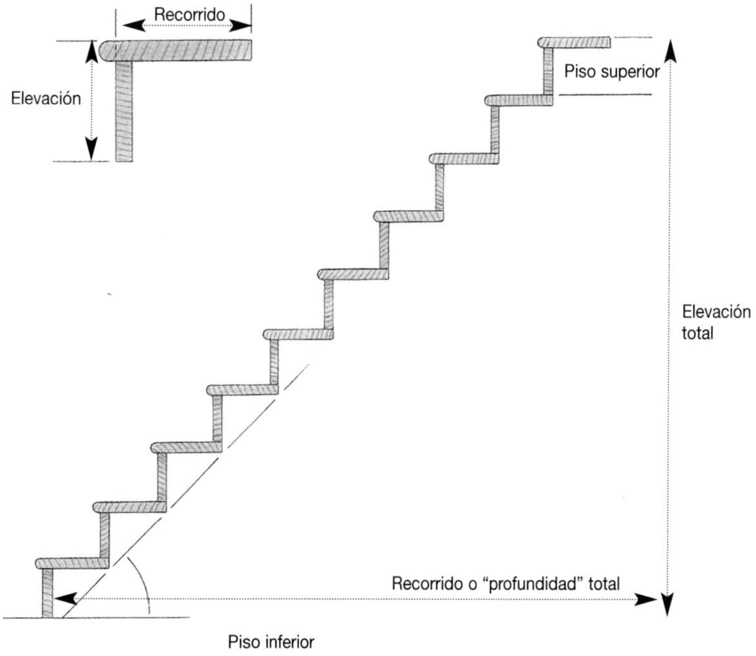
Recorrido
Elevación
Piso superior
Elevación total
Recorrido o "profundidad" total
Piso inferior

realización de cambios en suelos

Realizar cambios en el suelo existente, o sustituir un suelo, suele ser el primer paso hacia una reforma más general de una habitación. Por ejemplo, si usted va a convertir una habitación de la planta alta en un cuarto de baño, tendrá que pensar en reforzar las vigas para que puedan aguantar el peso de la bañera cuando esté llena.

Quizá se vea forzado a hacer cambios debido a circunstancias adversas, tales como penetración de humedad en un suelo suspendido; el mejor remedio suele ser sustituirlo todo por un suelo de hormigón.

Sin embargo, la prevención es la mejor cura, y otro proyecto descrito en este capítulo es cómo añadir ventilación a la parte inferior del suelo para evitar daños de humedad.

Instalando un suelo de contrachapado sobre subsuelo de hormigón, este garaje se ha transformado en confortable.

Colocación de suelos en cuartos de baño

Si tiene la confianza suficiente como para instalar suelos en cualquier otra habitación de la casa, entonces el cuarto de baño no debería representar ningún problema. Sin embargo, hay que hacer unas observaciones en particular, que se refieren a todo lo que atañe al agua en las actividades diarias que tienen lugar; los cuartos de baño pueden ser extremadamente húmedos y habrá que tomar algunas medidas para minimizar el daño que pueda causar la humedad en el suelo. El ambiente húmedo, cañerías que se salen de baños y lavabos y el peso de la bañera, todo se aúna para producir daños tanto a la base como al suelo.

Tratamiento de la humedad

Para asegurar una larga duración del suelo del cuarto de baño es esencial un sistema de ventilación adecuado para erradicar la presencia de condensación. Revisar regularmente las cañerías hará que las conexiones de fontanería estén herméticas y sin pérdidas. Colocar alfombras de baño de alguna manera minimiza el daño debido a salpicaduras de bañeras y lavabos, pero más importante es asegurar que la cobertura del suelo sea impermeable o resistente a la humedad y que todas las áreas donde la humedad pueda penetrar estén adecuadamente selladas. Antes de colocar cualquier suelo nuevo, revise cuidadosamente el subsuelo existente por si hubiera algún daño producido por el agua y podredumbre. Quite el panel de la bañera y compruebe debajo de la pila. Las cañerías que se salen saltarán a la vista y habrá que repararlas inmediatamente. Un olor a humedad es una señal segura de problemas y no debe ser ignorado; las partes del suelo que están suaves o podridas necesitarán ser reemplazadas. Si usted va a comprar tablero prefabricado, recuerde decirle al vendedor que se va a colocar en un cuarto de baño, dado que hay modelos especiales resistentes al agua, los cuales se adaptan mejor en un entorno húmedo.

ARRIBA DERECHA: *Naturalmente, las baldosas duras resistentes al agua son la mejor opción para cuartos de baño, pero asegúrese de sellar las uniones de la lechada.*

Elementos del cuarto de baño

Si se va a cambiar el suelo o se va a volver a colocar como parte de una reforma total del cuarto de baño, los sanitarios probablemente también se sustituyan a la vez. Si no, entonces antes de que el suelo se pueda reinstalar tendrá que quitar los sanitarios y cualquier armario o elemento fijado al suelo. En otra parte de este libro encontrará instrucciones sobre renovación del subsuelo y, dado que usted las seguirá muy de cerca, no tendrá problemas. Cuando el suelo se vaya a sustituir como parte de un esquema mucho más amplio de reforma, puede ser una buena idea colocar el suelo antes de instalar el retrete, bañera, bidé y pedestal de lavabo. Aunque no siempre es práctico, es mejor colocar la cobertura del suelo entera que tener que estar haciendo un montón de recortes, máxime cuando hay poco espacio.

IZQUIERDA: *Quedará impecable si los sanitarios se instalan después de haber colocado el suelo.*

Utilizar planchas completas significa que no tendrá que hacer muchos ajustes y podrá instalar el suelo de una manera mucho más rápida, dejándolo con un acabado perfecto. Además, como los sanitarios solapan el suelo, habrá menos oportunidad de que el agua traspase al subsuelo. El único inconveniente es que tiene que tener cuidado de no estropear el suelo cuando instale los sanitarios y al realizar las instalaciones de fontanería y la decoración, pero incluso entonces el suelo se puede proteger con unos tableros de madera.

Consideraciones sobre el peso

Si va a instalar una bañera grande, tiene que tener en cuenta el aumento de peso sobre el suelo que esto va a suponer. Sustituir una bañera estándar por un jacuzzi añadirá unos 225 kg más de peso cuando la bañera esté llena. Es bastante probable que necesite añadir algún refuerzo particular a la viga, y la tarima quizá sea demasiado fina para soportar el peso. Si está preocupado por el asunto, debería consultar a un aparejador, quien está capacitado para evaluar los riesgos y recomendar la forma de hacerlo. Por supuesto, tendrá que pagar por esta consulta, pero es mejor esto a que la bañera termine cayendo en el cuarto de estar de la planta de abajo.

ARRIBA DERECHA: *Un cuarto de baño queda más elegante cuando las tuberías están escondidas detrás de los paneles de la pared y bajo el suelo.*

CENTRO DERECHA: *Una bañera contiene una considerable cantidad de agua, lo que supone un enorme peso sobre el suelo y quizá signifique que tiene que añadir un refuerzo bajo una de grandes dimensiones.*

ABAJO: *Si el suelo del cuarto de baño es de tarima, tendrá que aplicar un producto resistente al agua.*

Tipos de suelos

En el cuarto de baño se puede colocar cualquier tipo de suelo; incluso los suelos de madera dura se pueden tratar con un acabado resistente al agua. Compruebe con su proveedor si el suelo que va a comprar es el adecuado para cuartos de baño. Es mejor evitar colocar moqueta, porque el agua puede empaparla y generar humedades tanto en la moqueta como en el subsuelo, aunque hay variedades específicamente diseñadas para cuartos de baño que son resistentes al agua, a la humedad y a los hongos con su parte inferior impermeable. Las baldosas y láminas de vinilo para suelos son probablemente la mejor opción, dado que son fáciles de limpiar y resisten la penetración de la humedad y la suciedad de manera efectiva. Cualquiera que sea el suelo que elija, siempre utilice adhesivo y lechada impermeables, y selle con silicona los huecos por donde salen las cañerías desde el suelo. Los suelos resistentes a la humedad tienen un matiz verdoso, de tal manera que se pueden diferenciar fácilmente de los productos estándar, que generalmente son de color galleta.

Colocación de suelos en garajes y cuartos de trabajo

La mayoría de los suelos de garaje están hechos de hormigón, que es adecuado para el coche, pero puede parecer duro para pies y piernas. Además, un suelo de hormigón suele ser frío y húmedo, y si almacena herramientas o maquinaria esto producirá su oxidación. Un suelo de contrachapado ofrecerá una habitación más cómoda y seca.

Los garajes a menudo se utilizan como salas de esparcimiento y cuartos de juego para niños, pero si no se hacen algunos cambios pueden ser fríos y poco acogedores. Si se coloca un suelo flotante, el garaje se puede convertir en una lugar cómodo para realizar actividades. Los suelos de contrachapado son menos duros para las rodillas. Son fáciles de instalar y, como no están clavados al subsuelo, se pueden quitar después.

Herramientas para el trabajo

- Maza y cincel
- Equipo de medición
- Cepillo
- Cinta métrica y lápiz
- Cuchilla
- Serrucho
- Taladradora/destornillador sin cable

1 Utilice martillo y cincel para allanar cualquier punto que sobresalga en el hormigón y que podría perforar la membrana de plástico. Rellene cualquier hendidura con hormigón o mortero. Barra el suelo para quitar el polvo y los escombros.

2 Coloque la membrana impermeable, dejándola que emboque la pared por lo menos 150 mm. Corte lo que sobre con una cuchilla. Si necesita empalmar dos láminas, únalas con cinta adhesiva; luego doble la segunda lámina sobre sí misma tres o cuatro veces, dejando una costura de 100 mm de ancho antes de pegarla nuevamente con cinta.

3 Empezando en una pared, sitúe listones de 100 x 50 mm, mirando hacia abajo, sobre la membrana impermeable, distanciados entre sí 600 mm. Utilice un serrucho para cortarlos. Luego corte algunas travesaños en piezas de madera para apoyar los extremos y las zonas intermedias, colocados a intervalos de 1,2 m.

4 Corte trozos de una plancha de aislante de polietireno para acoplarlos entre los listones. Las planchas, de 50 mm de espesor, quedarán enrasadas con la parte superior de los listones y ofrecerán un soporte adicional al suelo. Si desea, puede prescindir del aislante, pero existe una gran diferencia en cuanto a la calidez de la habitación y en cierta medida ofrece aislamiento sonoro.

5 Coja un tablero de contrachapado aislante de 18 mm y, con su mejor lado hacia arriba, taladre agujeros guía a intervalos de 200 mm, a una distancia de 50 mm desde el borde y por el centro del tablero. Atornille los tableros utilizando tornillos del n.° 8 de 32 mm. A menos que la habitación sea perfectamente cuadrada, tendrá que recortar bordes en algunos tableros.

Consejo de seguridad

Cuando corte los tableros de contrachapado, asegúrese de que están bien apoyados en un caballete. Podrá cortar con más precisión y es mucho menos probable que los tableros se resbalen y le causen alguna herida.

6 Las molduras o zócalos son un adorno elegante y ayudan a mantener horizontales los bordes del suelo. Haga unos taladros en el zócalo, atravesando también la membrana impermeable de la pared. Doble pero no corte el plástico de los rincones de la habitación, remetiéndolo bien detrás del zócalo según lo va fijando.

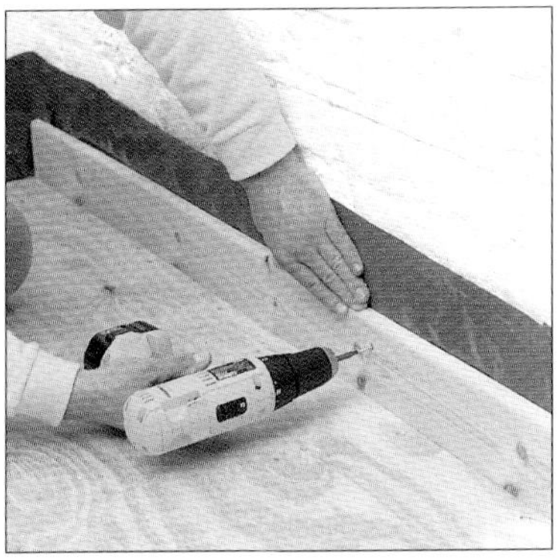

7 Pase una cuchilla afilada por la parte superior del zócalo para cortar el plástico sobrante. Si no le gusta el aspecto que queda con el plástico embutido entre el zócalo y la pared, se puede disimular echando un poco de emplaste en la parte alta del zócalo.

8 En la zona de las puertas instale una junta en el umbral para esconder el borde del contrachapado. Si el suelo nuevo se eleva por encima del nivel del suelo de la habitación contigua, necesitará una junta en forma de escalón y cortar la parte baja de la puerta para que ajuste bien. En caso de puertas de garaje basculantes, atornille o clave una tira fina de listón para cubrir la junta entre la madera y el contrachapado. Asegúrese de que el plástico ha quedado remetido. Elimine el plástico sobrante cuando termine.

COBERTURAS DE SUELO

Si la habitación se va a utilizar como cuarto de juegos para niños, podrá cubrir el contrachapado pegando baldosas o láminas de vinilo. Para un acabado más lujoso, un trozo de moqueta ofrecerá un poco de aislamiento térmico y acústico.

Trucos del oficio

Cortar polietil eno puede ser engorroso porque las partículas blancas se adhieren a cualquier cosa. Mejor que utilizar un serrucho que genera gran cantidad de electricidad estática, un cuchillo para pan con sierra afilada es casi tan rápido y más limpio.

Fuerte e impermeable, un suelo de contrachapado es ideal para transformar un garaje en un cuarto de trabajo, y si tiene una cobertura de vinilo encima será más cálido y cómodo.

Sustitución de un suelo flotante por otro de hormigón

Existen diferentes motivos para sustituir un suelo flotante por otro de hormigón. Uno de los más probables es que el suelo original se haya podrido o tenga alguna plaga, por lo que tendrá que ser reemplazado. En las casas antiguas que no cuentan con la capa horizontal aislante, habrá que instalar un suelo de hormigón como parte de las medidas de impermeabilización generales en la vivienda.

Herramientas para el trabajo

- Cinta métrica y lápiz
- Nivel de burbuja
- Palanqueta
- Serrucho
- Cincel y escofina
- Pala
- Pisón
- Tijeras
- Hormigonera pequeña
- Tabla apisonadora
- Llanas

1 Antes de retirar el suelo viejo, haga una marca en la pared con un lápiz a un metro del suelo. Dibuje una línea alrededor de la habitación a esta altura ayudándose con un nivel; ésta es su marca de referencia.

2 Quite las tablas viejas y las vigas. Éstas son más fáciles de manejar si las corta en varios trozos, especialmente en los suelos viejos, donde habrá que sacarlas de las cavidades. Asegúrese de que no quede ningún vestigio de las vigas viejas; esto tiene bastante importancia si tienen putrefacción seca.

3 Con una pala, extienda una capa de firme de suelo, de tal manera que su nivel más alto quede a 1,3 m por debajo de la marca de referencia de la pared. Utilice un pisón para comprimirlo y romper los trozos grandes.

4 El siguiente paso es colocar la arena de relleno. Eche con una pala arena de construcción sobre el firme del suelo a una profundidad de 100 mm, comprobando continuamente la altura con la marca de referencia de la pared. Quizá sea mejor cortar un listón de 1,2 m que ir midiendo con la cinta métrica. Allánelo con la parte trasera de la pala según va pasando y utilice una tabla larga para comprobar que la arena está nivelada.

5 Coloque una lámina de membrana aislante de plástico encima de la arena, teniendo cuidado de no perforarla. Asegúrese de que queda embocada en la pared a unos 300 mm. Utilice unos trozos de cinta adhesiva para pegar la membrana a la pared.

6 Las barras de refuerzo fortalecen el hormigón y evitan que se rompa. Sitúe las barras elevadas colocando unos trozos de baldosas de hormigón debajo de ellas. Forme un diseño cruzado, a una distancia de 400 mm, uniendo las juntas con alambre. Deje una distancia entre la pared y las barras de al menos 100 mm. Una vez acabado, la parrilla estará rígida y no se combará al andar encima de ella.

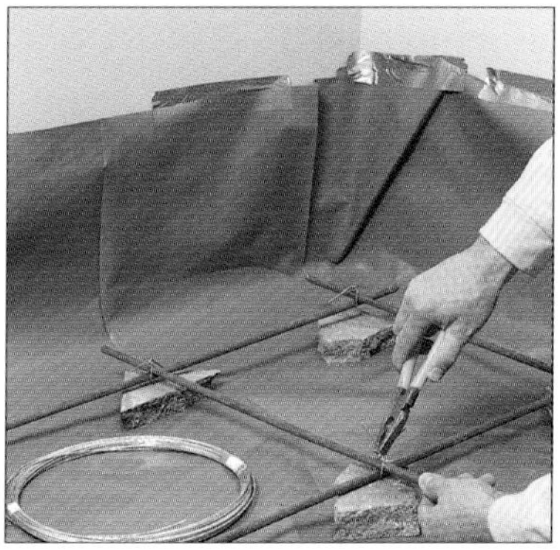

7 Suponiendo que otra persona le ayude, para una habitación pequeña puede hacer usted mismo la mezcla. Haga una amalgama de una parte de cemento ordinario Pórtland, una parte de arena de construcción y tres partes de áridos. No tiene por qué ser demasiado exacto; mida cada uno de los materiales con palas llenas. No haga el hormigón demasiado líquido. Añada sólo el agua suficiente para que la mezcla quede con una consistencia cremosa gris.

Consejo de seguridad

Procure que el cemento no le toque las manos ni los ojos. Si se mancha, lávese lo antes posible, y si le entra en los ojos enjuáguelos con abundante agua y vaya al médico.

8 Mejor que extender el hormigón empezando en cualquier lado, comience por un rincón de la habitación y vaya hacia atrás en dirección a la puerta. Utilice una pala para ir esparciendo el hormigón entre las barras de refuerzo, no permitiendo que queden bolsas de aire.

9 Compruebe la altura del hormigón en relación con la marca de referencia ayudándose de un listón de un metro de largo, para asegurar que el acabado del suelo no quede por debajo del de las otras habitaciones.

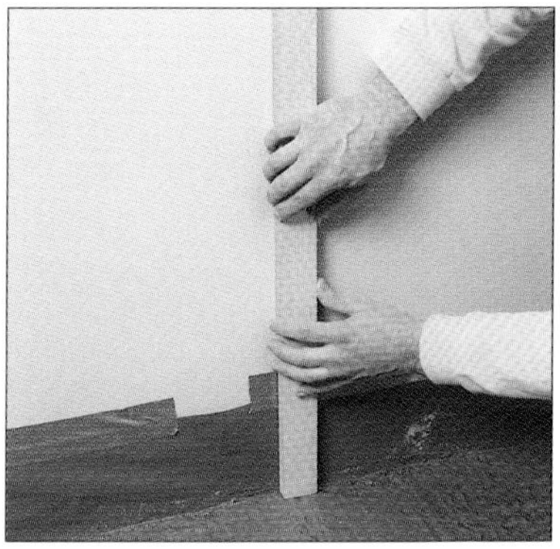

10 Apisone la superficie del hormigón con una tabla o trozo de madera de 18 mm de grosor. Empiece en un extremo de la habitación, alisando la parte superior del hormigón con el canto de la tabla. No haga mucha fuerza, apriete de forma ligera la superficie. Si la habitación tiene más de 2,5 m de ancho necesitará alguien que le ayude. Si trabaja en dirección a la puerta, apisonando según pasa, los agujeros dejados por sus botas se rellenarán solos.

11 Pasadas un par de horas, el agua habrá emergido a la superficie antes de volver a empapar el hormigón. En este punto puede dejar la superficie lisa utilizando dos llanas metálicas. Reparta su peso sobre dos tablas de contrachapado de unos 800 mm de lado. Con suavidad levante el borde de la llana para evitar que se hunda según la va pasando. Trabaje hacia atrás en dirección a la puerta, moviendo las tablas según avanza.

Trucos del oficio

Cuando tenga que alisar la superficie del hormigón, le ayudará el hacerlo con dos llanas, una para allanar y la otra para soportar el peso de su otra mano, con el fin de no dañar la zona.

12 Al día siguiente ya puede caminar por encima del hormigón, pero deje que pasen tres días antes de recortar el plástico y colocar el zócalo. Espere por lo menos tres semanas si va a colocar moqueta, porque la humedad que todavía queda en el hormigón la pudrirá.

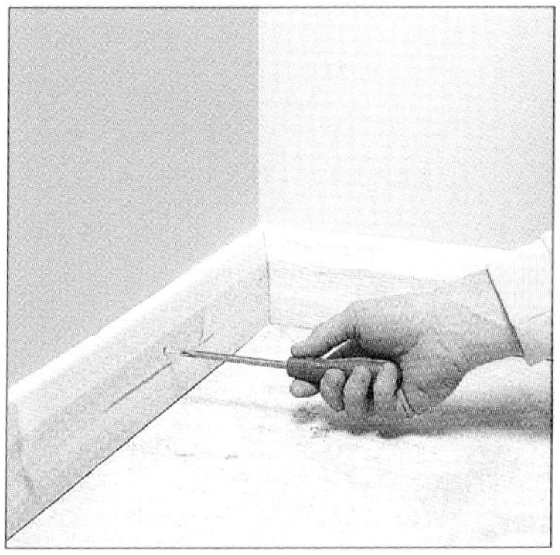

Instalación de soportes para vigas

En la mayoría de las casa modernas los extremos de las vigas descansan sobre unos brazos metálicos llamados soportes de vigas. Incluso si va a sustituir totalmente el suelo de una casa antigua donde originalmente no se acoplaron colgadores de vigas, puede ahora colocarlos utilizando el método descrito a continuación. Existen diversas clases de soportes y cada variedad viene en diferentes tamaños; por ello asegúrese de que elige los adecuados.

El motivo más común para instalar soportes de vigas es cuando se va a construir un suelo nuevo, bien porque se crea una nueva habitación o bien porque hay que sustituir las vigas originales. Los soportes normalmente se fijan a la pared de ladrillo o de madera. En las casas nuevas los soportes ya vienen incrustados en la pared, o si la casa es de madera, se clavan unos colgadores especiales a las traviesas. En las casas antiguas donde las vigas descansan alojadas en huecos en la pared, la instalación de soportes significa que los extremos de las mismas quedarán libres de la humedad que puedan absorber de los ladrillos y la fábrica. Los soportes también le permiten espaciar las vigas para que las juntas de los tableros del suelo queden directamente encima de la línea central de la viga.

Herramientas para el trabajo

- Cinta métrica y lápiz
- Nivel de burbuja
- Taladradora con atornillador sin cable
- Serrucho
- Martillo
- Cuchilla

1 Desde el sitio donde quedará la parte inferior del cartón yeso, mida 12 mm hacia arriba, luego a partir de este punto trace una línea por el perímetro de la habitación utilizando un nivel. Marque la distancia a la que irán los centros de las vigas a lo largo de esta línea, a no más de 400 mm alejados unos de otros. Quizá necesite vigas adicionales cerca de la pared para sujetar los bordes de los tableros.

Trucos del oficio

- **Posición de las vigas:** Las vigas normalmente se instalan atravesadas en la parte más corta de la habitación, pero los extremos deben descansar sobre muros de carga. Si va a cambiar el suelo, las nuevas vigas deberían colocarse en la misma posición que estaban las originales. Consulte a un arquitecto o aparejador para asesorarse.
- **Distanciamiento entre vigas:** La distancia de las vigas del suelo siempre se mide entre los puntos centrales de las mismas, es decir la línea central imaginaria de cada viga. Para obtener la distancia entre vigas, deduzca el grosor total de una viga completa.

2 Para asegurar que el suelo queda nivelado, clave o atornille temporalmente un listón a la pared de tal manera que la parte alta quede enrasada con la marca de referencia. Ponga los soportes de las vigas sobre la parte superior del listón en el centro de las líneas marcadas y atornille o clávelas a la pared. Si utiliza tornillos, será más fácil marcar la posición del tornillo antes de taladrar el agujero e insertar el taco. Utilice un martillo percutor con broca pasamuros cuando taladre en ladrillos o bloques. Si el agujero se ha taladrado correctamente, sólo habrá que apretarlo en el taco para fijarlo.

3 Pida ayuda para sujetar el extremo de la cinta métrica mientras comprueba la longitud de las vigas. Mida sujetando el metro atravesado en la habitación y comprobando la distancia entre las partes traseras de los soportes. Como no es probable que la habitación sea perfectamente cuadrada, la distancia variará ligeramente; por ello no mida la primera viga y piense que las demás tendrán la misma longitud. Reste 4 mm de la medición total y márquelos en la viga antes de cortar con el serrucho.

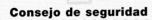

Consejo de seguridad

Los productos químicos utilizados para tratar la madera comprimida para vigas pueden ser venenosos si se ingieren. Utilice guantes si es posible y siempre lávese las manos después de trabajar y antes de comer o beber.

4 Si la ha cortado correctamente, la viga debería encajar bien sin tener que golpearla con el martillo. Si la viga se tambalea ligeramente de lado a lado en el colgador, puede arreglarlo envolviendo el extremo con fieltro para tejados y asegurándolo con clavos. Envolver el extremo con fieltro además tiene la ventaja de evitar que la humedad penetre en la veta de la viga.

5 Fije las vigas con un par de clavos a cada lado de los soportes. Los clavos galvanizados ofrecen un mejor agarre debido a su acabado áspero y son más resistentes a la oxidación que los clavos normales. Los clavos no deberían ser mayores que la mitad del grosor de la viga, porque existe el riesgo de que partan la madera. Todavía no los introduzca totalmente. Sitúe el nivel sobre las vigas y compruebe su nivelación; repita esta comprobación en diferentes puntos de la habitación. Si alguna viga sobresale, saque los clavos y corte un poco de la parte inferior de la viga donde se acopla sobre el soporte o vuelva a colocar el soporte. Cuando esté seguro de que ajusta bien, introduzca los clavos en el lugar indicado anteriormente y remátelos. Para evitar que se parta la madera intente embutir las puntas de los clavos con ligeros toques de martillo.

6 Para cualquier medida mayor de 3 m, coloque refuerzos cruzados entre cada viga para evitar que se doblen (ver páginas 122-123). Las vigas ahora ya están listas para acoplarles suelo y techo, pero antes de hacer esto pase los cables o tuberías necesarias (ver páginas 50-51).

TIRAS DE REFUERZO LATERALES

Para dar más estabilidad al suelo terminado, quizá quiera colocar tiras de refuerzo laterales. Éstas vienen en forma de tiras de acero galvanizado, ajustadas y atornilladas a la pared, y se pueden comprar en cualquier almacén bueno de materiales de construcción. Tales tiras se tienen que colocar en ángulo perpendicular a las vigas.

Dando por hecho que se ajustan con cuidado y firmemente, permitirán tener un suelo suspendido con el beneficio añadadido de constituir una barrera a prueba de humedades.

Instalación de fontanería y electricidad

Todas las casas tienen instalaciones de fontanería y electricidad, la mayoría de ellas situadas bajo el suelo. Cuando se sustituyen tuberías o cables de electricidad, a menudo podemos seguir el mismo trazado que ya existía, pero las cosas son ligeramente más complicadas cuando se quiere instalar algo nuevo. Aunque este libro no describe cómo conectar la electricidad y la fontanería en las tuberías, conocer cómo cortar y taladrar las vigas del suelo para hacer un trabajo limpio y nítido de acomodación de estos servicios es ya un aspecto importante de este tipo de trabajo.

La colocación de nuevas tuberías y cableado de electricidad puede ser un trabajo decepcionante y que conlleva mucho tiempo, incluso en los mejores momentos. Comporta mucha preparación previa antes de que cualquier trabajo se pueda comenzar, dado que el suelo y tablones se tienen que desmontar para poder acceder al espacio inferior donde se alojan las tuberías.

Consejo de seguridad

No hay que olvidarse de que hacer muescas y taladrar agujeros en las vigas puede afectar seriamente a la seguridad estructural. Para minimizar este problema, cuando haya de cortar o taladrar tenga cuidado de no colocar dos agujeros demasiado juntos, a menos de 150 mm de separación, porque la madera se podría partir y la viga fallaría.

Herramientas para el trabajo

- Cinta métrica y lápiz
- Cordel para marcar o listón recto
- Escuadra
- Serrucho
- Martillo
- Cincel para madera
- Maza
- Taladradora/destornillador sin cable
- Abrazadera y broca

Hacer hendiduras para tuberías

A diferencia de la instalación eléctrica, las tuberías tienen que ir en línea recta. Habiendo quitado la primera tabla, asegúrese de que todas las hendiduras se cortan en línea recta, bien colocando un listón recto en la parte alta de las vigas o marcando líneas que hagan de guía. Haga los cortes lo más cerca posible de la pared, pues es donde hay menos presión.
Antes de volver a colocar las tablas tendrá que poner unos protectores de metal sobre las tuberías. Son unos pequeños clips metálicos que cubren la parte alta de las tuberías en el lugar donde se cruzan con las vigas, para evitar que ningún clavo las pueda perforar.

1 Para saber la anchura de la muesca que tiene que hacer, mida el diámetro de la tubería –las de cobre normalmente son de 15 o 22 mm– y añada 2 mm para dar holgura, aunque asegúrese de que la hendidura no sea demasiado ancha. Utilizando un cordel para marcar o un listón recto como referencia, marque líneas con lápiz en la parte alta de las vigas a esta distancia. Utilizando una escuadra, transfiera estas medidas a las demás vigas. Marque unas líneas a la misma profundidad que la anchura medida. Haga cortes verticales con un serrucho a lo largo de las líneas sobre la parte alta de la viga y a la profundidad marcada.

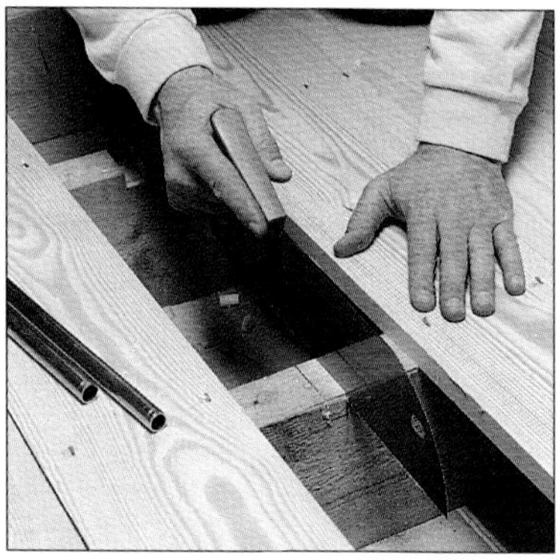

Consejo de seguridad

Cuando tenga que hacer muescas no corte las vigas a mucha profundidad, porque podrían comprometer la resistencia del suelo. Si no está convencido de si es seguro o no cortar un trozo del suelo, contacte con un arquitecto o un aparejador.

Trucos del oficio

Si tiene que cortar muchas muescas del mismo tamaño, haga una plantilla con un pedazo de madera. Corte un trozo de la anchura y la profundidad requeridas, luego colóquelo sobre la viga y vaya dibujando las líneas alrededor.

2 Utilice un cincel y una maza y retire la madera que hay que quitar entre los cortes, gradualmente en profundidad. Coloque un trozo de tubería en la hendidura para comprobar que ha retirado la madera suficiente. Si el hueco es pequeño, lije un poco los laterales. Coloque un listón recto sobre la viga y con la tubería en su sitio para asegurarse de que cuando se vuelva a colocar el suelo no rozará la tubería.

Taladrado para cables

Los cables eléctricos son flexibles y como tales no necesitan un espacio recto como las tuberías de fontanería, así que mejor que cortar muescas siempre es más fácil taladrar agujeros. Hay que utilizar una taladradora con brazo en ángulo recto. Para que quede mejor, es buena idea llevar los cables en línea recta. Taladre en el centro de la viga donde hay menos presión, y no taladre un agujero mayor de lo estrictamente necesario.

Trucos del oficio

Las brocas de pala son baratas y adecuadas para taladrar vigas, pero normalmente no hay espacio suficiente para taladradora y broca. Salve este problema cortando la mayor parte de la caña de la broca. Basta con que deje una broca que mida 35 mm, porque con esta longitud podrá taladrar la anchura de las vigas y además podrá acceder entre viga y viga.

UTILIZACIÓN DE TALADRO DE PECHO

Si no tiene una taladradora eléctrica, es perfectamente viable utilizar un taladro de pecho para realizar la misma tarea. Existen modelos diseñados para poder acoplarse en el espacio que queda entre vigas. Trabaje a un lado de la viga, aplicando una presión firme al taladro al tiempo que atraviesa la madera. Tan pronto como la punta del taladro aparezca por la superficie de la madera, saque broca y taladro. Con este procedimiento se consigue un agujero limpio y sin salida, lo que por otra parte hará difícil de pasar los cables.

Otras consideraciones

Cuando los cables y las tuberías van paralelos utilice grapas y abrazaderas para sujetarlos. Tenga cuidado de no dañar los servicios y nunca arrime los cables a las tuberías, porque el calor podría dañar el aislamiento.

Consejo de seguridad

Nunca arrime cables a tuberías de agua o de gas. Si hubiera un cortocircuito podría haber una inundación o producirse un fuego.

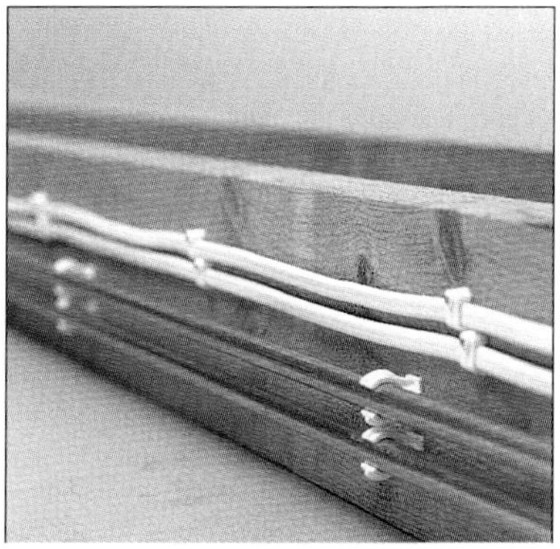

Cuando las tuberías van por debajo del nivel del suelo de la planta baja, envuélvalas con aislante de neopreno para evitar que se congelen.

Empiece en un extremo y siga en todo el recorrido. Fíjelo con cinta aislante o abrazaderas de plástico.

Cuando sustituya las tablas sería buena idea marcar la posición de cables y tuberías sobre la superficie con un rotulador. Esto hará que los futuros arreglos sean más fáciles, porque podrá acceder a cualquier tubería o cable sin tener que quitar toda la tarima, si no únicamente las tablas que se encuentran directamente encima.

REGISTRO PARA INSPECCIONAR

Si prevé que en un futuro tendrá que acceder a alguna tubería, válvula aislada o instalación eléctrica, considere colocar un registro de inspección. Puede ser simplemente un trozo pequeño de tablero cortado directamente sobre el lugar, que podrá quitar sin tener que levantar una parte grande del suelo. También puede utilizar una fresadora que es especialmente útil en suelos de chapa y aglomerado para cortar un agujero redondo. Para más información sobre registros de acceso vea las páginas 52-53.

Abertura de un registro de acceso

Existen cientos de razones por las que hay que acceder a la zona bajo el suelo, pero la más común es para reparar o instalar servicios de fontanería o electricidad. Antes de la aparición de los suelos de aglomerado o contrachapado, acceder solía ser una simple cuestión de levantar y sustituir unas cuantas tablas. Los materiales que vienen en tableros, que cubren superficies amplias, hacen que el acceso sea un asunto más complicado, dado que no se puede quitar un tablero entero y hay que hacer unas pequeñas trampillas cortando una parte del tablero.

Con la versátil y rápida fresadora eléctrica, crear un registro en suelo laminado, contrachapado o aglomerado no es complicado. Las técnicas que se muestran aquí permiten hacer una trampilla sin estropear todo el tablero. Dejar un registro de forma permanente significa que se podrá acceder al vano bajo el suelo de manera fácil en cualquier momento que se necesite en un futuro.

Suelos de aglomerado y contrachapado

Herramientas para el trabajo

- Cinta métrica y lápiz
- Destornillador
- Fresadora eléctrica y excéntrica

1 Una excéntrica es una especie de plantilla especialmente diseñada para utilizar con una fresadora eléctrica. Es rápida y fácil de manejar para aquellos que tengan un poco de experiencia con fresadoras. Primero marque en el suelo la posición donde se ubicará el registro. Acople la fresadora eléctrica a la placa base especial, luego atornille sin apretar la placa al suelo, directamente sobre la zona que desea cortar. Gire la fresadora alrededor del tornillo hasta que el disco esté cortado totalmente.

2 Quite el disco y coloque un cerco especial de plástico que vendrá con la excéntrica.

3 Finalmente, coloque el disco para que descanse sobre el cerco de plástico. No necesita pegamento ni fujación de ningún tipo y la zona de alrededor del registro es casi tan fuerte como el suelo antes de abrir el agujero. Se podrá acceder a la zona vana del subsuelo en cualquier momento, simplemente levantando el disco.

Suelos laminados

Cuando se ha instalado un suelo laminado o de madera maciza sobre una base de aglomerado o contrachapado, es fundamental que quede lo más impecable que se pueda. La parte a cortar puede ser de cualquier tamaño, pero si además de pequeña es práctica molestará menos.

Herramientas para el trabajo

- Equipo de protección
- Cinta métrica y lápiz
- Escuadra de carpintero
- Sierra de dientes finos
- Cinta adhesiva de doble cara
- Fresadora
- Escofina
- Serrucho

1 Trace un cuadrado de 300 mm de lado sobre el suelo. Con una escuadra de carpintero compruebe que las esquinas tienen ángulos rectos perfectos. Dos de los lados tienen que quedar paralelos con las líneas de las tiras laminadas.

2 Prepare unos trozos de listón de 60 mm de ancho y no más de 10 mm de grosor. Pegue los listones al suelo con cinta adhesiva doble, asegurándose de que los bordes internos queden alineados perfectamente con las marcas de lápiz.

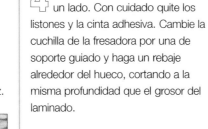

3 Inserte una cuchilla recta de 10 mm de grosor en la fresadora y ajústela a la plantilla guía de la base. Manteniendo la base sobre los listones con el cojinete junto a la parte interna de los mismos, corte el suelo laminado y el subsuelo.

Consejo de seguridad

Una fresadora produce ruido y polvo; por ello utilice siempre mascarilla, gafas y protectores de oídos.

Trucos del oficio

Asegúrese de que las cuchillas de la fresadora están afiladas para evitar que salten fragmentos de la superficie del laminado.

4 Retire el trozo del suelo y déjelo a un lado. Con cuidado quite los listones y la cinta adhesiva. Cambie la cuchilla de la fresadora por una de soporte guiado y haga un rebaje alrededor del hueco, cortando a la misma profundidad que el grosor del laminado.

5 Utilice una escofina afilada para hacer el ángulo recto de los rincones que habrá dejado redondeados por la fresadora.

6 Forme una pieza para el suelo de recortes de laminado que sean al menos 2,5 cm más largos que el agujero del suelo. Peque las lengüetas juntas con pegamento blanco; luego pegue toda la pieza sobre el trozo de aglomerado o contrachapado del subsuelo que había dejado a un lado. Coloque un peso encima y deje que el pegamento se seque.

7 Haga una plantilla en papel o cartulina para que sea del mismo tamaño que la abertura rebajada del suelo; luego marque con claridad la posición de las líneas de junta sobre los bordes. Transfiera la plantilla sobre el trozo de suelo de sustitución, marcando la posición de las juntas pero colocándola cerca del centro como sea posible. Trace el contorno antes de cortar con un serrucho de dientes finos. Lije los bordes para quitar cualquier astilla.

8 Si las marcas y el corte han sido precisos, el trozo de suelo se acoplará en el sitio y no requerirá ninguna otra fijación. Si tiene la seguridad de que nunca más necesitará utilizar la trampilla, péguela. Si el trozo es muy grande, quizá quiera sujetarlo introduciendo tornillos en cada rincón.

Insonorización del suelo

La contaminación acústica puede ser motivo de enemistades entre vecinos, especialmente en bloques de apartamentos o pisos, aunque el problema también se puede dar dentro de la misma familia. Añadir algún tipo de insonorización al suelo contribuirá a reducir el ruido que se genera y, sobre todo, resolverá en cierta medida el problema de contaminación acústica. Utilizando la técnica que se describe a continuación, se puede insonorizar casi cualquier tipo de suelo.

El ruido se transmite a través del aire o a través de los materiales utilizados en la construcción de una casa. Con la técnica de insonorización que se muestra aquí, arena y plancha aislante se combinan para crear una barrera eficaz contra la transmisión de ruido por toda la casa. Un suelo se puede insonorizar desde abajo, pero esto significa estropear el techo, y trabajar estirándose hacia arriba cansa los brazos y el cuello. Además, si se insonoriza desde arriba, se puede utilizar arena como material aislante y es más barato y efectivo que cualquier otro amortiguador de ruido.

Consejo de seguridad

El método de insonorización que se muestra aquí incrementará el peso del suelo. Antes de empezar cualquier trabajo compruebe que no tendrá efectos adversos sobre la integridad estructural del edificio. Si tiene cualquier duda, consulte a un aparejador.

Herramientas para el trabajo

- Detector de vigas, cables y tuberías
- Carboncillo
- Sierra circular
- Cuchilla
- Guantes
- Palanqueta
- Cincel
- Martillo
- Serrucho
- Taladradora/destornillador sin cable
- Mascarilla

1 A menos que sean obvias, utilice un detector de tuberías y electricidad para comprobar la posición de los circuitos eléctricos y de fontanería. Marque sus posiciones sobre la superficie del suelo con un carboncillo para que al cortarlo se evite dañar estas instalaciones.

2 Si el suelo está construido con aglomerado o tablas de lengüeta y ranura, pase una sierra circular, ajustada al mismo grosor que el suelo, por las juntas entre tableros. No corte más de uno o dos tableros porque una vez que los haya levantado se dará cuenta de que el resto se puede levantar sin cortar las lengüetas.

3 Utilice una palanqueta y cincel para levantar la tarima, tratando de no dañar demasiadas tablas. Quite los clavos que permanezcan sujetos a las vigas con un martillo de uña.

Trucos del oficio

Con todas las tablas quitadas se puede hacer difícil moverse por la habitación. Tenga un par de tablas sueltas a mano para que las pueda ir colocando sobre las vigas según va trabajando.

4 Atornille listones de 50 x 25 mm a los lados de las vigas. Asegúrese de que el canto inferior queda justo sobre el techo de debajo.

5 Corte trozos de contrachapado de 12 mm para colocarlos sobre los listones. Fíjelos con clavos.

6 Corte membrana de plástico para que quede entremedias, estirándola bien para que emboque sobre los lados de las vigas. Clávela o grápela ahí, cerca del extremo superior, utilizando la menor cantidad de grapas posible. Corte el plástico sobrante para que se quede enrasado con las vigas.

7 Eche una capa de unos 50 mm de profundidad de arena secada al horno. Corte un trozo de chapa en forma de T, para que la parte saliente pueda reposar sobre la parte alta de las vigas, con el borde inferior 50 mm más alto que la parte inferior del seno. Utilícelo para ir enrasando la arena.

8 Coloque planchas de lana mineral sobre la arena. No deberían sobrepasar la parte alta de las vigas, porque si es así será difícil volver a poner las tablas. Para cortar las planchas utilice una sierra fina y póngase mascarilla.

9 Cuando estén colocadas las dos capas de material aislante, vuelva a instalar el suelo sobre las vigas. Hay que sustituir cualquier tabla partida o dañada. Cuando vuelva a fijar las tablas, asegúrese de que quedan bien juntas y sin ningún hueco entremedias. Cubra el suelo con material para base grueso y de buena calidad, y la moqueta completará las propiedades aislantes.

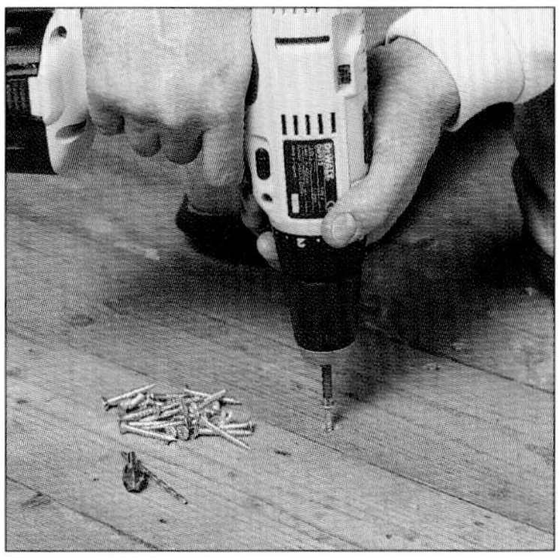

Si es apropiado para el tipo de suelo que se colocará, un material para base grueso grapado al subsuelo mejorará las propiedades aislantes del suelo.

Añadido de ventilación a suelos

La ventilación es fundamental en cualquier vano bajo el suelo. El aire estancado puede producir putrefacción, olores desagradables y humedad, lo que llegaría a estropear los acabados de suelos y moquetas, y en algunos casos el mismo suelo, si se deja sin tratar. Algunos suelos sufren la falta de ventilación más que otros, como los de cuartos de baño y cocinas. Antes de empezar un trabajo importante es mejor comprobar que la escasa ventilación no es una cuestión simplemente de aire taponado por basura y suciedad.

Colocación de una rejilla de suelo

Aunque no es tan efectiva como un ladrillo hueco para exteriores, una rejilla colocada en el tablero permitirá que el aire circule en el vano del suelo porque si no sería nido de plagas y putrefacción. Si la rejilla se instala bajo una ventana o radiador, las corrientes de conducción ayudarán a infiltrar aire en la habitación.

Herramientas para el trabajo

- Detector de vigas
- Cinta métrica y lápiz
- Taladradora/destornillador sin cable
- Sierra de arco o sierra de calar
- Punzón o taladradora pequeña
- Destornillador

1 Averigüe las posiciones de las vigas. Normalmente se podrá ver su situación por la colocación de los clavos o utilizando un detector de vigas. Mida 150 mm desde el zócalo y trace una línea paralela a éste. Sitúe un extremo de la rejilla sobre esta línea y dibuje su contorno, manteniendo los extremos equidistantes entre vigas donde éstas hacen ángulo recto con la pared.

Consejo de seguridad

Cuando determine la posición en que irá la rejilla, utilice un detector para localizar tuberías y cables a fin de evitar cortarlos accidentalmente.

2 Ponga la rejilla a un lado y dibuje otra línea interior, a 12 mm de la primera línea del contorno de la rejilla. Taladre un agujero en cada esquina con una broca de 12 mm, asegurándose de que la punta de la broca queda en el interior de la segunda línea trazada.

3 Corte el trozo de madera que queda en la parte interior de la segunda línea guía, utilizando sierra de arco o sierra de calar. Empiece desde uno de los agujeros. Cuando llegue al último agujero es probable que el trozo de madera se caiga hacia abajo. Para evitar esto, especialmente si el hueco que queda no le permite introducir la mano, coloque un tornillo largo en la parte superior para que le permita tener algún agarre a fin de coger el trozo de madera sin que se caiga.

Trucos del oficio

Cuando se ha colocado una rejilla en un suelo pulido, querrá que tenga el mejor acabado posible. Hay hojas de sierra especiales que cortan cantos perfectos y evitan que se astille la superficie del suelo.

4 Quite cualquier trozo astillado en los bordes con papel abrasivo antes de atornillar la rejilla. Coloque los bordes de la rejilla alineados con la línea de lápiz. Utilice un punzón o taladradora pequeña para hacer agujeros guía para los tornillos y fije la rejilla. Para que tenga una apariencia mejor, coloque todas las ranuras de los tornillos en la misma dirección.

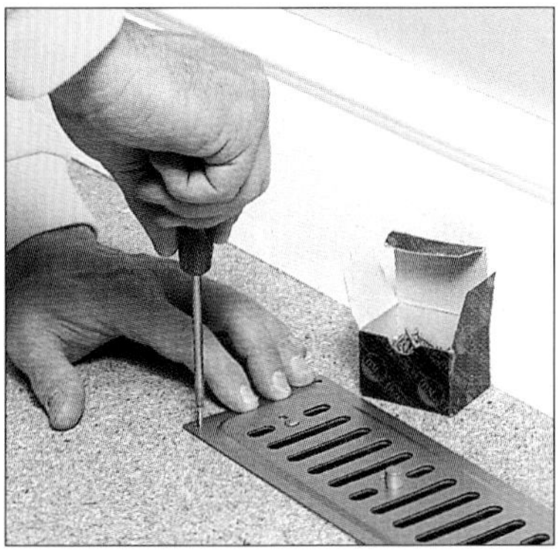

5 Cuando se va a volver a instalar moqueta, corte el trozo de ésta antes de colocar la rejilla. Luego atornille la rejilla de tal manera que la moqueta quede entremedias de las tablas del suelo y de la rejilla. Si la moqueta es muy gruesa, tendrá que poner unos tornillos ligeramente más largos que aquellos que vienen con la rejilla.

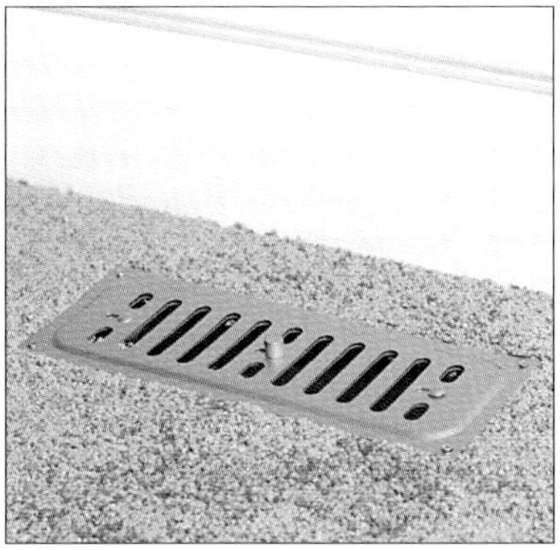

Colocación de un ladrillo hueco

Los ladrillos huecos de exteriores son un elemento tradicional de ventilación de suelos suspendidos en las plantas bajas. Las reformas en la casa o en el jardín quizá signifiquen que los ladrillos tradicionales ya no van a realizar su función nunca más. Como norma general, debería haber un ladrillo hueco cada 2,5 m a lo largo de una pared externa. Si existen menos ladrillos huecos en las paredes de su casa, o si aparecen señales de moho o humedad debido a la falta de movimiento del aire, debería pensar en colocar más ladrillos. Los ladrillos huecos se encuentran en una gran variedad de tamaños, pero los más fáciles de colocar son los más pequeños, utilizados aquí, los cuales tienen las mismas dimensiones en general que los ladrillos comunes de las casas.

Herramientas para el trabajo

- Taladradora/destornillador sin cable
- Maza y cincel
- Gafas de protección y guantes
- Paleta
- Llana

1 Para colocar un nuevo ladrillo hueco o sustituir uno que falte, primero elija el ladrillo apropiado para quitar, a 2-2,5 m del ladrillo hueco más cercano. Debería estar también al menos una fila por debajo de la capa aislante horizontal y por debajo del nivel del suelo en el interior. Haga varios agujeros para romper el ladrillo, utilizando una taladradora eléctrica con una broca grande para muros.

2 Retire los restos de ladrillo con una maza y un cincel, teniendo mucho cuidado de no dañar los ladrillos lindantes. La mayor parte del mortero que mantiene el ladrillo en su sitio probablemente se caiga con el ladrillo. Quite cualquier resto de mortero con el fin de que quede un agujero limpio y listo para alojar el ladrillo hueco.

Consejo de seguridad

Cuando esté quitando trozos de ladrillo viejo con el cincel y el martillo, lleve guantes para proteger las manos, y, mucho más importante, utilice gafas para proteger los ojos de cualquier lasca que salte.

3 Mezcle un poco de mortero utilizando tres partes de arena y una parte de cemento. Corte un par de tiras de madera de 50 mm de largo con canto cuadrado del mismo grosor que el mortero existente en la pared de ladrillo. Sitúe las tiras en la parte inferior del hueco y fíjelas con un poco de mortero. Coloque el ladrillo nuevo y extienda mortero alrededor del mismo.

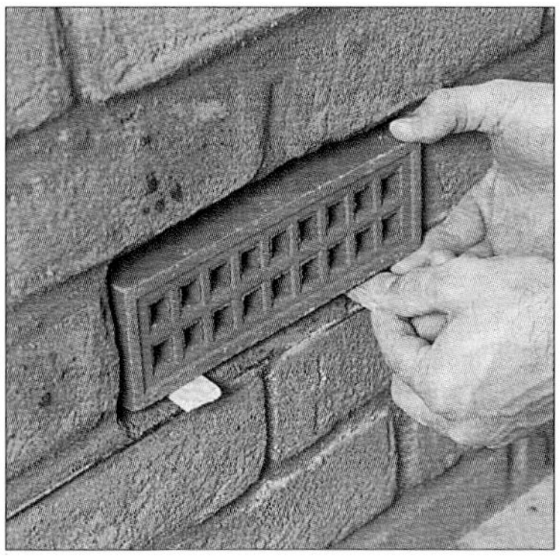

4 Introduzca el ladrillo comprobando que está nivelado con los demás ladrillos. Compruebe con un listón recto que el ladrillo no se ha colado dentro ni sobresale. Eche más mortero sobre la junta con la paleta si fuera necesario. Después de que haya pasado aproximadamente una hora, cuando el mortero se haya empezado a endurecer, haga el acabado con la llana.

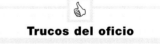

Trucos del oficio

Cuando haga el rejuntado, deje que el mortero se "salga" un poco antes del acabado. De esta manera no tendrá que llanear la junta y el acabado quedará más liso.

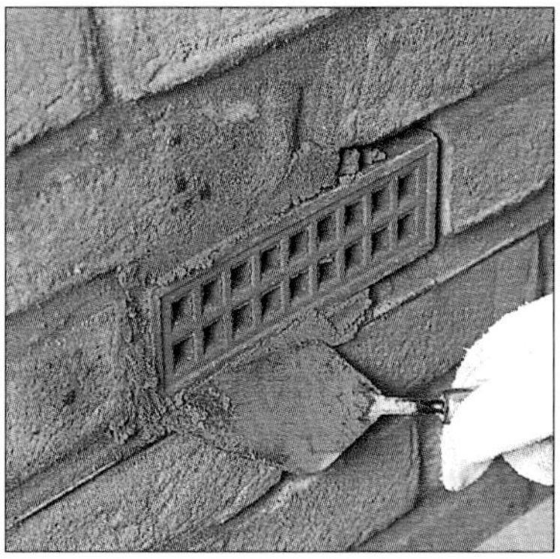

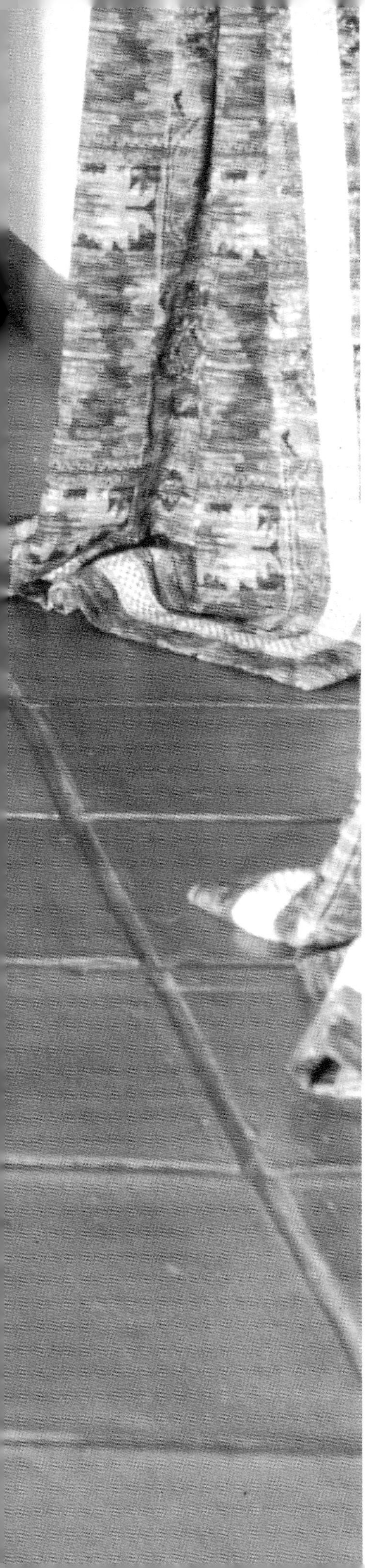

acabados de suelos

Hoy en día probablemente existan muchos más tipos de suelos que jamás han existido. Los progresos e innovaciones dentro del ámbito de la fabricación significan que materiales que antes no se consideraban adecuados para suelos ahora se utilizan normalmente. Muchos propietarios de viviendas todavía eligen moqueta como primera opción y es fácil ver por qué: pisas algo suntuoso, una moqueta ofrece a la habitación una impresión cálida y acogedora. Otros tipos de suelos también tienen su sitio dentro de las viviendas. El suelo laminado, que ha sido siempre popular en Escandinavia, ahora es común en otros países europeos. Mucha gente todavía rehúye colocar suelos que vienen en rollos, pero esto también ha cambiado en los últimos años, y ahora existe una amplia variedad que tiene poco en común con el linóleo de antes.

Los acabados de suelos no tienen por qué ser siempre con moquetas; las baldosas duras, por ejemplo, pueden ofrecer un suelo original y con estilo.

Comparación de tipos de suelos

Cuando se planifican cambios en una habitación es fundamental conocer qué tipos de suelos son apropiados para el subsuelo en particular, cuáles son las propiedades específicas de cada tipo y cuál es el coste aproximado. La siguiente tabla examina cada uno de los principales suelos existentes en el mercado, relaciona los costes, aspectos positivos y negativos, facilidad o dificultad en su colocación, para que usted pueda comparar de una manera fácil y hacer su elección.

PROS Y CONTRAS	COSTE	DURABILIDAD	COLOCACIÓN	SUBSUELO APROPIADO
MOQUETA				
Pros Cálida y suave al tacto. Apariencia lujosa. Amplio surtido de colores y modelos para igualar a cualquier color. Ayuda a evitar las corrientes. Se puede adquirir en rollos anchos. **Contras** No es impermeable, pero existen algunas moquetas especiales para baños. Se marca y se mancha con facilidad.	Amplia variedad de precios, desde las baratas a las muy caras.	Duración moderada. Las moquetas con alto contenido de lana son las que más duran y se pueden lavar.	La tiene que colocar un aficionado con experiencia, aunque las moquetas más caras las tendrá que colocar un profesional. La moqueta más barata que lleva la parte trasera de espuma se pega con cinta adhesiva doble. La moqueta con trasera de lana se ajusta con pinzas prensoras a los bordes de la habitación.	Son apropiados los revestimientos de hormigón, contrachapado, aglomerado y madera maciza, pero se suele colocar sobre una base especial para moqueta. 
PARQUÉ				
Pros Muy resistente. De mantenimiento fácil. Se puede teñir o aclarar, dándole un aspecto distinto. **Contras** Campo de elección limitado porque no todas las maderas son apropiadas para suelos.	Caro, pero algunos similares modernos son ligeramente más baratos.	Muy duradero; ideal para zonas de mucho paso. Cuando se estropea y se ensucia se puede arreglar y volverá a quedar como nuevo.	La colocación es un trabajo de profesionales que conlleva utilizar brea caliente. Un aficionado puede colocar pequeñas zonas con adhesivo de látex..	Base de hormigón. No adecuado para plantas superiores o para colocar sobre tarima de madera. 
BALDOSAS DE VINILO				
Pros Resistente. De mantenimiento y limpieza fáciles. Impermeable cuando está bien instalado. Excelente para cocinas y cuartos de baño. **Contras** No adecuado para zonas de estar porque da la apariencia de un hospital. Frío y duro.	Coste moderado, considerando su duración y comparado con otros suelos.	Muy duradero. Ideal para zonas con mucho paso. La limpieza con un trapo es todo lo que requiere para su mantenimiento.	Fácil de colocar siempre que el subsuelo esté en buenas condiciones. Las baldosas autoadhesivas son más fáciles y más limpias de colocar para un aficionado. A otras hay que echarles el adhesivo.	Base de hormigón, contrachapado o aglomerado. Los suelos macizos se deben cubrir antes con tablero. 

PROS Y CONTRAS	COSTE	DURABILIDAD	COLOCACIÓN	SUBSUELO APROPIADO
VINILO EN ROLLOS				
Pros Resistente. De fácil mantenimiento. Impermeable cuando está bien instalado. Ideal para cocinas y cuartos de baño. **Contras** No es tan elástico como las baldosas. No apropiado para zonas de estar porque no es acogedor.	Moderado, considerando la duración y comparado con otros suelos.	Muy duradero. Ideal para zonas de mucho paso. Pasar una mopa o una bayeta es todo lo que necesita de mantenimiento.	No tan fácil de colocar como las baldosas, puede ser poco manejable. Algunos se pueden colocar sueltos, pero otros hay que pegarlos con un adhesivo especial.	Base de hormigón, contrachapado o aglomerado. Si hay tarima de madera, se cubre con tablero antes de colocarlo. 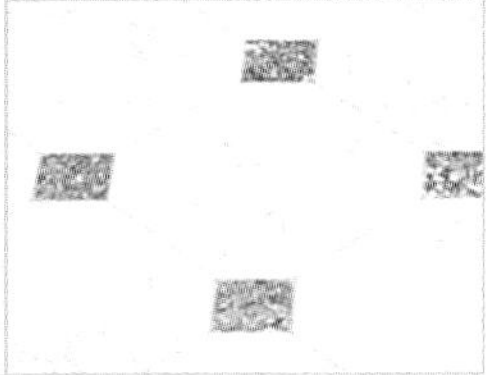
LAMINADO				
Pros Resistente. Fácil de mantener. Parece de madera maciza sin ser tan caro. No tiene que ser instalado por un profesional. **Contras** Las reparaciones se notarán. Puede ser ruidoso y deslizante. Poca elección para acabados.	Moderado, considerando la duración y comparado con otros suelos. El laminado más barato es adecuado para habitaciones con poco uso.	Duradero. Ideal para zonas de mucho paso. Para su mantenimiento sólo requiere pasar una mopa o un trapo.	Fácil de colocar. Algunos modelos actuales se ajustan con clips y no necesitan pegamento, lo que les hace todavía más fáciles. Se tienen que colocar sobre una base fina, dependiendo del tipo de subsuelo.	Base de hormigón, contrachapado o aglomerado. Si hay tarima de madera habrá que cubrirla con tablero antes de colocarlo. 
CONTRACHAPADO				
Pros Resistente. Apropiado para cuartos de trabajo y garajes. **Contras** Atrapa el polvo si no está revestido. Los fijadores no se pueden esconder.	De barato a moderado, dependiendo del grosor y el tipo de chapa elegida.	Muy duradero. Ideal para zonas de mucho paso. Impermeable cuando se le da una capa de pintura o un barniz adecuados.	Simple sin juntas complicadas, pero hay que tener cuidado al ajustarlo junto a tuberías. Clavado o atornillado al subsuelo o vigas.	Colocado de forma directa sobre vigas. Membrana impermeable para evitar la humedad. 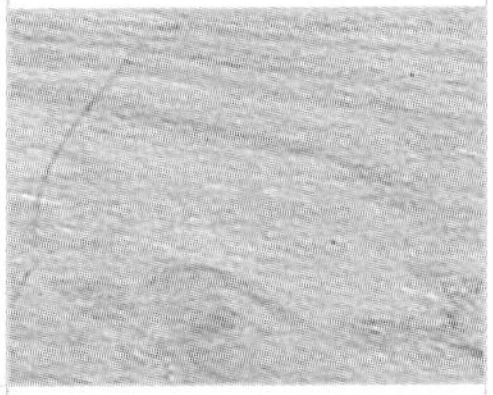
BALDOSAS DE BARRO				
Pros Resistente. De fácil mantenimiento. Impermeable cuando se coloca y se sella adecuadamente. Ideal para cocinas y entradas. **Contras** Ruidoso, duro y frío. Deslizante cuando está mojado. Si le cae alguna pieza de loza se romperá.	Muy caro.	Muy duradero. Ideal para zonas de mucho paso. Necesitan un tratamiento periódico para mantener su apariencia y evitar que la superficie se manche.	No apropiado para que lo coloque un novato. Las baldosas se colocan mejor con mortero húmedo que con adhesivo.	Base de hormigón, contrachapado o aglomerado. La tarima de madera se deberá cubrir con tablero antes de colocarlo. 

Tipos de baldosas de suelo

La variedad de baldosas para suelos que existen en el mercado se ha multiplicado en los últimos treinta años. Ahora es posible elegir numerosos estilos y diseños, y de una variedad de diferentes materiales, incluyendo vinilo, corcho, moqueta, cerámica y baldosas de piedra. Si están bien instaladas, las baldosas para suelo son funcionales, resistentes, y pueden durar para siempre.

Elección de baldosas de suelo

No hace muchos años la variedad de baldosas que se podían adquirir para viviendas era extremadamente limitada. Todo esto ha cambiado y ahora existe una plétora de diseños y acabados para adaptar a cada habitación de la casa y satisfacer el gusto decorativo de casi cualquier propietario. Los nuevos adhesivos para baldosas han significado que su instalación, que antes sólo la podía hacer un profesional, ahora cualquier aficionado al bricolaje con experiencia las puede colocar. Otra cosa a tener en cuenta es que las baldosas son a menudo más fáciles de manejar y transportar que los materiales en tableros, dado que vienen en pequeños paquetes que son más fáciles de llevar. Incluso, para una habitación de tamaño medio, una moqueta es pesada y poco manejable y para una persona sin experiencia puede ser imposible colocarla sin ayuda. Las baldosas, por otro lado, son bastante más manejables, dado que se pueden llevar en el maletero del coche, meterlas en casa y colocarlas sin ayuda.

Costes

Una de las razones de que las baldosas se hayan vuelto tan populares es porque la variedad de materiales y diseños es infinita, y esto conlleva una amplia variedad de precios. Las baldosas más caras son las de textura dura, tales como cerámica, piedra y pizarra. En el pasado, los suelos de pizarra se colocaban en las casas de la clase trabajadora y en las casas más baratas, pero hoy en día estos estilos se han puesto de moda. Los suelos de piedra y pizarra que simulan una apariencia antigua son muy caros y el coste de colocación es probable que sea un pequeño porcentaje del coste total final. Aunque las baldosas duras son caras en sí mismas, el gasto extra que se desembolsa al principio seguramente se amortizará con el tiempo, porque estas baldosas son extremadamente duraderas y probablemente duren toda la vida. Si quiere conseguir la apariencia de una baldosa dura sin el gasto correspondiente, las baldosas de vinilo a menudo se diseñan para imitar la apariencia de las baldosas duras.

ARRIBA: *Las baldosas de corcho son cómodas bajo los pies y de fácil limpieza, siendo una buena elección para cuartos de baño.*

IZQUIERDA: *Estas baldosas se han diseñado para imitar la apariencia de un modelo de suelo de baldosa dura cuando se ha instalado.*

Cuando se planifica instalar suelos de baldosas, las tareas más importantes son pensar qué baldosas son apropiadas para ciertas habitaciones y preparar un presupuesto para materiales e instalación. Si no se planifica adecuadamente un proyecto de suelo de baldosas, se puede fácilmente sobrepasar el presupuesto. Es mejor ir de tiendas para conocer los distintos tipos que existen y sus precios antes de decidir qué suelo de baldosas quedará mejor en su casa.

ARRIBA: *Se ha conseguido una excelente apariencia continuando este mosaico por las paredes y rodeando la bañera.*

ABAJO IZQUIERDA: *Las baldosas duras han tenido una gran acogida para suelos en zonas de estar de la vivienda.*

Elección de tipos

Mejor que emplazar todas las baldosas dentro de la misma categoría, es mejor desglosarlas en duras, blandas y semirrígidas. En la categoría de duras se incluyen las baldosas de cerámica, mosaico y barro. Las baldosas de barro parecen hogareñas y ofrecen una sensación cálida y rústica a una cocina, pero muchos las encuentran duras y frías. Las baldosas blandas incluyen la moqueta, goma suave y algunas variedades de corcho. Las baldosas de moqueta han sido durante mucho tiempo las favoritas en edificios de oficinas, pero ahora se están fabricando específicamente para el mercado doméstico y pueden tener un buen efecto en viviendas. Entre estos dos están los tipos semirrígidos, tales como las baldosas de vinilo. Es mejor preguntar a su proveedor de baldosas para qué está apropiada la baldosa que usted ha elegido. No todos los tipos de baldosas son adecuados para todas las habitaciones de la casa. Es crucial considerar a qué va a ser destinado ese suelo de baldosas, así como el suelo sobre el que se va a colocar. Por ejemplo, las baldosas de piedra son demasiado pesadas para colocar sobre un suelo suspendido y la cocina probablemente no es el mejor sitio para baldosas de moqueta, donde quizá se llenen de manchas. Cuando haga la elección de las baldosas no tiene que estar confinado a cuadrados y rectángulos –existen baldosas octogonales y hexagonales, aunque son un poco más difíciles de colocar–. Cuando elija las baldosas que pretende colocar, sea realista sobre su nivel de destreza. No se requiere mucha habilidad para colocar baldosas blandas, ni tampoco equipamiento especializado; con un juego de herramientas buenas será suficiente. Sin embargo, muchos proyectos de colocación de suelo con baldosas duras requerirán tener más experiencia y herramientas especiales para los trabajos de mezcla y echado de mortero, corte de baldosas y lechada.

Elección de estilos

Si está pensando en colocar un suelo de baldosas en su casa, es importante que la elección sea buena, porque convivirá con este suelo durante un largo tiempo. Los materiales y diseños de las baldosas se tienen que elegir pensando en el futuro. Lo que ahora quizá le llame la atención puede que más tarde no le guste, según cambian sus gustos y las necesidades de su familia, y lo que pudiera parecer una buena idea hoy podría ser una elección que usted lamentará de por vida, especialmente si se ha tenido que gastar mucho para instalar un nuevo suelo de baldosas. El color de las paredes o de las cortinas probablemente cambien varias veces durante el tiempo de vida de las baldosas, así que quizá sea una idea provechosa optar por colores neutrales. Es mejor que los modelos y colores audaces se dejen únicamente para detalles. Si desea un diseño más llamativo, sería mejor utilizar baldosas más baratas que se puedan cambiar con más facilidad.

Colocación de suelos de aglomerado y contrachapado

El aglomerado y el contrachapado se pueden utilizar como un sustituto más económico para suelos de madera cuando se instala un subsuelo en una habitación. Muchas de las casas de nueva construcción ya vienen con suelos fabricados con planchas de tales materiales. El contrachapado es dimensionalmente estable, por lo que le hace ser una base ideal para otras coberturas de suelo, tales como suelos laminados y baldosas. Además se puede colocar contrachapado y aglomerado sobre el suelo existente.

Herramientas para el trabajo

- Cinta métrica y lápiz
- Taladradora/destornillador sin cable
- Martillo
- Palanqueta
- Serrucho o sierra circular
- Escuadra de carpintero
- Punzón de mano

Suelos de aglomerado

El grosor del suelo de aglomerado suele ser de 18 mm y viene en tableros de 2,4 m x 600 mm. Las lengüetas y ranuras ofrecen un apoyo complementario a los bordes. Los tableros más grandes hacen que la instalación sea mucho más rápida que con las tablas de madera estándar.

1 Los suelos de aglomerado se suelen acoplar directamente sobre vigas. Coloque uno o dos tableros sin fijarlos, para andar por ellos.

2 Coloque el primer tablero en ángulo recto con la dirección de las vigas, empezando en un rincón. Asegúrese de que el tablero está situado con la lengüeta mirando fuera de la pared, y tenga en cuenta que todos los tableros deberán colocarse con la cara impresa hacia abajo.

3 Atornille o clave el tablero en su sitio. Los tornillos tienen que ser 25 mm más largos que el grosor del suelo, así que un suelo de 18 mm de grosor requerirá tornillos de 32 mm. Atornille éstos cada 200 mm. Haga las fijaciones a no menos de 50 mm de cualquier borde.

4 Eche un poco de adhesivo PVA dentro del borde acanalado del siguiente tablero y empuje éste hacia el primer tablero. Apriete bien la junta para que no queden ranuras entre tableros. Si apretarlo con la mano no es suficiente, golpee con un martillo el tablero. Coloque un taco de madera entre el martillo y el canto del tablero para no dañar la lengüeta.

5 Continúe hasta que acabe una fila y luego empiece con la siguiente. Si el último tablero de la primera fila se cortó entonces, empiece desde este extremo la segunda fila para contrapear las juntas. No se preocupe si las juntas no coinciden con las vigas porque las lengüetas los sujetan.

6 Corte los últimos tableros a una anchura 1 cm menor que la medida total. Eche pegamento dentro de la ranura de cada tablero y sitúelos sobre las vigas junto a la pared. Fuerce el tablero sobre la lengüeta del siguiente tablero con una palanqueta.

Consejo de seguridad

Si va a utilizar una sierra circular para cortar el suelo, lleve puesto el equipo de protección adecuado. Las gafas protectoras evitan que el polvo y las astillas salten a los ojos. Utilice mascarilla si trabaja en espacios cerrados o, aún mejor, corte las tablas fuera de la vivienda si se puede.

Suelos de contrachapado

Muy extendido en EE.UU., el contrachapado se suele utilizar como una forma rápida de cubrir el suelo. Ofrece un subsuelo muy estable y duro sobre el cual las baldosas, moquetas y casi cualquier otra cobertura de suelo se pueden colocar. Más fuerte que el aglomerado, es más adecuado para habitaciones con ambientes húmedos y puede soportar pesos mayores. Si se utiliza contrachapado de buena calidad se puede incluso barnizar y dejarlo sin ninguna cobertura de suelo.

1 Asegúrese de que el contrachapado se instala bien. Si los tableros se están colocando sobre un suelo existente, entonces no importará dónde queden las juntas. Si el contrachapado está siendo colocado directamente sobre vigas, las juntas tienen que quedar encima de la viga. Coloque unos cuantos tableros, orientándolos en diferentes direcciones para comprobar.

2 Las casas más nuevas tienen vigas situadas a poca distancia. En las casas más viejas los suelos suelen estar construidos utilizando vigas más largas pero más espaciadas unas de otras. Coloque listones de madera para reforzar los bordes del contrachapado donde sea necesario. Utilice madera de 75 x 50 mm de canto recto para que ajuste a la anchura de las vigas. Introduzca clavos en bisel atravesando el listón y la viga. Procure que los listones quedan enrasados con las vigas.

3 Los tableros se pueden fijar insertando clavos en las vigas y punzando las cabezas para que queden por debajo de la superficie. También se puede hacer taladrando agujeros guía e introduciendo tornillos para que sea más fácil levantar el suelo en caso de necesidad. Sitúe los tornillos distanciados 200 mm y sin que ninguno quede a menos de 15 mm del borde.

4 Ajuste el resto de los tableros, dejando un espacio de 2 mm en todas las juntas para evitar que la madera cruja y para permitir cualquier ligero movimiento. Corte un par de trozos de madera de 2 mm de espesor y sitúelos entre los tableros para mantener el espacio fijo según las va poniendo. También evitará el tener que estar comprobando las medidas repetidas veces.

5 Sustituya el zócalo si éste se quitó, o instálelo ahora si va a poner uno nuevo. Empújelo hacia el suelo según lo va fijando a la pared, pero no inserte ninguna fijación en el suelo. Si el zócalo se dejó en su sitio, instale un pequeño cuadrante o moldura de Escocia para esconder la junta entre el contrachapado y el zócalo.

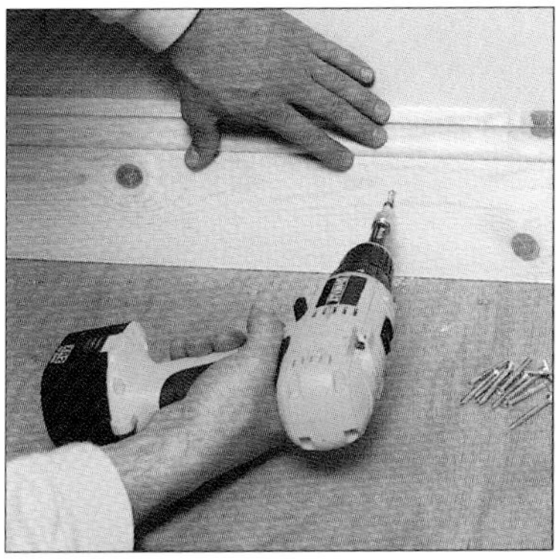

Trucos del oficio

Si echa un poco de masilla alrededor de la habitación, sellará la junta entre el zócalo o moldura y el suelo. Esto ayuda a evitar que la suciedad y el polvo se queden incrustados y estropeen la moqueta u otra cobertura del suelo.

Colocación de suelo laminado

Hasta hace poco los materiales que se podían encontrar en el mercado para instalar suelos de madera estaban limitados al parqué y otras maderas duras, lo que suponía tener una cuenta bancaria saneada y un conocimiento especializado para colocarlo. La reciente incorporación del suelo de madera laminado, que combina madera decorativa con un precio más económico, ha eliminado los dos inconvenientes, dado que es fácil de colocar y relativamente barato con apariencia de madera buena; es resistente y con un mínimo cuidado durará más tiempo que muchas otras coberturas de suelo.

Los principios generales para colocar un suelo laminado son los mismos para los diferentes tipos, aparte de las recomendaciones del fabricante, pero existen sutiles diferencias entre las distintas variedades. Algunos de los últimos modelos tienen juntas con lengüeta y ranura que no requieren pegamento y simplemente se encajan una parte en otra. Si usted utiliza esta clase de material, entonces siga las instrucciones que se muestran a continuación, omitiendo los pasos que se refieren a adhesivos. Las tablas se deberían colocar de arriba abajo de la habitación, y a menudo quedan mejor si van paralelas a la parte más larga.

Herramientas para el trabajo

- Cinta métrica y lápiz
- Maza y cincel de ladrillo
- Martillo de uña y destornillador
- Listón recto
- Cubo
- Llana de metal
- Mazo
- Serrucho

1 Si va a echar un revestimiento de suelo de hormigón, quite cuidadosamente cualquier pico que sobresalga, pues podría ocasionar que el suelo no estuviera nivelado. En subsuelos de madera, clave o atornille aquellos tramos que estén sueltos y asegúrese de que todas las cabezas de clavos han sido punzadas bajo la superficie. Coloque un listón recto sobre el suelo en diferentes puntos para comprobar que no queden resaltes o huecos; si hubiera alguno mayor de 6 mm, el suelo tendría que nivelarse. Mezcle un producto nivelador de compuesto de látex de acuerdo con las instrucciones del fabricante y, utilizando una paleta para enlucir, extiéndalo sobre todo el suelo. Seca rápido, por ello no mezcle demasiado de una vez o trate de extenderlo demasiado rápido.

2 Una vez el compuesto se ha secado, extienda el material recomendado que servirá de base, el cual dará una sensación almohadillada antirruido y lisa. El material para la base es de polietileno o de corcho fino. Colóquelo en toda la habitación a 90° de la dirección eventual en que vayan las tablas laminadas, sujetándolo con cinta adhesiva. No solape ninguna junta, sino que júntelas al máximo y péguelas con un poco más de cinta.

3 Coloque la primera fila de tablas con la parte de la lengüeta hacia fuera de la pared. Sitúe las cuñas detrás de esta primera fila, si se suministran, o si no utilice unos trozos de madera para que quede una ranura de dilatación de 12 mm junto a la pared.

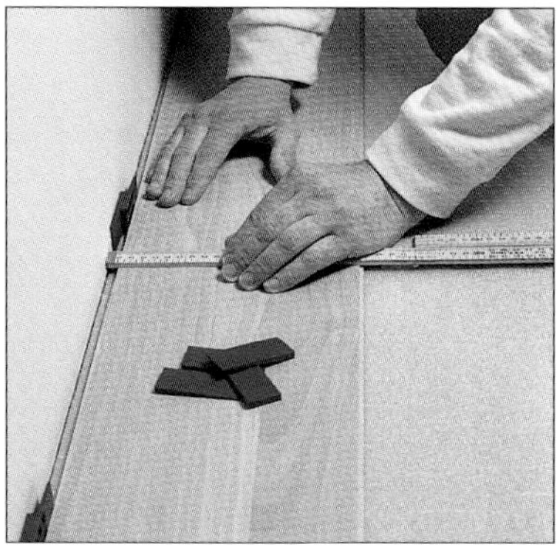

4 Eche pegamento PVA blanco para madera en la ranura, luego empújela sobre la lengüeta de la tabla ya colocada. Si todavía queda alguna ranura, coloque un taco de madera junto al borde de la tabla y golpéela para que se acople bien. Utilice una maceta de plástico, madera o caucho, y tenga cuidado para no dañar el borde de las tablas. Continúe hasta que haya completado una fila entera.

Trucos del oficio

Si se arrodilla sobre la parte del suelo que acaba de colocar, lo asentará y hará que sea más fácil el golpear las tablas nuevas. Si compró un kit prefabricado, vendrá incluido un taco para golpear, con el fin de no estropear los bordes de las tablas cuando las está ajustando; si no se hubiera incluido esta pieza, utilice un recorte de madera.

5 Los bordes de las tablas se pegan de la misma forma, pero asegúrese de que las uniones con las tablas adyacentes están contrapeadas como si fuera un enladrillado, para que quede una apariencia bonita y se refuercen. Ninguna junta deberá estar a menos de 150 mm de otra. Limpie con un trapo el pegamento que rebose por las juntas.

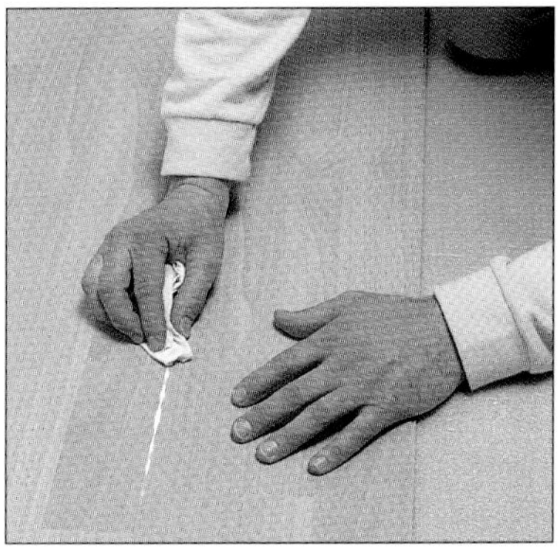

6 Utilice un serrucho afilado para cortar las tablas. Cuando corte a una medida recuerde mantener los 12 mm para el hueco de dilatación. Como el trozo cortado tiene más de 150 mm, lo puede utilizar para empezar la siguiente fila.

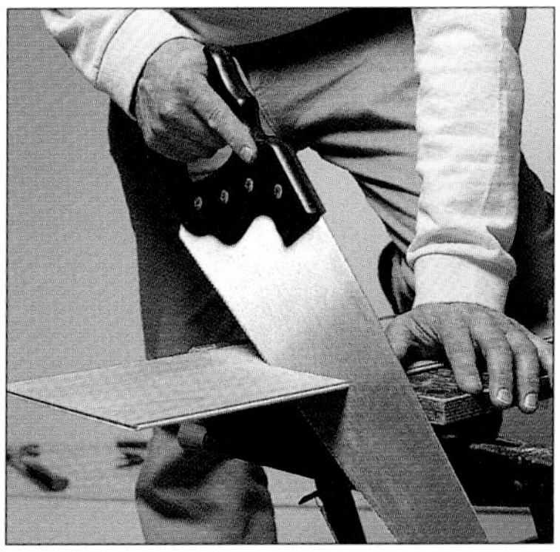

7 Quizá tenga que cortar la última fila para que se ajuste a la anchura. Compruebe la distancia desde la pared hasta el canto de la última tabla completa y transfiera esta medida a la tabla con que cerrará, midiendo desde el borde ranurado. Reste 12 mm para la junta de expansión y córtela. Eche pegamento en la junta, ponga la tabla en el hueco y utilice una palanqueta para forzar la lengüeta en la ranura.

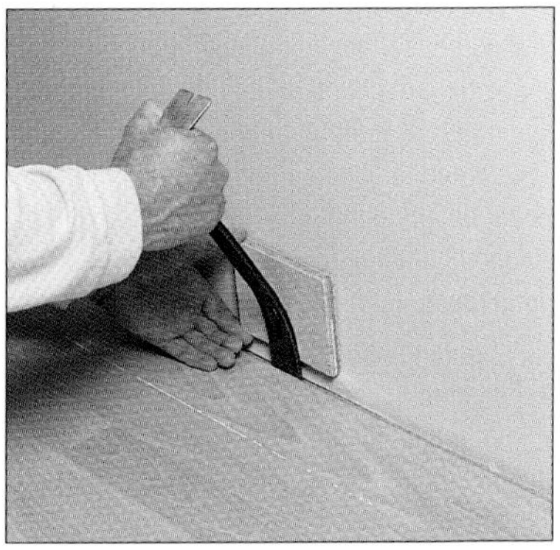

8 Deje la habitación por un mínimo de doce horas, tiempo durante el cual debería evitar pisar el suelo para dar al pegamento la oportunidad de que se seque. El paso final es cubrir la junta de expansión con tiras de moldura. No clave la moldura al suelo, mejor fíjela en la pared o zócalo para permitir al nuevo suelo expansión y contracción.

El suelo laminado es fácil de limpiar, resistente y suave bajo los pies, por lo que es la cobertura ideal para la habitación de los niños o la sala de juego.

Colocación de baldosas de vinilo

Las baldosas de vinilo han tenido un resurgimiento en los últimos años y ahora se pueden conseguir en una amplia variedad de estilos y tamaños. Algunas baldosas vienen con la parte trasera autoadhesiva; otras hay que instalarlas echando una capa de adhesivo especial. La calidad y duración del acabado del suelo dependerá de la minuciosidad de su trabajo preparatorio; por ello asegúrese de que la base del suelo necesita reparación, teniendo que hacerla entonces antes de empezar a colocar las baldosas.

Herramientas para el trabajo

- Cinta métrica y lápiz
- Martillo o taladradora a batería
- Sierra de arco o serrucho pequeño
- Tiza
- Escuadra de carpintero
- Llana dentada
- Pistola de aire caliente o secador
- Cuchilla
- Rulo para vinilo
- Rulo para papel pintado

1 Las baldosas de vinilo son ideales para colocar sobre una base de hormigón o madera, pero no se pueden colocar sobre un entarimado. Si lo que usted tiene es entarimado, cúbralo con tablero o contrachapado antes de instalar el vinilo. Recórtelo alrededor de tuberías u otros obstáculos. Clave o atornille las planchas cada 150 mm en todas direcciones. Asegure el acabado de las fijaciones sobre la superficie.

2 Mezcle las baldosas de diversas cajas para que las variaciones de tonalidad no se noten. Coloque unas pocas para probar. Usted puede variar la apariencia del suelo alternando las baldosas al azar.

3 Coloque sin pegar dos filas de baldosas que ocupen el ancho de las paredes, formando una cruz. Deje una ranura entre la baldosa y la pared en cada borde. Marque el contorno de la baldosa que está en el centro de la cruz. Ésta será la baldosa de referencia.

4 Quite las baldosas y, utilizando una baldosa como plantilla, trace una línea en toda la longitud del suelo. Asegúrese de que la línea está en ángulo recto con la puerta o ventana principal. Quizá necesite ajustar la línea un poco, pero si el trazado provisional estaba bien entonces los ajustes serán mínimos. Con la ayuda de una escuadra de carpintero grande, tire otra línea en ángulo recto con la primera, utilizando las marcas de lápiz como referencia.

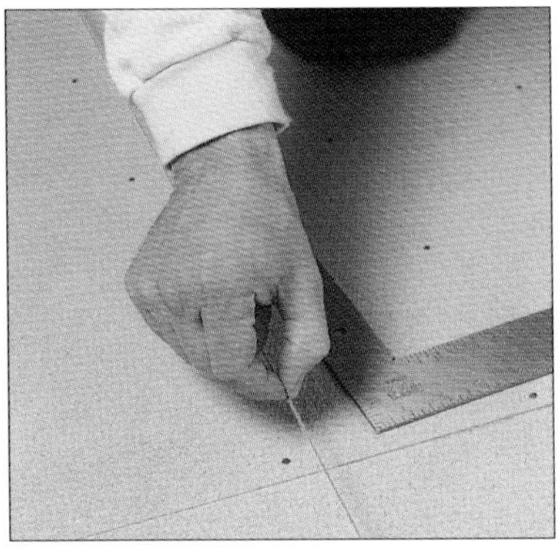

5 Extienda un poco de adhesivo para baldosas con la llana dentada. Cubra una zona que ocupe un área como para colocar ocho o nueve baldosas, incluyendo la baldosa de referencia. Trabaje desde la intersección de las líneas trazadas, colocando el adhesivo sólo en un cuadrante de la habitación por el momento. No eche una capa demasiado gruesa de adhesivo; la cantidad necesaria normalmente viene indicada en el envase.

Consejo de seguridad

Muchos adhesivos para baldosas son derivados del petróleo y emanan vapores. Trabaje en una habitación bien ventilada y apague cualquier bombilla que esté al aire.

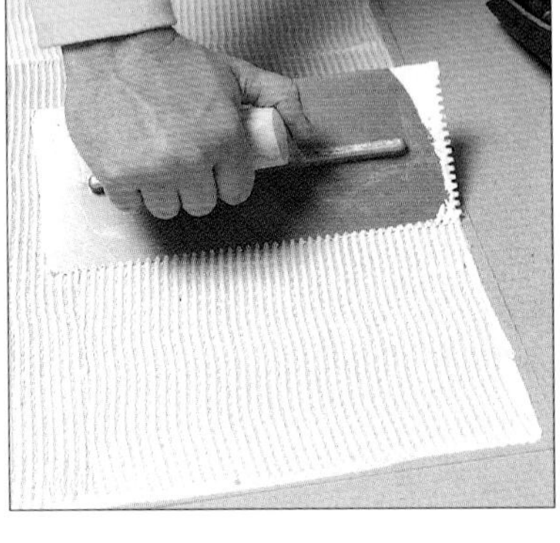

6 Coloque la primera baldosa sobre el adhesivo, haciendo que coincidan exactamente las esquinas con el ángulo recto que forman las líneas. Luego coloque las baldosas siguientes junto a la primera de referencia, arrimando cada una de ellas totalmente a la contigua. Gire las baldosas según las va empujando encima del adhesivo.

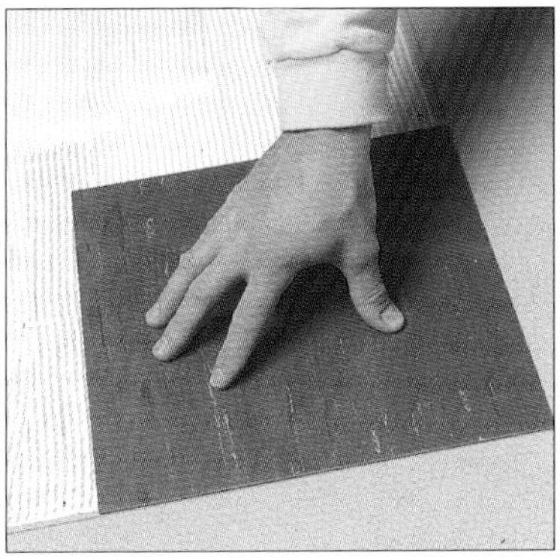

7 Continúe colocando baldosas, por cuadrantes, limpiando el adhesivo que rebose por las juntas. Termine con baldosas enteras, dejando un hueco en el borde de la habitación.

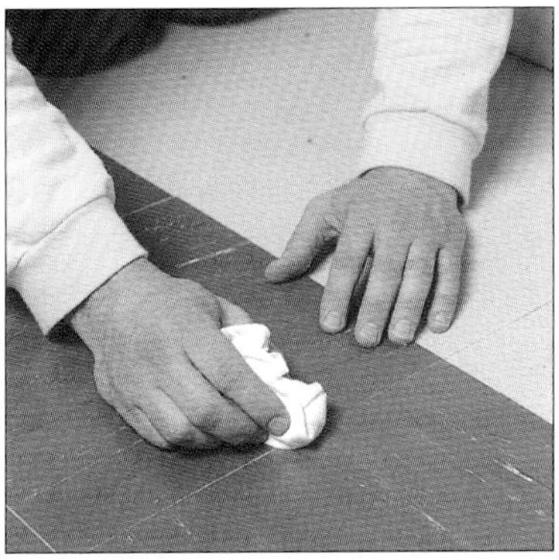

8 Coloque la última baldosa entera y luego ponga otra baldosa sobre ella, de tal modo que toque la pared. Córtela al tamaño requerido, utilizando como guía el borde de la baldosa que está encima. Quite las partes que no valgan y póngalas alrededor de la habitación antes de pegarlas.

Trucos del oficio

Las baldosas de vinilo se endurecen con el frío. Caliéntelas con un secador o pistola de aire caliente para que se vuelvan más flexibles, más fáciles de cortar y además mejorar su adherencia.

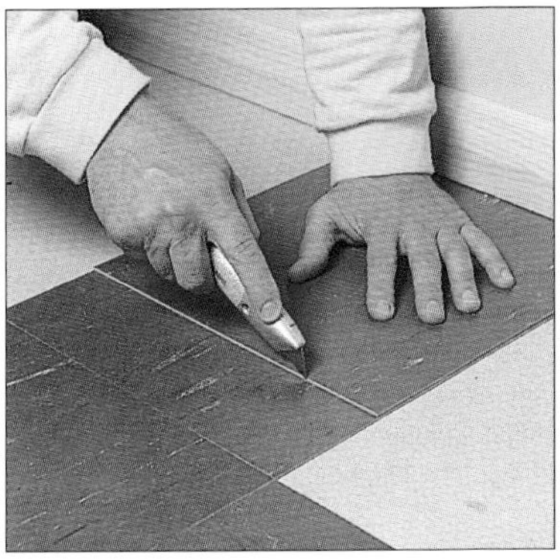

9 Para ajustar las baldosas alrededor de tuberías, comience haciendo una plantilla con cartón, luego póngala sobre la baldosa, dibuje el contorno con un rotulador y recórtela. Corte una rendija desde el agujero y abra el trozo para acoplarlo a la tubería y pegarlo al adhesivo. Las baldosas cortadas así ajustarán sin dejar marcas del corte.

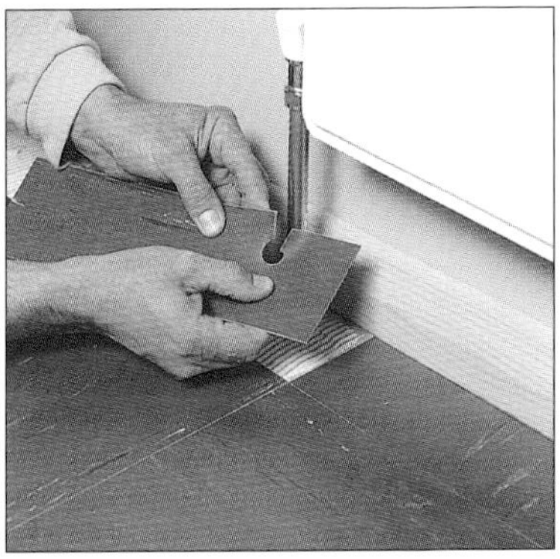

10 Cuando haya acabado de colocar las baldosas, pase un rulo pesado para asegurar un pegado completo. Hágalo despacio, moviéndose de derecha a izquierda y de arriba abajo en toda la longitud de la habitación. Limpie el adhesivo que rezume de las juntas. Para aquellas baldosas a las que no puede llegar el rulo, presiónelas con un rodillo de papel pintado.

Estas baldosas se han colocado en ángulo de 90º de acuerdo con la dirección del "grano". Para otro tipo de uniones, coloque las baldosas de tal manera que el dibujo siga la misma dirección.

Colocación de suelo de vinilo en rollo

El suelo de vinilo es ideal para cocinas y cuartos de baño, porque es fácil de limpiar y resistente a la humedad. Muchos tipos nuevos de vinilo para suelos llevan la parte trasera acolchada, lo que le hace cómodo para los pies y las piernas si se trabaja en la cocina durante un determinado período de tiempo. Hacer una plantilla es el método más fácil de colocar las planchas de vinilo, porque evita errores que salen caros. Al igual que con las baldosas, tener un subsuelo en buenas condiciones es de suma importancia.

Trucos del oficio

- **Cuidado del vinilo:** Nunca doble una plancha de vinilo, porque los pliegues se quedarán marcados para siempre. Evite andar sobre ella y asegúrese de que nada afilado se ha quedado atrapado por debajo.
- **Calefacción:** Coloque las planchas de vinilo en horizontal, con la parte del dibujo hacia arriba, durante una o dos horas en una habitación templada; esto hará que sea más fácil cortarla.
- **Plantilla de papel:** El papel de embalar es ideal porque es fuerte, pero puede utilizar cualquier tipo de papel.

Herramientas para el trabajo

Cinta métrica y rotulador
Cuchilla
Llana dentada
Rulo para vinilo
Rulo para papel pintado

1 Corte y una hojas de papel de embalar para hacer una plantilla de la superficie del suelo, 150 mm mayor que el tamaño real de la habitación. Junte las hojas con cinta adhesiva, permitiendo que se solapen y aplicando cinta a ambos lados de la junta para evitar que se muevan.

2 Corte unas ventanitas cerca del borde del papel de unos 50 mm de lado. Adhiera la plantilla al suelo por medio de estas ventanitas con la cinta adhesiva. No importa el espaciado entre las mismas, pero asegúrese de que tiene suficientes ventanas para mantener la plantilla de papel fija y que no se deslice hacia ningún lado.

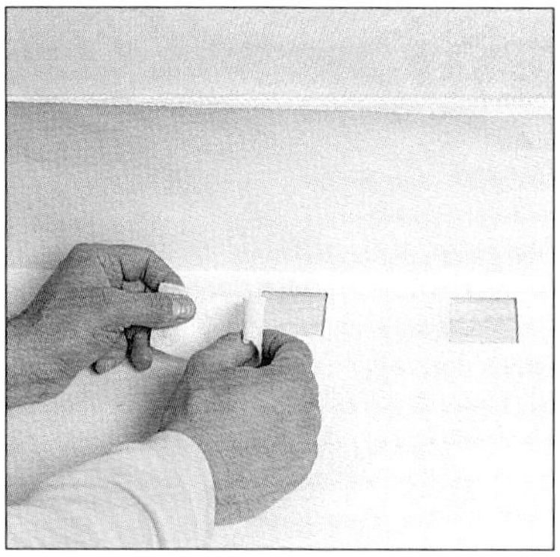

3 Presione el papel dentro de los bordes de la habitación. Retire el sobrante con una cuchilla donde topa con el zócalo o alrededor de los elementos de mobiliario fijos. Quizá tenga que cortar "lenguas" –cortes verticales liberadores– en los rincones y las esquinas para poder colocar la plantilla adecuadamente.

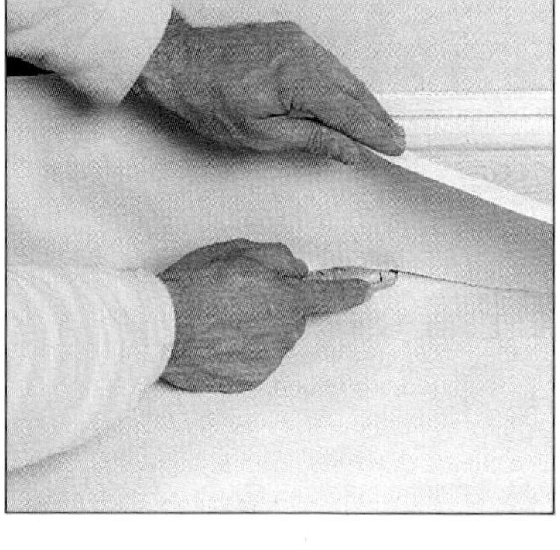

4 Si le gusta cómo ha quedado, levante con cuidado la plantilla del suelo, con precaución de no rasgar el papel. Coloque la plantilla encima de la plancha de vinilo y oriéntela para que quede de la mejor manera, marcando la posición de cualquier línea o dibujo, luego péguela en el sitio.

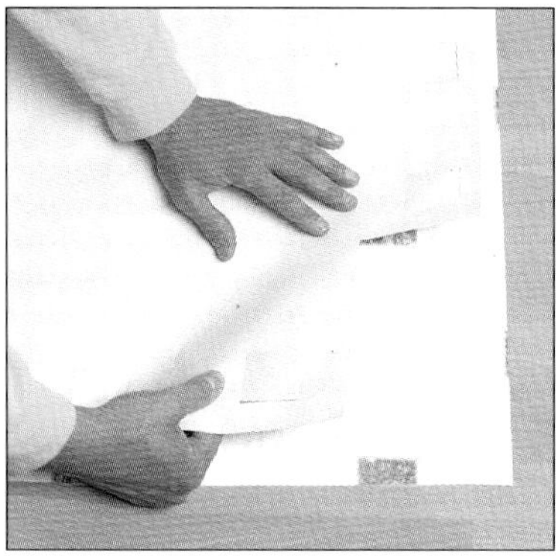

5 Dibuje el contorno de la plantilla sobre el vinilo con un rotulador. Deseche la plantilla y corte el suelo con una cuchilla. Ponga un trozo de madera debajo de donde está haciendo los cortes para evitar daños al suelo. Incluso si usted está haciendo esto sobre el suelo del garaje, el colocar una tabla debajo evitará que se estropee el filo de la cuchilla. Cuando haya cortado el vinilo enróllelo y llévelo a la habitación.

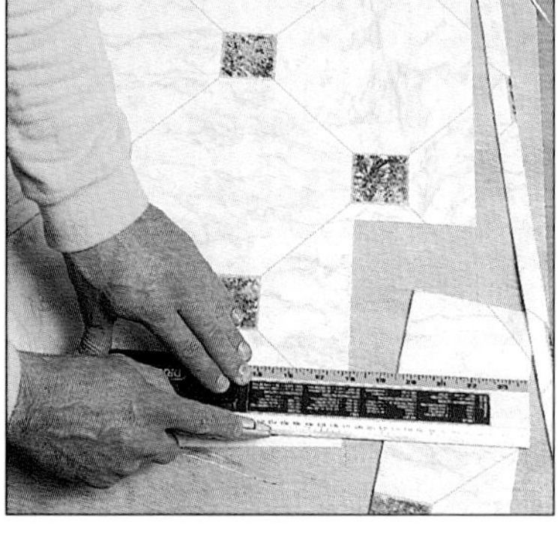

6 Desenrrolle el vinilo y luego doble hacia atrás la parte más larga para dejar al descubierto un metro del subsuelo. Extienda adhesivo en este trozo con una llana dentada.

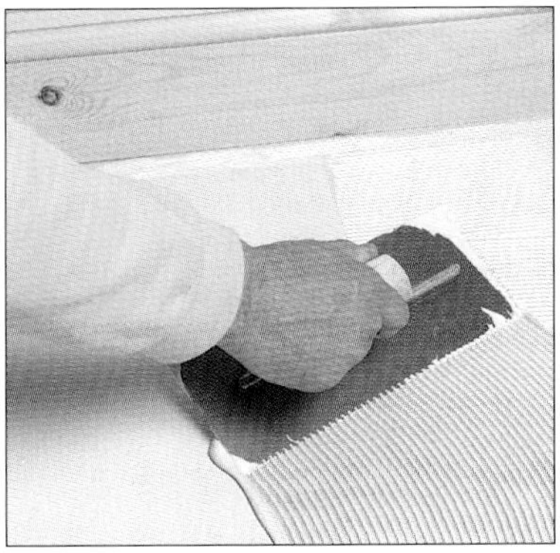

7 Coloque el suelo sobre el adhesivo, alisándolo con la palma de la mano para evitar que queden burbujas. Si tiene que realizar algún ajuste, ahora es el momento de hacerlo, antes de que el adhesivo se seque. Enrolle la otra parte del suelo sobre sí mismo y extienda el resto del adhesivo. Alise el suelo desde el centro hacia los bordes para forzar cualquier burbuja de aire que haya quedado.

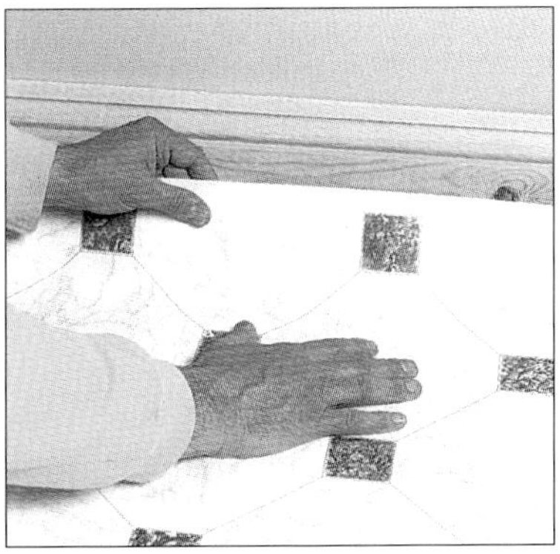

Trucos del oficio

Si tiene que unir dos piezas de la cobertura del suelo, solape una con la otra y corte ambas piezas a la vez para asegurar una unión perfecta. Eche hacia atrás la pieza de arriba y quite el recorte de la de abajo, luego fíjelo con adhesivo de la manera habitual.

8 Una vez está colocado el vinilo, asegure una adhesión total presionando el suelo con un rulo para vinilo. Muévalo despacio por el suelo, haciendo pases en diferentes direcciones. Utilice un rodillo para papel pintado en los rincones de la habitación o zona difícil de alcanzar, haciendo una presión manual firme.

9 Limpie las inevitables salpicaduras de adhesivo del zócalo, mobiliario fijo y suelo, con un trapo y el disolvente recomendado por el fabricante.

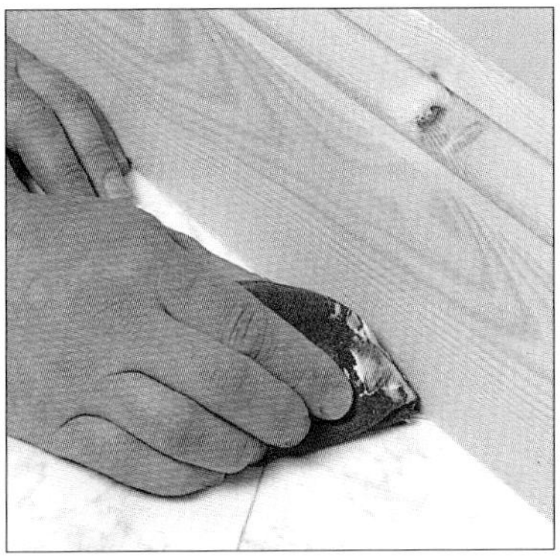

SELLADO DEL VINILO

En cuartos de baño y cocina selle el vinilo aplicando silicona sintética por los bordes.

El vinilo queda muy bien en cuartos de baño, porque ofrece una superficie de suelo estanca. Al ser suave y fácil de limpiar, es una buena opción para cuartos de juegos para niños.

Colocación de baldosas de barro

Las baldosas de barro son habituales en cocinas, vestíbulos y otras zonas donde la superficie tiene que soportar mucho paso. Ofrecen unas características de uso excelentes y requieren un mantenimiento mínimo. Sin embargo, tienen una superficie porosa y por ello no es conveniente colocarlas en cuartos de baño, donde sería mejor instalar una superficie pulida.

Las baldosas de barro se tienen que colocar sobre una superficie totalmente rígida –el revestimiento de hormigón es ideal–. Sobre cualquier otro tipo de subsuelo habrá que colocar tableros de cemento como base. Éstos se pueden ajustar exactamente de la misma manera que los tableros de madera (ver páginas 64-65).

Herramientas para el trabajo

- Equipo de protección
- Cinta métrica y lápiz
- Cordel para marcar
- Taladradora y mezcladora eléctrica
- Cubo
- Brocha para engrudo
- Llana dentada
- Maza
- Nivel de burbuja
- Cortador de baldosas
- Alicates de punta larga
- Llana de goma para la lechada
- Rodillo de fibra

1 Es mejor evitar tener que hacer muchos cortes. Coloque las baldosas en seco para ver cómo quedarán con el fin de limitar la cantidad de cortes. Luego ponga el cordel de guía del mismo modo que se indica para las baldosas de vinilo en la página 68.

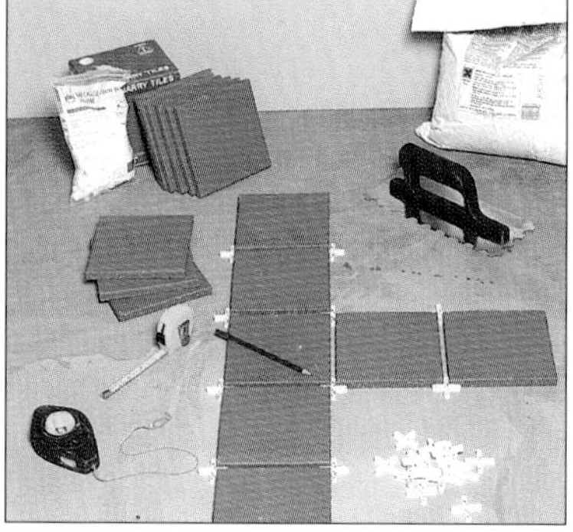

2 Mezcle el mortero utilizando un taladro eléctrico al que se habrá acoplado una varilla mezcladora, a velocidad lenta para evitar salpicaduras y que se derrame. Déjelo que se asiente durante diez minutos, para que las burbujas de aire se dispersen.

3 Humedezca el subsuelo con agua, pero no lo encharque. Esto evita que absorba la humedad del mortero según se va extendiendo. Sumerja la brocha de encolar papel en un cubo y extienda el agua por el suelo, cubriendo un metro cuadrado.

4 Empezando en la intersección de la cuadrícula de referencia, utilice una llana dentada para extender suficiente mortero para colocar un cuadrilátero de nueve baldosas. Si echa más cantidad, el mortero se estropeará antes de que pueda colocar las baldosas.

5 Apriete las baldosas contra el mortero con un ligero movimiento de giro. Asegúrese de que están alineadas con las marcas de referencia. Coloque crucetas de plástico en las esquinas de cada baldosa para que las juntas queden igualadas a la misma distancia. Existen crucetas de diferentes tamaños, por eso asegúrese de que adquiere las adecuadas para este tipo de baldosas. Como norma general, la separación entre baldosas será igual al grosor de las mismas.

6 Cuando haya colocado las primeras nueve baldosas, sitúe un nivel sobre la superficie en diferentes direcciones. Golpee ligeramente las que sobresalgan con una maza de goma. Extienda más mortero y coloque las siguientes nueve baldosas de la misma manera que las primeras. Trabaje hacia atrás, si es posible, para evitar pasar sobre las baldosas ya puestas.

7 Inevitablemente habrá que cortar algunas baldosas. Para obtener un mejor resultado marque la superficie con una cuchilla y dé un golpe seco. Para esquinas y rincones utilice una cortadora de disco.

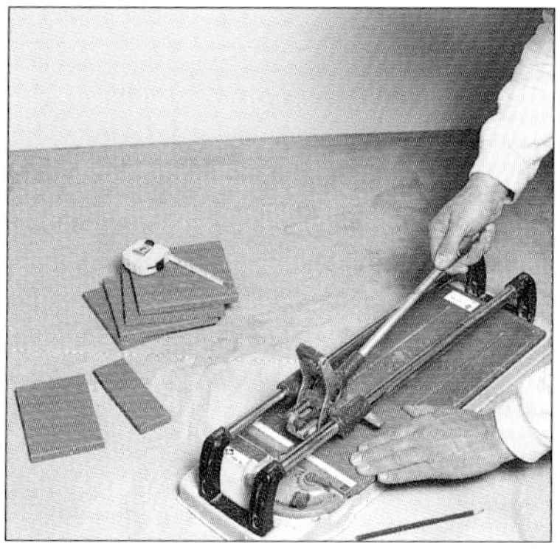

Consejo de seguridad

El corte de baldosas con un cortador de disco produce gran cantidad de polvo, por lo que es mejor hacerlo en el exterior. Lleve mascarilla, protectores de oidos, gafas y guantes.

8 Antes de que el mortero se haya asentado totalmente, retire las crucetas con unos alicates de punta larga. Tenga cuidado de no descolocar ninguna baldosa. Si alguna cruceta no se pudiera sacar, espere hasta que el mortero se haya secado y apalánquela con un destornillador.

9 Espere 24 horas y luego eche la lechada. Comience en un rincón de la habitación y pase la lechada por encima de las baldosas con una llana de goma. Levante el borde de la llana a un ángulo de unos 60º según la va moviendo, haciendo una figura de ocho para asegurar que se esparce por igual. Fuerce la lechada dentro de las juntas con el borde de la llana. Limpie el exceso de la superficie de la baldosa con una esponja húmeda. Evite que las baldosas se empapen demasiado y no restregue la lechada de las juntas.

10 Cuando se haya secado, saque brillo a las baldosas con un trapo limpio. Selle la superficie y las juntas para evitar la suciedad y humedad con el sellador recomendado, aplicándolo con un rodillo de fibra.

Si se colocan correctamente, las baldosas de terracota producen un efecto visual bastante bonito, que nos recuerda la típica decoración mediterránea.

Colocación de moqueta

La variedad de colores y modelos de moqueta que se pueden encontrar es virtualmente ilimitada; por eso es fácil coordinar una moqueta con la decoración de una habitación. Las moquetas fabricadas con fibras artificiales son idóneas para zonas de mucho paso y para habitaciones donde antes se consideraban inapropiadas, como cuartos de baño y cocinas. A menudo considerado un trabajo para profesionales, de hecho la colocación de la moqueta la puede realizar cualquier aficionado con experiencia.

Antes de instalar la moqueta tiene que calcular los metros que necesitará, así como la cantidad de tira de sujeción y de arpillera (ver páginas 38-39). La moqueta y la arpillera normalmente se venden por metros cuadrados, aunque también existen rollos de 3,7 y 4,6 m de ancho. Los fijadores tienen diferentes longitudes para los diferentes grosores de moqueta; por ello pídale consejo a su proveedor. La moqueta tiene diferentes pesos; cuanto más pesada, más duradera.

Herramientas para el trabajo

- Cinta métrica y lápiz
- Podadera o serrucho
- Martillo
- Pistola de silicona
- Cuchilla
- Grapadora
- Guantes
- Golpeador de rodilla
- Recortador de bordes
- Cincel de ladrillo
- Destornillador

1 Coloque la tira de sujeción alrededor de la habitación. Córtela del tamaño que necesite con una podadora o serrucho pequeño. Sobre suelos de aglomerado o de madera, clávela para asegurar que los fijadores sesgados se ajustan a la pared. Deje un espacio de dos tercios del grosor de la moqueta entre la parte trasera de la tira y la pared.

Consejo de seguridad

Las puntas que lleva la tira son extremadamente afiladas; lleve siempre guantes y gafas cuando lo maneje y lo corte.

Trucos del oficio

Para asegurar que ajusta la tira a la distancia correcta de la pared, fabrique un espaciador que mida dos tercios del grosor de la moqueta y utilícelo cuando esté clavándolo.

2 Sobre suelos duros como los de hormigón utilice un adhesivo especial para pegar la tira de sujeción. Hágalo deprisa porque el adhesivo sólo servirá durante diez minutos.

3 Existen unas tiras de sujeción especiales que se colocan detrás de las puertas para que quede bien esta zona. Clave la tira al suelo de tal manera que quede cubierta totalmente cuando la puerta se cierre.

4 Cubra la tira con una junta para umbral, cortándola con unas tenazas. No deje huecos, pero no la superponga porque entonces sobresaldrá. Fije la arpillera al suelo utilizando una grapadora.

5 Coloque la moqueta con el paño mirando al lado contrario de la zona donde hay más claridad. Corte el sobrante con una cuchilla, dejando 150 mm embocando en la pared en cada borde.

Trucos del oficio

El paño de una moqueta se refiere a la forma en que el nudo está dispuesto. Asegúrese de que, cuando haya que unir piezas, todas vayan en la misma dirección.

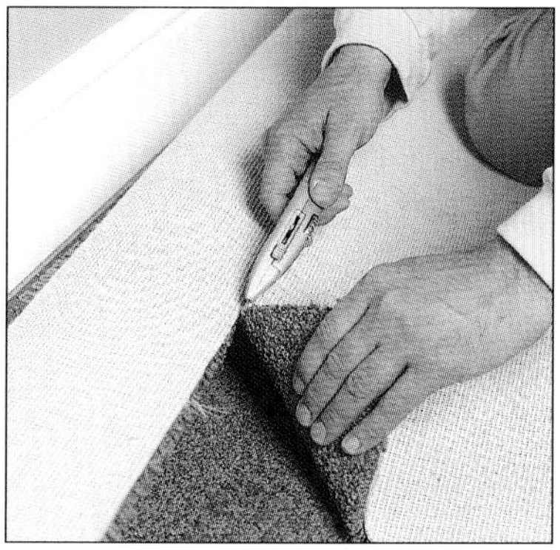

6 Apriete la moqueta con la articulación de la mano sobre la tira de sujeción en toda la longitud de la pared. Lleve guantes para evitar quemarse con la fricción.

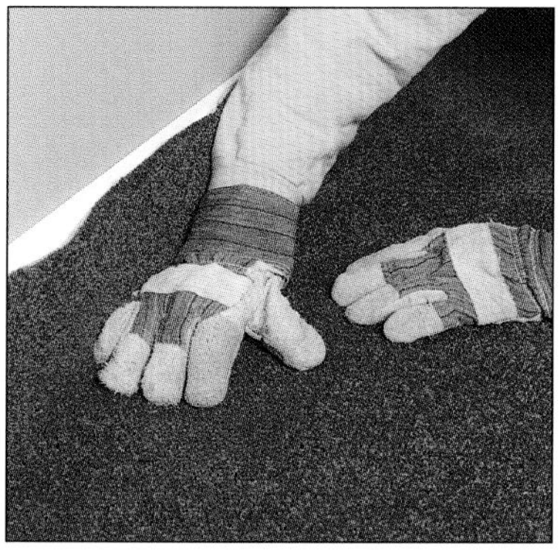

7 Coloque un golpeador de rodilla a unos 150 mm de la pared de enfrente y golpee la moqueta con su rodilla para que se tense con la tira de sujeción. Hágalo en toda la anchura de la moqueta.

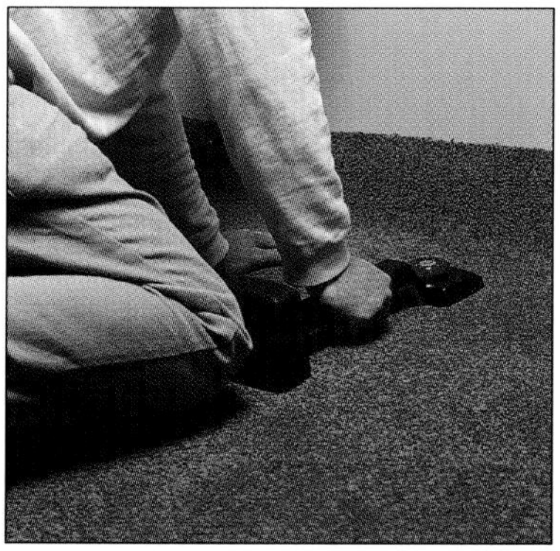

8 Corte la moqueta ajustándola al tamaño con una guillotina para bordes. Utilice la cuchilla para recortar los bordes de la habitación. Estire y ajuste la moqueta a la pared de la misma manera.

9 Remeta el extremo de la moqueta por debajo del zócalo, ayudándose con un cincel. Normalmente puede hacerse con la mano, pero si no, golpee con el cincel.

10 Para ajustar la moqueta alrededor de las tuberías y otros obstáculos, corte una rendija en la moqueta con la cuchilla a la distancia que quede el estorbo de la pared; luego haga pequeños cortes a lo largo de la rendija. Utilice un destornillador para acoplar la moqueta alrededor de la tubería. A menos que la tubería tenga un diámetro mayor de 20 mm no es probable que tenga que cortar un círculo en la moqueta.

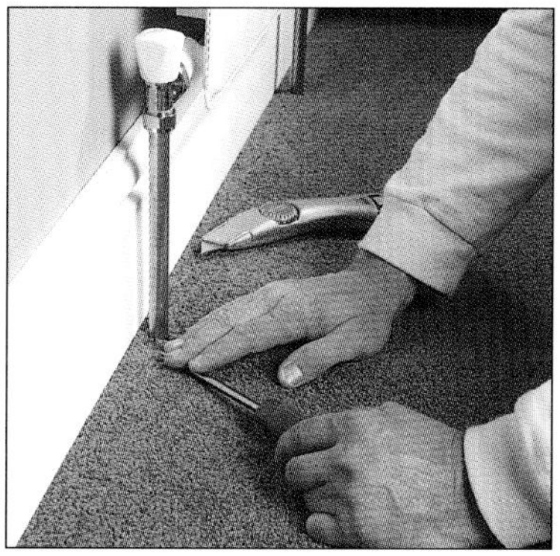

La moqueta puede añadir color y calidez a una habitación. Las moquetas de pelo grueso son más lujosas, pero se pueden encontrar variedades más resistentes para las zonas en que la durabilidad es importante.

Retoques de acabado

Es fácil pasar por alto los detalles finales una vez que la parte principal del trabajo se ha completado, pero muchas veces los retoques de acabado son lo más importante. Ponen el sello sobre el trabajo terminado e integran las dos tareas. Aunque la mayoría de los retoques de acabado son detalles menores, las pinceladas sin terminar pueden echar a perder un trabajo que de otra manera hubiera sido perfecto.

Zócalos

Los zócalos son trozos de molduras decorativas hechas de madera maciza o MDF que están fijados a lo largo de los bordes de una habitación para proteger la base de una pared de golpes y dar un acabado cuidado a la parte del suelo. Para tarimas o suelos laminados de madera es particularmente importante colocar zócalos para esconder cualquier junta de dilatación y generalmente para integrar los distintos elementos. Para madera y laminado debería acoplar un zócalo que combine con el mismo tipo y acabado del suelo. Para que sobresalga menos se puede instalar moldura cuadrada o de Escocia en lugar de zócalo.

DERECHA: *La pintura ofrece la oportunidad de permitirle desarrollar su creatividad. Aquí se ha creado un efecto muy original pintando la tarima a modo de damero.*

Fijado y barnizado

Bien sea para renovar tarima vieja, quitar una cobertura de suelo para dejar al descubierto la tarima que hay debajo o instalar por completo tablas nuevas, la instalación tradicional del suelo de madera conlleva un lijado general para sanearlo y después barnizarlo, teñirlo o pintarlo y barnizarlo para ofrecer una superficie sellada contra las manchas. Lijar un suelo completo puede parecer una tarea bastante desalentadora, pero si alquila una lijadora eléctrica el trabajo será mucho más fácil. Si utiliza lijadoras profesionales siga el método que se explica en el dibujo de la página 124. Una vez haya lijado el suelo, es importante aplicar una capa de barniz tan pronto como sea posible.

IZQUIERDA: *El zócalo ofrece un acabado decorativo al suelo y ayuda a sellar el borde del material utilizado para el suelo en un cuarto de baño. Aquí se muestra un zócalo con saliente redondeado, pero para dar un aspecto menos ornamental coloque un zócalo de óvolo.*

Si no se realiza el acabado, el suelo rápidamente se puede arañar y quedar marcado, en cuyo caso tendrá que volver a lijarlo de nuevo. Asegúrese de que no deja olvidada esta parte del proyecto. Aplique cualquier acabado lo antes que se pueda. No sólo brindará una apariencia pulida, sino que también ofrecerá mucha protección al material del suelo.

Recortes de moqueta

Cuando se instala una moqueta a medida, es una buena idea pedir un poco más de lo que realmente se necesita para cubrir la superficie total del suelo. Esta cantidad extra se puede guardar y utilizar para sustituir trozos deteriorados, porque el desgaste normal pasa su factura con los años. Si estos trozos de sustitución se instalan con cuidado, se igualarán con la vieja moqueta y no se notarán. Si tiene chimenea, es buena idea cortar un trozo de moqueta a medida para colocarla delante de la misma y cuyos bordes se pueden ribetear para que quede con mejor aspecto. Este trozo extra protegerá a la moqueta de las pavesas y es más fácil y mucho menos caro de reemplazar. Planear con antelación la realización de esta pequeña inversión evitará tener que quitar y sustituir más adelante trozos de la moqueta. Para aquellos que tengan un espíritu aventurero, se puede combinar la instalación de moqueta con la de baldosas del mismo material. Los recortes se pueden colocar sobre la escalera y los rellanos con diversas formas. Las baldosas decorativas se pueden colocar en las zonas de paso donde la moqueta es propensa a desgastarse. Este proyecto se puede realizar justo después de colocar la moqueta original, o más tarde cuando la moqueta empieza a estropearse, lo que ayudará a evitar el coste de tener que sustituir la moqueta entera de la escalera.

DERECHA: *Para dar un toque final de acabado de los baños aplique silicona en los bordes del suelo. Esto evitará que la humedad penetre por debajo y que se produzcan daños en el futuro.*

ABAJO: *Donde haya distintos tipos de moqueta, fije una junta en la puerta para cubrir la unión que se forma.*

JUNTAS PARA UMBRAL

Para rematar los umbrales de las puertas donde una cobertura de suelo se une a otra, se instala una junta para umbral metálica o de madera. Esta tira protege los bordes vulnerables y ofrece una continuidad a la vista de una habitación a la siguiente.

SELLADO DE SUELOS

En cuartos de baño y cocinas es una buena idea echar un poco de silicona transparente alrededor del contorno de la habitación para evitar que el agua encuentre una vía por donde colarse hacia abajo. Un suelo nuevo en un cuarto de baño o cocina también puede hacer que los azulejos parezcan viejos. Piense en blanquear las juntas con pasta o lejía para que se aclaren.

construcción y tipos de escaleras

Todas las escaleras cumplen la función básica de permitir el acceso a las distintas plantas de un edificio, pero eso no significa que todas las escaleras se parezcan. Existen diversos métodos de construcción y diferentes estilos de escaleras, pero con mucho el método de construcción más común es con madera. Más fácil y más barato de construir que cualquier otro tipo de escaleras, una de madera durará muchos años si está bien construida. El hormigón y el hierro fundido quizá también se utilicen para la construcción de escaleras, o una combinación de estos materiales. Cualquiera que sea el tipo de escalera que tenga, es lo primero que la gente ve cuando va de visita a una casa, así que es importante que quede presentable. Conocer los diferentes tipos y cómo se han construido le dará una idea de lo que se puede conseguir con una escalera, ya sea grande o pequeña.

Una escalera de madera dura o teñida puede parecer bastante formal. Si el vestíbulo no es tan grande como éste, pinte la barandilla y los balaustres de un color claro.

Escaleras de madera

La mayoría de las escaleras de las viviendas están hechas de madera. Si los escalones en particular están en malas condiciones, sustituirlos totalmente suele ser más económico que repararlos o restaurarlos. En la mayoría de las escaleras antiguas nos encontramos con que la estructura está en buenas condiciones, pero tiene unas cuantas grietas. Efectivamente, éstas se pueden reparar y darle un nuevo acabado lijándola y pintándola o tiñéndola, y cuando esto se combina con la instalación de barandilla y pasamos nuevos o cerrando el hueco de la parte inferior de la misma, se puede conseguir una modernización a un precio relativamente económico.

Huella cerrada

Las escaleras con huella cerrada son las más sencillas de hacer e, indudablemente, las más comunes; la mayoría de las casas nuevas incluyen una escalera construida con un único vuelo de escalones de huella cerrada. Las escaleras más tradicionales de huella cerrada suelen estar hechas de madera maciza, pero con la aparición de los tableros de construcción prefabricados, y que son relativamente baratos, muchas huellas y contrahuellas de las escaleras modernas a menudo se instalan de MDF o contrachapado.

La normativa de edificación establece que una escalera de más de dieciséis escalones tiene que incorporar un rellano. En las viviendas, pocas escaleras tienen más de doce escalones, pero quizá cuenten con un rellano si la escalera gira en un rincón.

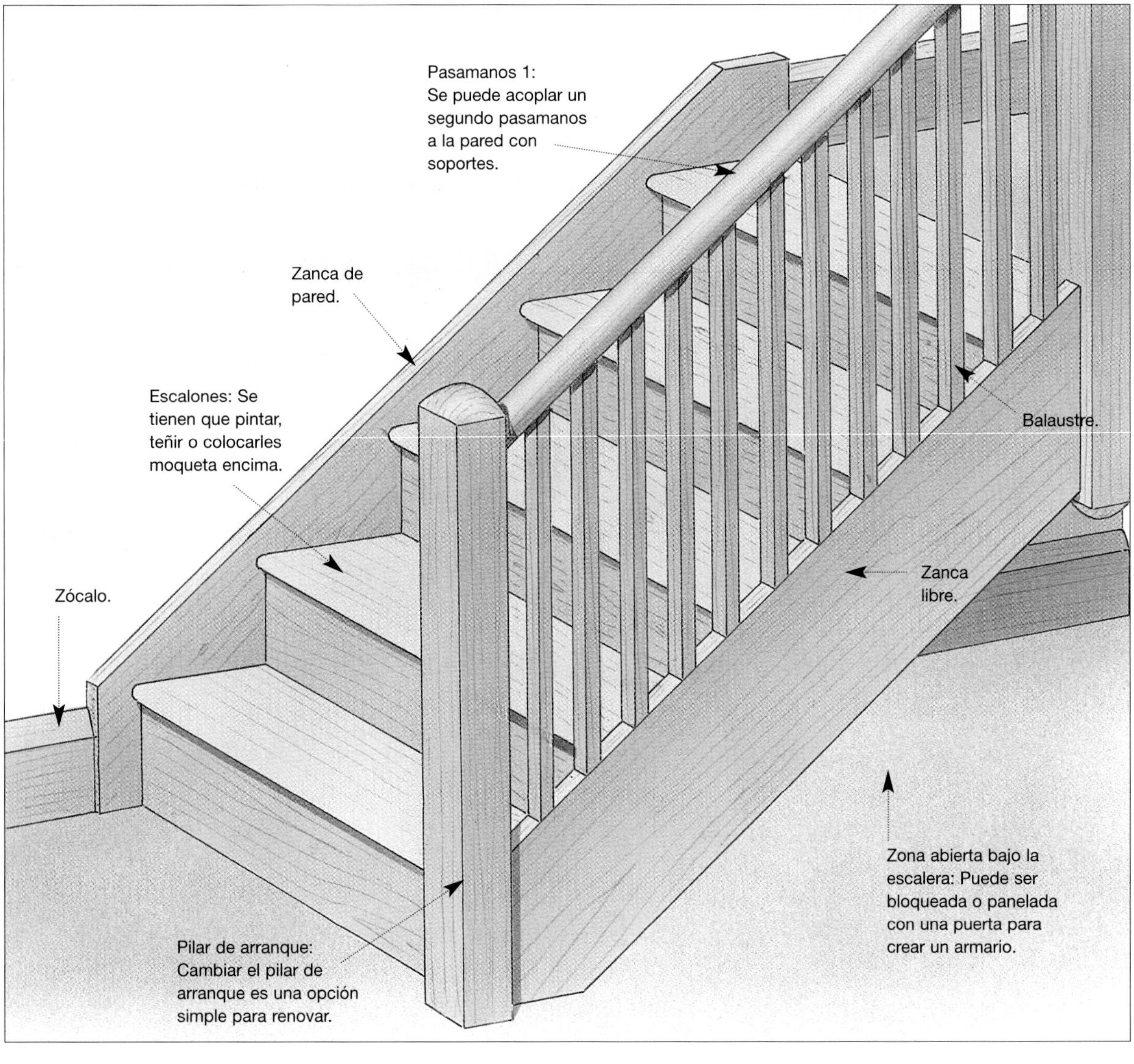

Pasamanos 1:
Se puede acoplar un segundo pasamanos a la pared con soportes.
Zanca de pared.
Escalones: Se tienen que pintar, teñir o colocarles moqueta encima.
Balaustre.
Zanca libre.
Zócalo.
Zona abierta bajo la escalera: Puede ser bloqueada o panelada con una puerta para crear un armario.
Pilar de arranque: Cambiar el pilar de arranque es una opción simple para renovar.

Huella abierta

Las escaleras con peldaños abiertos son similares a las escaleras cerradas con contrahuella, excepto que hay que hacer algún ajuste más. Aunque una vez fueron muy populares, hoy en día las escaleras de las viviendas normalmente se construyen con escalón abierto, en parte porque cambian las tendencias y modas y en parte por el incremento del coste de producción. Con la falta de apoyo de las contrahuellas, las huellas tienen que ser más resistentes para que puedan aguantar los pesos situados encima de ellas sin que se arqueen. Por razones obvias las escaleras abiertas generalmente no se cubren con moqueta, pero las huellas se suelen fabricar con madera dura que se puede teñir, barnizar, pulir o pintar. La ausencia de contrahuella significa que estas escaleras no quedarán bien si van empotradas. Indudablemente, la auténtica idea de una escalera abierta es permitir la vista de otras partes de la habitación y la estructura del edificio.

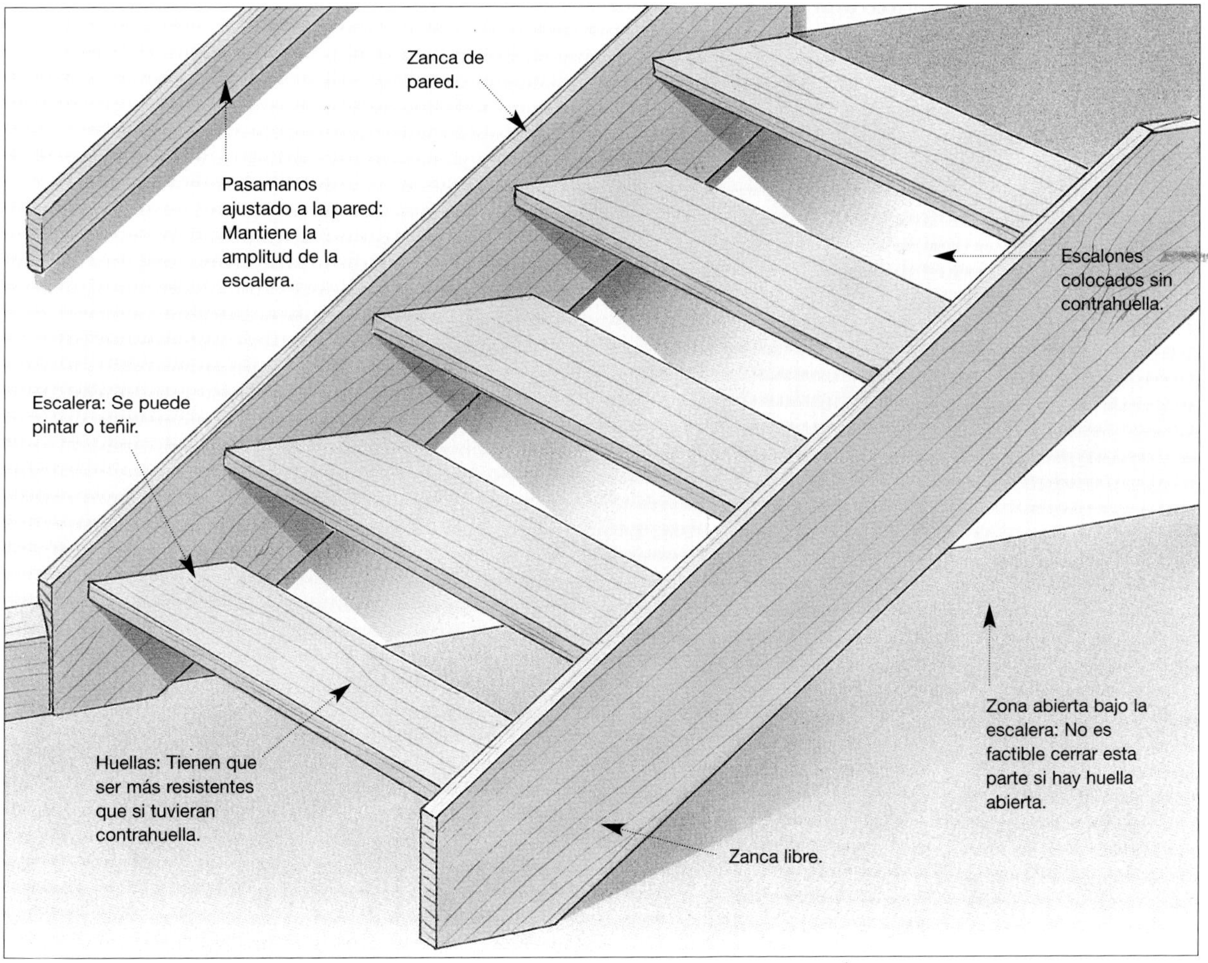
Zanca de pared.
Pasamanos ajustado a la pared: Mantiene la amplitud de la escalera.
Escalones colocados sin contrahuella.
Escalera: Se puede pintar o teñir.
Zona abierta bajo la escalera: No es factible cerrar esta parte si hay huella abierta.
Huellas: Tienen que ser más resistentes que si tuvieran contrahuella.
Zanca libre.

ELECCIÓN DE LA MADERA

Las escaleras pueden ser mucho más que un medio para acceder de una planta a otra. Si está pensando en instalar una nueva escalera o sustituir por completo la existente, existe una amplia variedad de maderas apropiadas para la construcción de escaleras. Quizá compre una escalera prefabricada, o quizá elija pedir una hecha de encargo. El coste depende del tipo de madera que elija. Si opta por madera dura como la de roble, esté preparado para pagar un precio alto. A la inversa, la madera blanda, como el pino, será bastante más asequible. Usted puede siempre utilizar madera más barata o tableros fabricados si las escaleras se van a pintar, pero una escalera de pino tendrá buena apariencia teñida o barnizada.

RENOVACIÓN DE UNA ESCALERA

Otra opción es engalanar la escalera que ya tiene. Muchos centros de bricolaje ofrecen kits con peldaños para transformar la apariencia de una escalera. Sin tocar las huellas ni las contrahuellas, es posible quitar el pilar de arranque, los balaustres y el pasamanos, sustituyéndolos por otros que se adapten mejor a su gusto y a la decoración del ambiente.

Escaleras de hormigón y hierro fundido

Las escaleras de hormigón generalmente se ven en zonas comerciales, pero se pueden encontrar en edificios residenciales también. Populares en los años 30, recientemente han visto un renacimiento. Las escaleras construidas de hierro fundido a menudo se localizan en el exterior de una casa, como puede ser una escalera de incendios o como medio de acceso a un piso superior. Si las escaleras de hierro fundido se instalan en el interior, normalmente es en forma de escalera de caracol.

Escaleras de hormigón

Si usted se propone conseguir un estilo interior funcional y minimalista, entonces las escaleras de hormigón contribuirán en gran medida a crear esa apariencia. Sin embargo, es posible suavizar el aspecto áspero revistiéndolas con madera o moqueta, siendo de sabios utilizar pasamanos y otros detalles de madera. Las escaleras de hormigón se pueden fabricar en serie fuera del lugar donde se van a ubicar y luego que las instale un profesional, pero para un trabajo único es más económico construir la escalera in situ. El método normal de construcción es hacer un encofrado de madera para que actúe como molde para el hormigón húmedo, retirándolo una vez haya fraguado.

Las escaleras de hormigón son duraderas, pero no por ello dejan de tener sus problemas. El descantillado se produce cuando la humedad penetra por pequeñas grietas de la superficie y se congela en tiempo frío, causando que la superficie del hormigón se resquebraje. El descantillado puede ser difícil de parar, porque una vez la superficie se ha roto, el agua puede encontrar el camino perfecto para filtrarse. Otro problema es la corrosión de las barras de refuerzo o metal expandido embebido en el hormigón, lo que puede causar serios fallos estructurales. Este problema es raro, pero cuando ocurra, habrá que reemplazar la escalera entera.

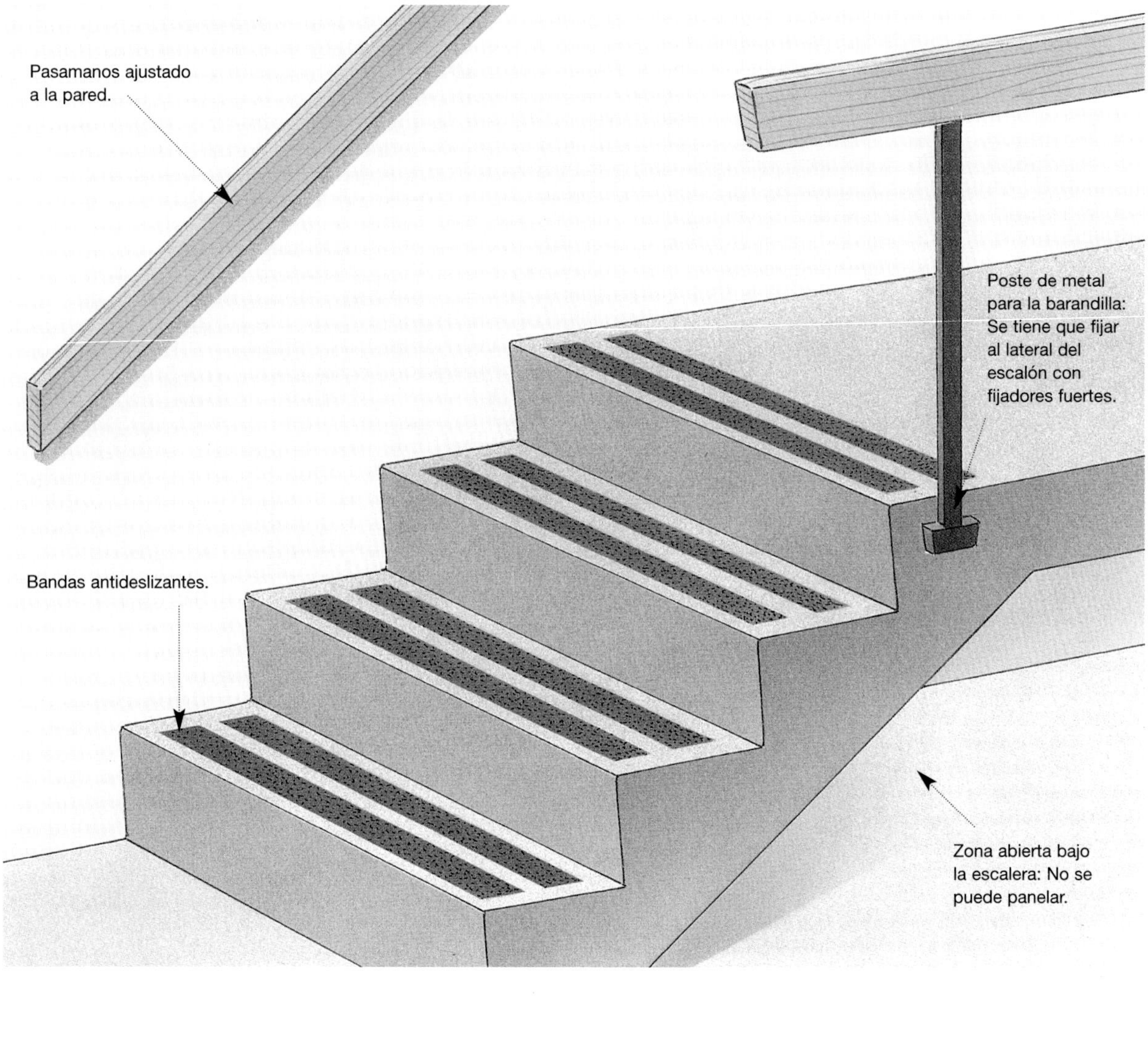

Pasamanos ajustado a la pared.
Poste de metal para la barandilla: Se tiene que fijar al lateral del escalón con fijadores fuertes.
Bandas antideslizantes.
Zona abierta bajo la escalera: No se puede panelar.

Escaleras de hierro fundido

Una escalera nueva de hierro fundido puede resultar cara de comprar, pero puede tener la oportunidad de comprar una de segunda mano. Los edificios industriales victorianos a menudo tienen escaleras de caracol de hierro, por eso merece la pena preguntar en los almacenes de materiales reciclados, para ver si tienen algo que se adapte a sus necesidades. Las escaleras de hierro fundido se construyen todas igual, independientemente del tamaño y la forma, con partes que se van uniendo entre sí. En realidad, el mantenimiento es nulo, la única cosa que tiene que hacer es apretar o sustituir algunos tornillos y tuercas, particularmente en las uniones con la barandilla.

Escaleras de caracol

Una escalera de caracol será un detalle inusual y llamativo en una casa, ampliando las posibilidades de aprovechamiento del espacio interior. Las escaleras de caracol ascienden sobre su propio espacio, por lo que necesitan mucho menos sitio que cualquier otro tipo de escalera; por ello una de las principales razones para instalarla es la necesidad de compartir la escasez de espacio.

La idea de instalar una escalera de caracol pocas veces se les ocurre a los propietarios de viviendas y cuando esto ocurre generalmente no está al alcance de la mano. Seguramente, como escalera principal que una la planta baja y el primer piso la escalera de caracol realmente no es una opción práctica, especialmente en una casa con niños, con personas mayores o con personas con problemas de movilidad. Como escalera secundaria, cuando el espacio es limitado, las escaleras de caracol ofrecen un aspecto original y ornamental. En una casa pequeña que no tiene espacio para instalar un tramo de escalera recta, la de caracol se puede utilizar para acceder al desván o ático. Al no tener que utilizar una escalera de mano para subir al desván, este lugar se hace cada vez más amigable y lo que anteriormente era un cuarto deshabitado ahora se ha convertido en una estancia útil, lo cual significa que se amortizará el coste de la escalera.

Uno de los principales inconvenientes es que, con la inclinación de los escalones y el continuo giro, subir muebles grandes es realmente un problema. Las escaleras de caracol pueden estar construidas de madera, metal u hormigón. También se pueden construir junto a la pared, en cuyo caso la parte exterior estará sujeta por la estructura de la pared, o pueden construirse independientes con el soporte estructural derivando del poste central.

ABAJO: Se pegan piezas de moqueta a los escalones para hacer esta escalera de caracol más cómoda a los pies y menos ruidosa cuando se ascienda o se descienda.

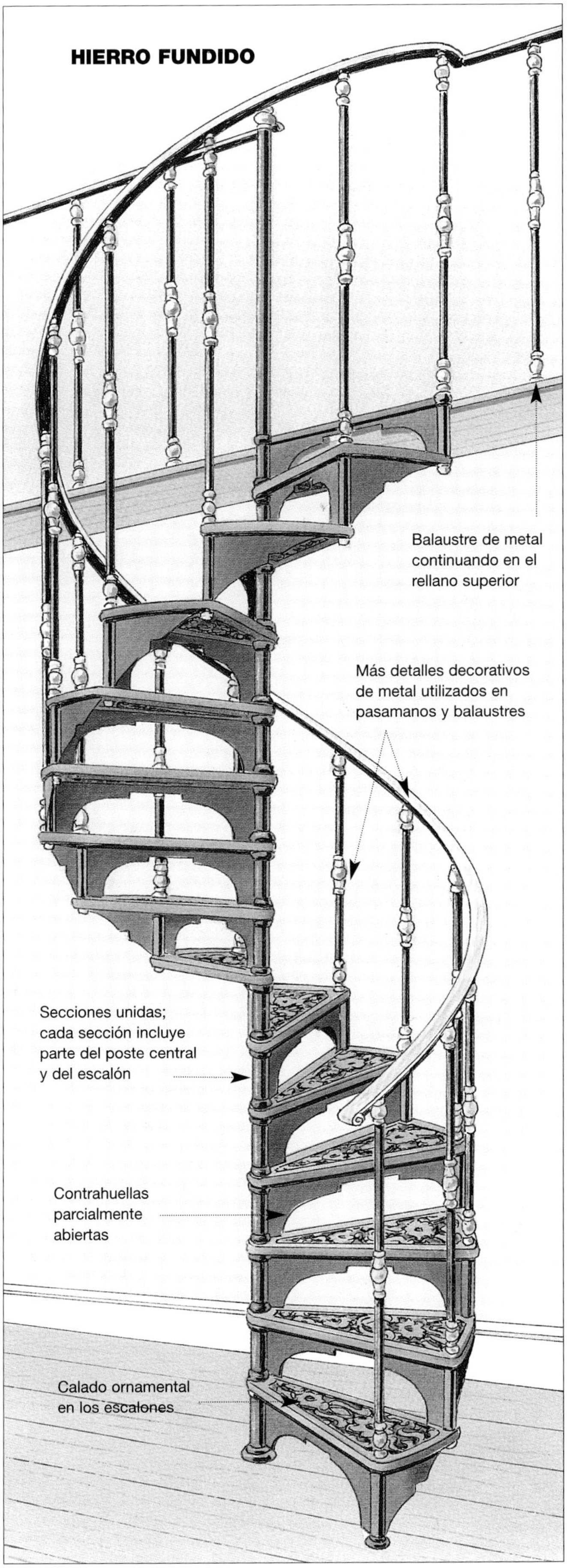
HIERRO FUNDIDO
Balaustre de metal continuando en el rellano superior
Más detalles decorativos de metal utilizados en pasamanos y balaustres
Secciones unidas; cada sección incluye parte del poste central y del escalón
Contrahuellas parcialmente abiertas
Calado ornamental en los escalones

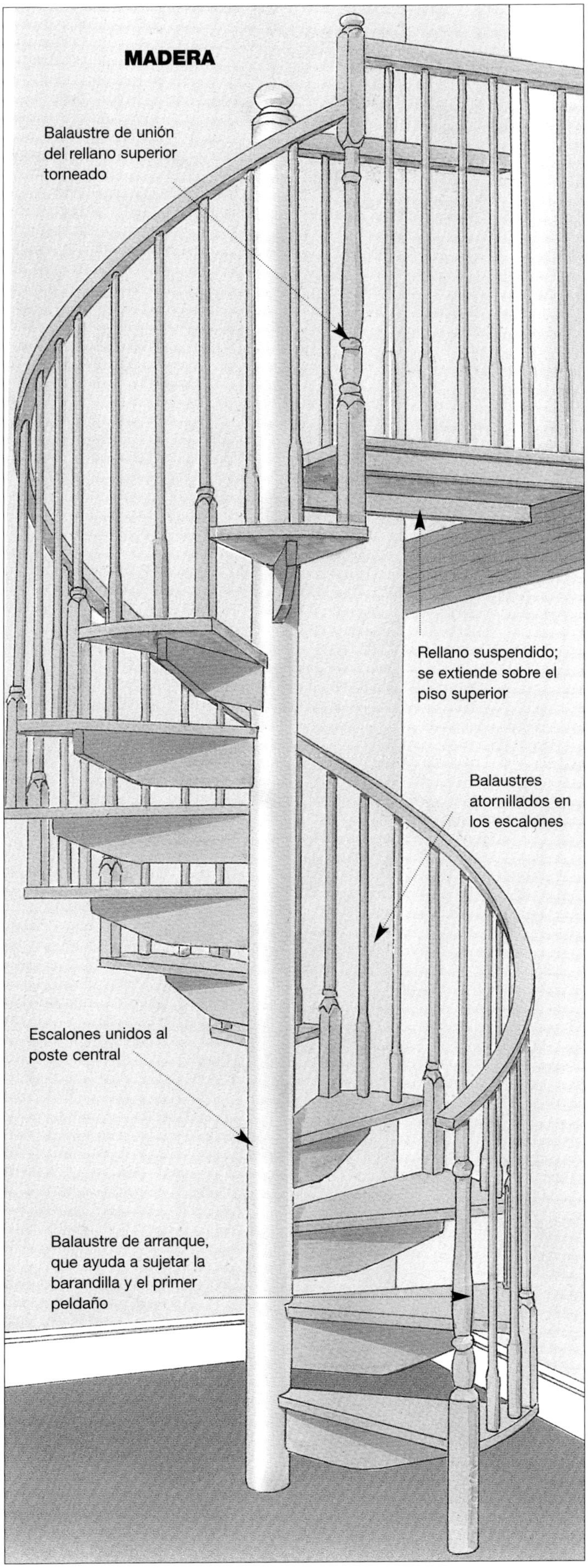
MADERA
Balaustre de unión del rellano superior torneado
Rellano suspendido; se extiende sobre el piso superior
Balaustres atornillados en los escalones
Escalones unidos al poste central
Balaustre de arranque, que ayuda a sujetar la barandilla y el primer peldaño

Rellanos

El término rellano tradicionalmente describe la zona creada por un escalón extendido en el punto donde existe un giro en la escalera, pero también se utiliza para describir la parte de un vestíbulo inmediatamente adyacente a la escalera. Si el rellano forma una parte integral de la escalera, su construcción será similar al resto de escalones. Aunque hay ocasiones en que se tienen que construir como parte de la estructura de la casa, en particular cuando forman descansillos entre vuelos de escaleras.

Los rellanos realizan diferentes funciones. Donde hay escasez de espacio quizá se instalen para permitir que la escalera cambie de dirección. Quizá también se sitúen dentro de la estructura de la escalera únicamente como parte del diseño, formando un contraste visual en el recorrido de la escalera. El rellano de una escalera es un buen sitio para establecer la decoración de la vivienda. El rellano superior es el primer lugar al que llega cuando alcanza la parte alta de la escalera y le conduce a otras habitaciones. Como tal, se puede utilizar para producir un buen efecto, bien colocando el mismo tono de la decoración de las habitaciones contiguas o bien ofreciendo un contraste. Generalmente la gente combina la decoración del vestíbulo de entrada con la del rellano, pero no siempre. Las casas victorianas a menudo tienen grandes ventanales que ofrecen una luz natural buena a los rellanos y escaleras, algo que tiende a desaparecer en las casas de nueva construcción. Si su rellano es oscuro, trate de darle más claridad e instale puntos de luz adicionales. Una composición más radical sería hacer una abertura en un tabique que le permita que entre más luz.

TIPOS DE RELLANOS

Existen diferentes tipos de rellanos para cada clase de "giro" de escalera con más de un vuelo. El rellano de un cuarto es el más común, el cual se sitúa donde el segundo vuelo continúa hacia arriba en ángulo recto. El rellano de un cuarto es un rellano pequeño cuadrado, de la misma anchura que la escalera. Los rellanos de un medio permiten un giro de 180º en el vuelo y su longitud es igual a dos vuelos. Una variación de estos dos es la escalera abierta de medio giro con rellanos de dos cuartos. Esto permite un giro de 180º, pero sobre tres vuelos, a menudo con un vuelo más corto entre dos rellanos. El menos común es el rellano donde las escaleras continúan rectas. Entre los rellanos y los escalones están los ejes, los cuales son en realidad escalones extendidos en forma de cuña que describen un giro corto en la parte alta de la escalera.

IZQUIERDA: La alfombra de la escalera se ha extendido en el rellano del vestíbulo y junto a la habitación contigua, para dar continuidad a la decoración.

Consejo de seguridad

Al igual que los de la escalera principal, por razones de seguridad, la instalación de balaustres en los rellanos está sujeta a la normativa de edificación. No pueden tener menos de 90 mm de altura. El hueco que queda entre balaustres no debe permitir que una pelota de 100 mm lo atraviese en ningún punto. Las casas antiguas no están sujetas a estas normas, pero si se van a cambiar pasamanos y balaustres entonces habrá que cumplimentarlas.

DERECHA: *Una silla y un escritorio se han instalado en lo que parecería un rellano enorme, creando una zona de estudio agradable.*

ABAJO: *En vez de tener un rellano de dos cuartos, esta escalera combina un rellano con ejes que giran entre los vuelos.*

modificación de una escalera

Existen diferentes razones por las que se desea reformar una escalera, y ésta se puede modificar de diferentes maneras. Por ejemplo, quizá quiera colocar una balaustrada por razones de seguridad y de apariencia, o convertir la zona que existe bajo el hueco de la escalera en un armario, o puede que haya decidido que un cambio de aspecto es todo lo que necesita y podría pintar o teñir las escaleras de diferente color. Antes de que pueda realizar cualquiera de estos proyectos, primero tiene que comprobar que la estructura básica de la escalera se encuentra en buenas condiciones y si no es así haga las reparaciones necesarias. Una vez esté todo en orden, puede empezar con cualquiera de los numerosos proyectos para reformar la escalera.

Un panelado de tímpano se puede instalar bajo el hueco inferior de estas escaleras a fín de crear un espacio para armario o trastero con una mínima inversión.

Instalación de un pasamanos

Los pasamanos son una ayuda esencial para subir y bajar una escalera de manera fácil y segura. En los años 70 hubo tendencia a eliminar los pasamanos. El que falte la barandilla no causa ningún trastorno a los que son jóvenes y ágiles, pero puede ser peligroso y complicado para los niños y las personas mayores. Los pasamanos tradicionalmente se colocan en la parte superior de los balaustres, pero si quiere dejar a un lado la tradición puede fijar un pasamanos directamente a una pared, utilizando soportes. También puede ser que quiera añadir otro pasamanos para complementar el ya existente en la balaustrada, como se muestra aquí.

Las instrucciones de estas páginas se refieren a paredes macizas. Si va a fijar un pasamanos a una pared hueca revestida de yeso, entonces tendrá que modificar la posición de los soportes, de tal manera que pueda atornillarlos en los puntales verticales internos. También puede utilizar alguno de los muchos dispositivos diseñados especialmente para paredes huecas. Los pasamanos se pueden encontrar en una amplia variedad de estilos y se pueden comprar en la mayoría de las tiendas de bricolaje o almacenes de materiales de construcción.

Consejo de seguridad

Un pasamanos es algo más que un elemento decorativo y al elegirlo se debería tener más en cuenta su resistencia y seguridad de fijación que su estilo y apariencia. Debería ser lo suficientemente fuerte y resistente para soportar el peso de alguien que se caiga y debería ofrecer un asimiento seguro que se pueda coger con facilidad. Para los pasamanos más finos, las escaleras más altas que la media o paredes débiles, piense que tiene que instalar soportes adicionales.

Herramientas para el trabajo

- Cinta métrica y lápiz
- Taladradora/destornillador sin cable o martillo
- Cordel o tiza para marcar
- Nivel de burbuja
- Punzón
- Serrucho

1 Mida 850 mm en vertical en el escalón más bajo y en el más alto y haga dos marcas con el lápiz, una en cada punto de la pared. Inserte de manera provisional un clavo o un tornillo en estas marcas de la pared; no los introduzca totalmente, pero asegúrese de que tienen cierta fijación.

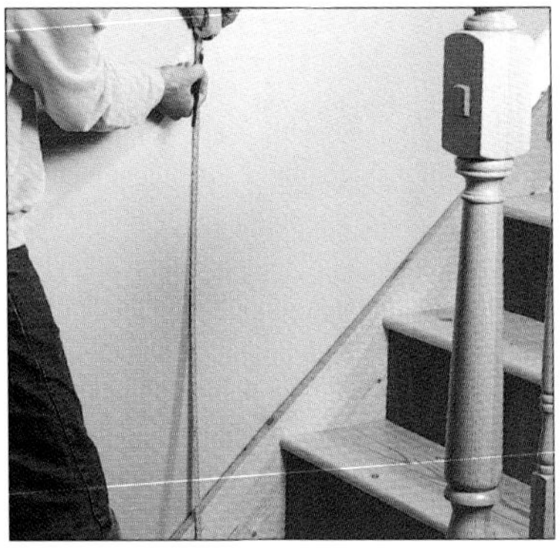

2 Coloque un cordel tirante entre estas dos fijaciones. Compruebe la altura en algunos de los escalones intermedios. Quizá tenga que ajustar una de las fijaciones arriba o abajo si la medida no es la misma.

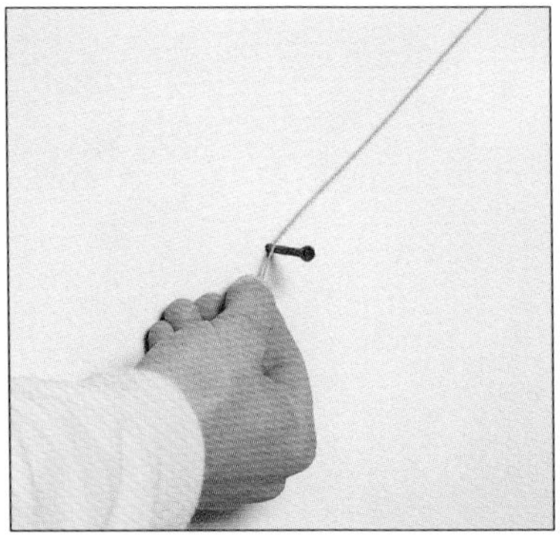

3 Trace unas líneas utilizando el nivel desde la parte delantera de la segunda contrahuella de la parte baja de la escalera y en la penúltima contrahuella de la parte alta de la escalera. Dibuje una línea en ambos puntos donde el nivel se cruza con el cordel.

4 Fije unos soportes en los puntos marcados. Coloque la parte alta del soporte alineada por debajo con la línea del cordel, manteniendo la base de fijación centrada sobre la línea de referencia vertical.

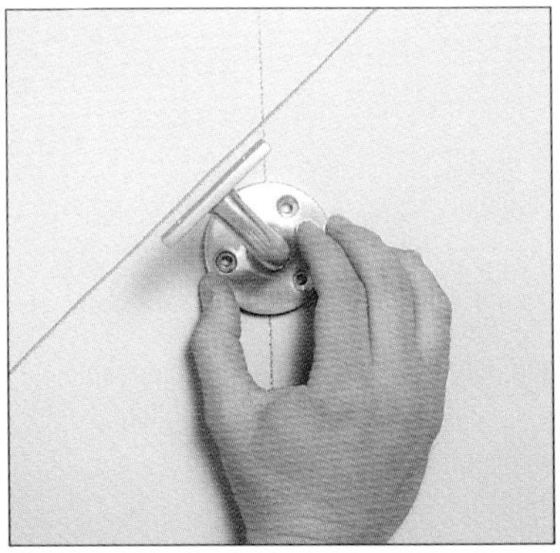

5 A través de los orificios de la base del soporte marque en la pared con una lezna la posición de los tornillos. Quite el soporte y taladre los agujeros, asegurándose de que utiliza la broca adecuada al tamaño de los tornillos. Atornille el soporte a la pared, comprobando bien que la parte alta del mismo esté alineada con el cordel. Cuando haya colocado los soportes de la parte baja y alta, divida la distancia que queda entre tres y coloque dos soportes más, que en total serán cuatro.

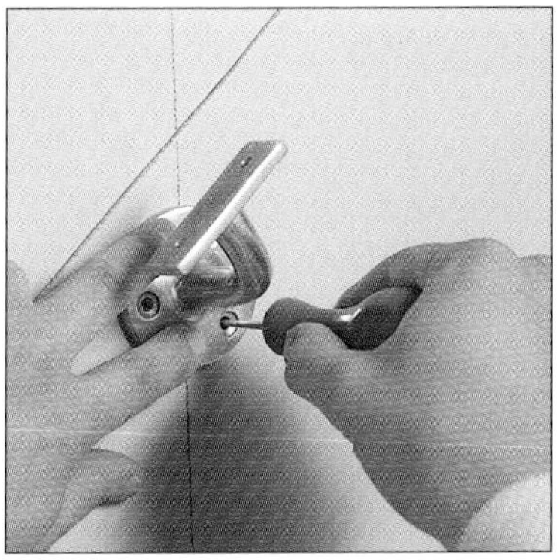

6 Quite el cordel y los fijadores provisionales y coloque el pasamanos sobre los soportes. Pida que le ayuden para sujetarlo o ponga cinta adhesiva alrededor de cada soporte para que se sujete provisionalmente. Con el pasamanos asegurado, utilice un nivel para marcar los cortes alineados con la primera y la última contrahuella.

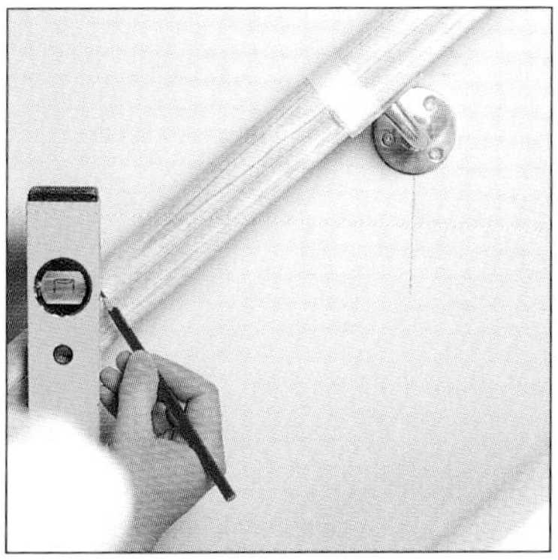

7 Retire el pasamanos y corte por las marcas de lápiz con una sierra fina. Alise los extremos de los cortes con papel abrasivo. Vuelva a situar el pasamanos en su sitio y taladre agujeros guía en la parte inferior del pasamanos antes de atornillarlos totalmente a los soportes.

Trucos del oficio

Cuando el pasamanos esté colocado para marcar los cortes verticales también puede marcar la posición de los tornillos. Esto permite que se puedan introducir los tornillos sin tener que utilizar el taladro del revés, mientras que los agujeros le darán marcas de referencia para asegurar el pasamanos que se vuelve a colocar correctamente.

Consejo de seguridad

Después de que la barandilla se haya instalado, quite con cuidado cualquier pico que despunte de la superficie de la madera con papel abrasivo, porque podría causar heridas por las astillas que apareciesen. Una vez lijada cualquier muesca que sobresalga, póngase unos guantes fuertes y pase la mano de arriba abajo varias veces para asegurarse de que no se enganchan con nada. Si ocurriese, lije una vez más la superficie.

PASAMANOS DE CUERDA

Aunque no es tan resistente como las variedades de madera o metal, un pasamanos de cuerda es una opción práctica para escaleras en curva. Para ajustarlo, atornille los soportes a la pared según se ha descrito. Si lo va a colocar en una escalera en curva, mida la altura vertical desde cada escalón para saber cuál será la posición exacta de cada soporte. Introduzca el paño por cada soporte y ate un nudo decorativo en los extremos para evitar que se salga. Deje 5 cm de más entre cada soporte para evitar que los tornillos se doblen.

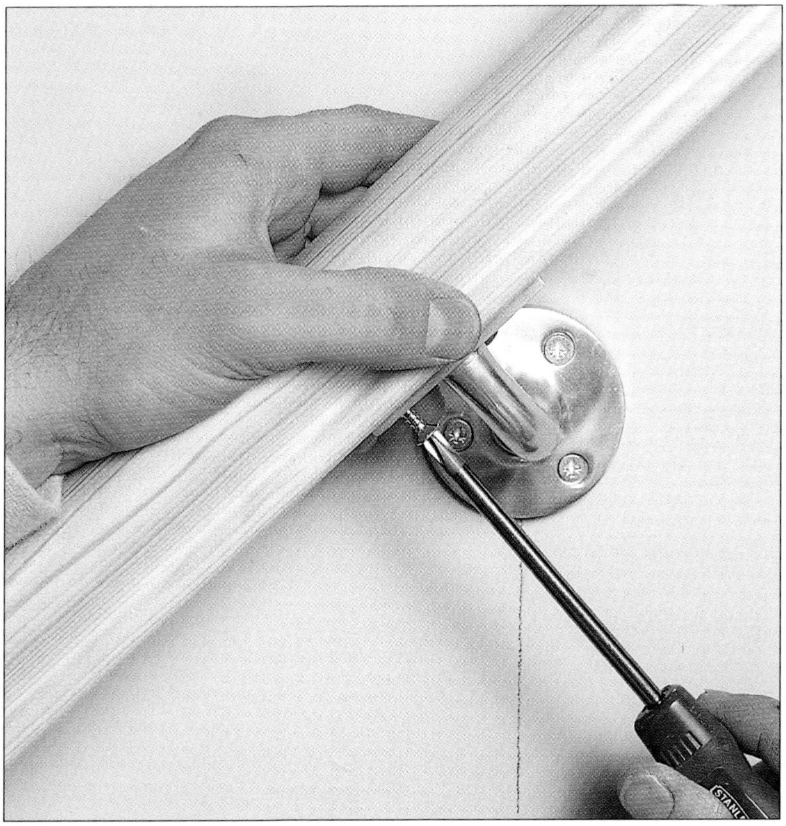

Una vez fijado el pasamanos con seguridad a cada soporte, ofrece un apoyo esencial que hará que las escaleras sean más seguras y más cómodas para quien las utiliza.

Ajuste de pernos en el pasamanos

Los pernos representan el método más tradicional para unir dos secciones de pasamanos. Aunque, hasta cierto punto, su uso se ha sustituido por otros métodos, cuando están bien colocados los pernos son unos mecanismos de unión sin rival. Como no necesitan pegamento, son ideales para unir un tramo recto de pasamanos a una curva en el empalme de un rellano o en el empalme entre diferentes vuelos de la escalera.

Unir tramos de pasamanos utilizando el método de los pernos requiere un alto grado de habilidad y la precisión es esencial a la hora de hacerlos y cortarlos. Por ello no debería intentar realizar este proyecto si no tiene la suficiente confianza en su destreza, porque realmente no es un trabajo para un novato. Quizá no encuentre pernos para pasamanos en la tienda de bricolaje. Probablemente los tenga que comprar en una ferretería especializada.

Herramientas para el trabajo

- Serrucho
- Ingletadora
- Cinta métrica y lápiz
- Escuadra
- Taladradora/destornillador sin cable
- Escofina de 6 mm
- Punzón de mano

1 Coja las dos partes del pasamanos y, con un serrucho, corte los extremos que se van a unir para que tengan un perfil totalmente liso. Haga los cortes en una ingletadora utilizando la guía en ángulo recto, luego compruebe que los extremos se acoplan bien. Coloque los trozos sobre una superficie plana y júntelos por los extremos.

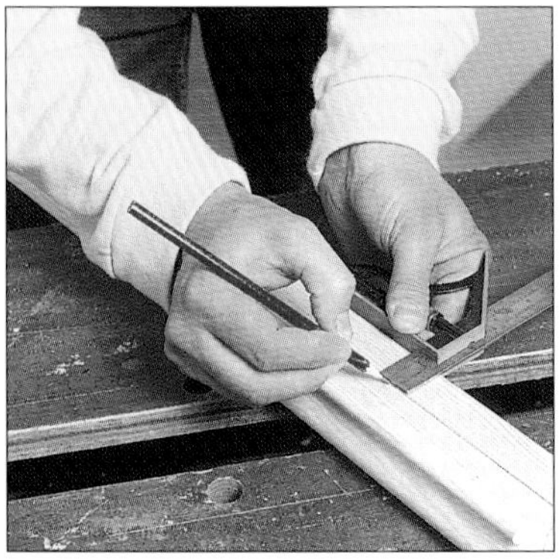

2 Marque con el lápiz una línea central longitudinal sobre la parte plana de uno de los trozos del pasamanos, de aproximadamente 100 mm desde el borde.

Trucos del oficio

Un truco para encontrar la línea central de cualquier cosa es medir en ángulo hasta que el número sea divisible por dos, luego haga una marca con el lápiz en este punto. Esto dará el centro exacto respectivo de la mitad de la medición real.

3 Traspase esta marca desde la parte inferior a la cara del extremo cortado con una escuadra, continuando la marca del lápiz hasta que alcance la superficie de la parte alta. Mida con exactitud la mitad de la altura del pasamanos y marque sobre este punto una línea guía.

4 Repita los pasos 2 y 3 para el otro trozo del pasamanos, luego coloque brevemente los dos trozos en un lado. Ahora coja el perno y atornille las tuercas en cada extremo, dejando un trozo saliente a cada lado. Mida con cuidado la distancia entre el borde interior de cada tuerca, divídalo por dos y marque la distancia sobre la parte inferior del pasamanos a lo largo de la línea central.

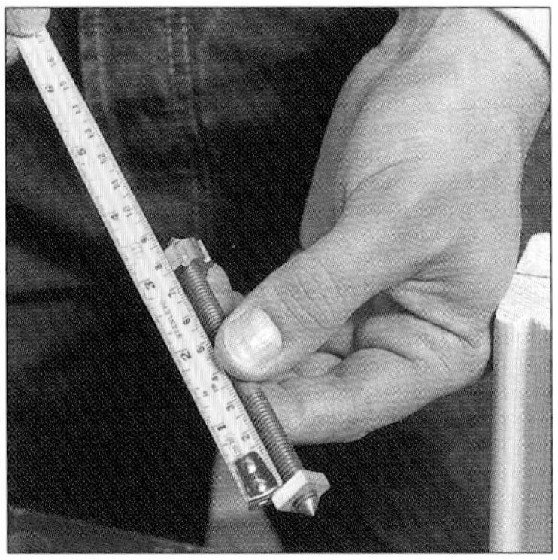

5 Taladre en los extremos de cada trozo del pasamanos en el punto central marcado en el paso 3. Utilice una broca 2 mm más grande que el diámetro del perno y 10 mm más larga que la mitad de la longitud del perno.

6 Utilice una escofina de 6 mm para hacer una muesca en la parte inferior de uno de los trozos del pasamanos, dentro del cual irá la tuerca cuadrada. Talle la madera en el punto marcado en el paso 4. Tenga en cuenta que el hoyo deberá estar al lado de la línea más allá del extremo del pasamanos. Una vez esté hecho el hueco, meta la tuerca cuadrada en él, permitiendo que el perno pase por el agujero y la atraviese.

7 De la misma manera, haga la incisión para la tuerca redonda en la otra parte del pasamanos. El agujero debería ser ligeramente más largo para permitir girar la tuerca en el perno.

8 Utilice un punzón pequeño a fin de apretar la tuerca redonda para que las dos mitades del pasamanos queden bien ajustadas. No apriete demasiado o romperá la madera. Si lo ha hecho con precisión, las dos partes quedarán perfectas.

9 Utilice un bloque y papel abrasivo para lijar la unión de las dos partes al objeto de disimular cualquier irregularidad que resulte de la unión de las dos piezas. Con esto logrará un acabado perfecto.

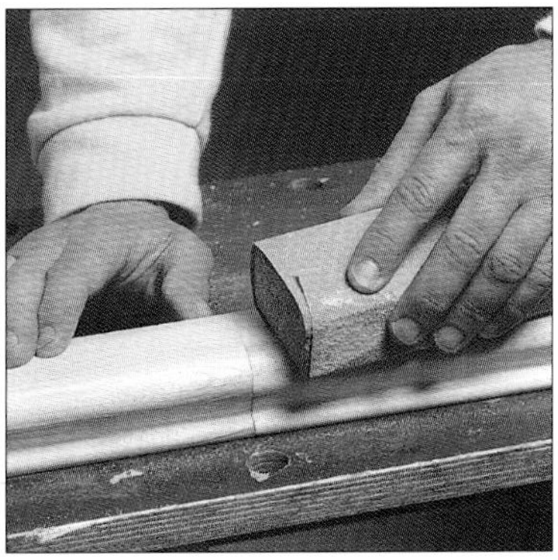

Un "nudo" es una parte del pasamanos que va alrededor del ángulo y conecta una sección recta con otra. Un perno de pasamanos es el elemento ideal para unir estas secciones.

Cambio del pilar de arranque

Sustituir un pilar de arranque puede cambiar el aspecto general de cualquier escalera. Este proyecto es mucho menos drástico y caro que sustituir balaustres y pasamanos. Reemplazar, por ejemplo, un pilar moderno de sección cuadrada por uno clásico redondeado puede minimizar el aspecto aparente de pegote cuadrangular.

Los cambios de pilares de arranque son proyectos bastante extendidos y a menudo acompañados por el cambio de los balaustres (ver páginas 96-97). Ahora las grandes tiendas de bricolaje ofrecen una amplia selección de pilares de arranque que están especialmente fabricados para sustituir los pilares viejos.

Herramientas para el trabajo

- Cinta métrica y lápiz
- Serrucho
- Escofina y maza
- Taladradora/destornillador sin cable y broca
- Escuadra

1 Mida la altura vertical del pasamanos existente que está junto al pilar de arranque. Es importante hacer esto antes de empezar la tarea de quitar el viejo pilar, porque necesitará esta medida para más tarde.

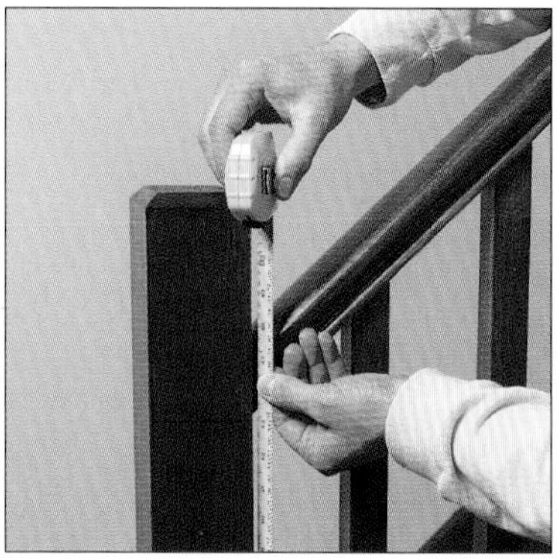

2 Corte la parte alta del viejo poste cuadrado, a unos 100 mm por encima del nivel donde la barandilla se encuentra con el poste. Deberá ser capaz de calcular a ojo dónde cortar. Si no, dibuje una línea como guía alrededor del arranque y corte a lo largo de la línea.

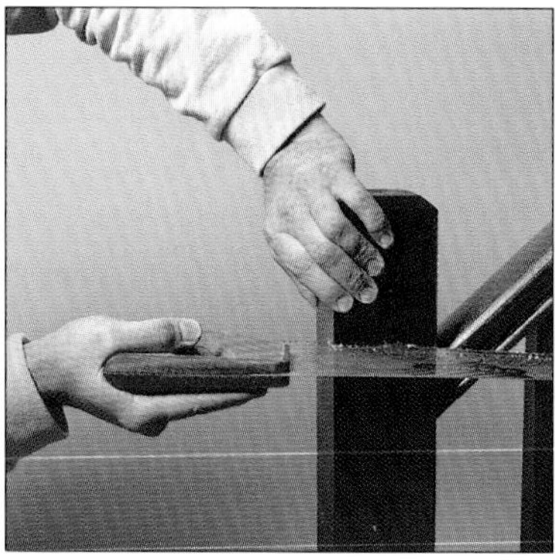

3 Haga la misma operación por debajo del pasamanos, pero deje 25 mm en la parte interior del pilar de arranque para cortar más tarde.

4 Utilice una escofina y una maceta para esculpir la madera cuidadosamente a cada lado del pilar de arranque para dejar al descubierto la espiga.

5 Hágalo poco a poco y tenga cuidado de no dañar la espiga según se vaya acercando a ella, porque necesitará acoplarla en el nuevo pilar de arranque.

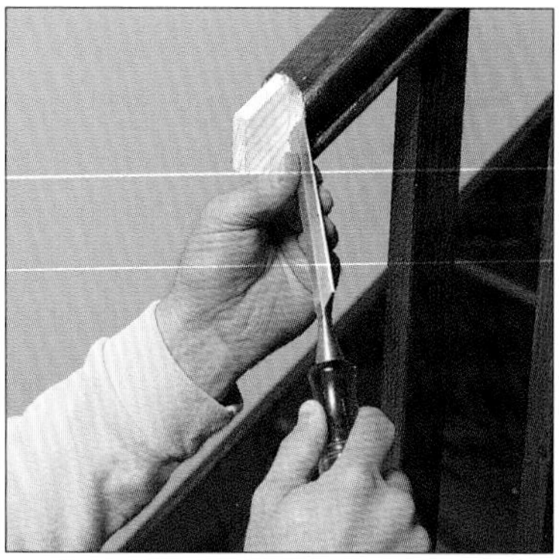

6 Trace una línea alrededor del pilar de arranque viejo a 25 mm por encima de la zanca y corte por este punto. Sea preciso, porque el nuevo pilar se colocará encima de este tocón cortado.

7 Utilice un cincel afilado o plano para allanar el tocón del pilar. Compruebe que la superficie está plana para que el nuevo pilar de arranque se ajuste adecuadamente sobre la antigua base. Trace líneas diagonales en la parte alta del tocón y taladre un agujero de 25 mm de diámetro a unos 75 mm de

profundidad en este punto central. Asegúrese de que la broca entra en vertical.

8 Marque y talle en el pilar de arranque la muesca para ensamblar el pasamanos, a la misma medida de la espiga del pilar.

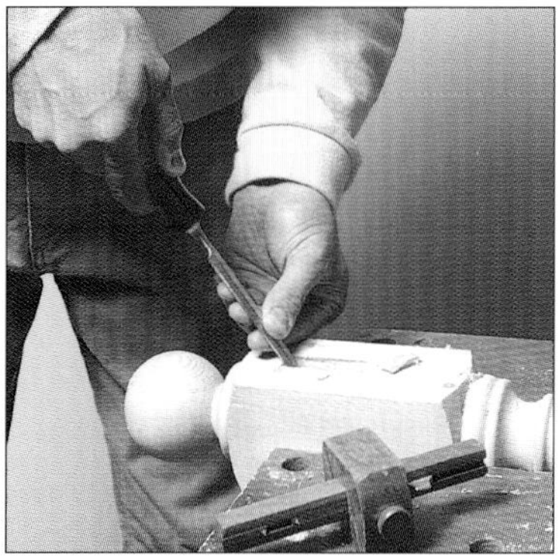

9 Mida la altura que tomó en el punto 1 y transfiérala al nuevo poste, restando la medida de la zanca. Antes de cortar el sobrante de la parte inferior del nuevo poste, compruebe dos veces sus marcas arrimando el nuevo arranque a la zanca. Mida en diagonal y taladre.

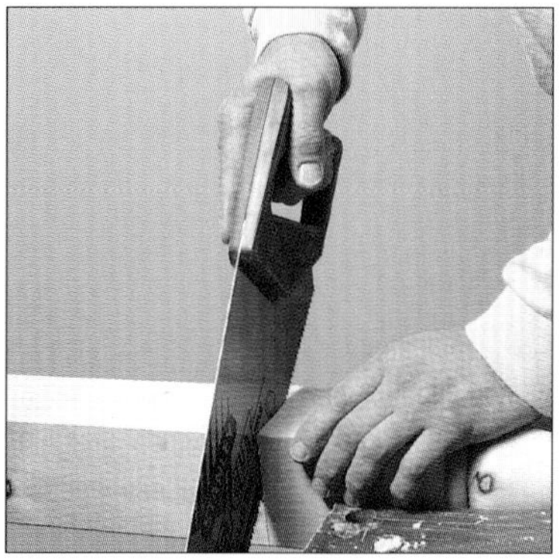

Trucos del oficio

Si no está totalmente seguro de que la medida sea exacta, coloque el nuevo poste longitudinalmente junto al viejo y marque las posiciones del pasamanos, la zanca y 25 mm de más por encima de la línea de corte antes de quitarlo.

10 Ajuste una clavija de 25 mm de diámetro y 140 mm de longitud para sujetar la base del pilar. Pruébelo primero para asegurarse de que todas las partes ajustan bien. Quítelo y échele pegamento blanco o resina epoxy. Una vez se haya completado el trabajo, lije el nuevo pilar de arranque y aplique el acabado elegido. Si está sustituyendo el pilar de arranque, el acabado debería igualar lo más posible a los balaustres y pasamanos. Para más información sobre acabados vea las páginas 106-107 y 126-127.

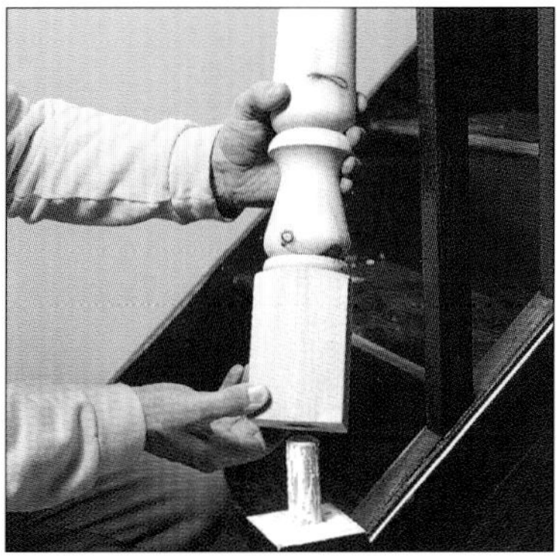

Consejo de seguridad

La resistencia y durabilidad de la resina epoxy son inmejorables; sin embargo, algunas personas pueden tener reacciones alérgicas ante ciertos productos. Para evitar este problema lleve guantes de látex o aplíquese una crema protectora cuando manipule estos materiales.

Trucos del oficio

Si prevé pintar o barnizar el pilar de arranque, sería conveniente lijarlo antes de instalarlo, porque el contorno del mismo hará difícil pasarle la lija una vez se haya acoplado al pasamanos.

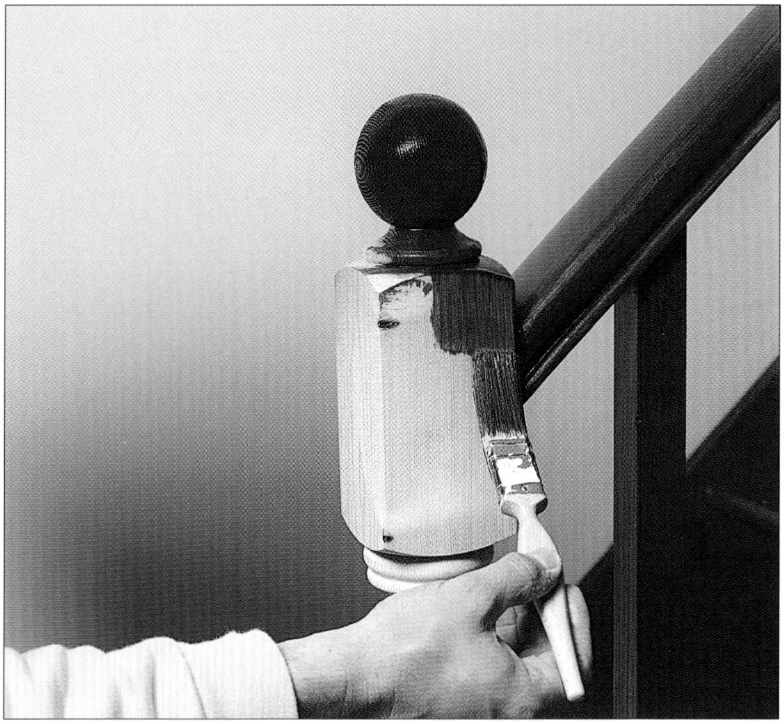

Es importante asegurar que existe coincidencia entre el acabado del nuevo poste y los ya existentes en la barandilla.

Instalación de balaustres

Sucede a menudo que los balaustres se cambian al mismo tiempo que los pilares de arranque para modificar totalmente la apariencia de la escalera. El estilo de los balaustres dependerá de las preferencias personales y del presupuesto. Debería reflexionar sobre qué tipo de balaustres armonizarán mejor con el estilo general que trata de conseguir. Comprar los balaustres de madera de gran calidad podría ser un despilfarro de dinero si va a terminar pintándolos, cuando con balaustres de madera más económica se puede obtener el mismo resultado por menos dinero.

Necesitará acoplar dos tacos distanciadores y dos balaustres en cada peldaño de escalera, además del remate de la zanca y una barandilla nueva si es que se va a sustituir al mismo tiempo (ver también páginas 90-93). Todos estos elementos se pueden encontrar en los almacenes de bricolaje.

Herramientas para el trabajo

- Cinta métrica y lápiz
- Serrucho
- Punzón de mano
- Martillo
- Nivel de burbuja
- Falsa escuadra
- Bloque abrasivo

1 Sitúe el remate que aloja la parte inferior de los balaustres sobre la parte alta de la zanca, y deslícelo hasta que toque el pilar de arranque. Sujetando un taco de madera junto al pilar, marque el corte biselado necesario.

2 Repita el proceso en la parte alta de las escaleras, luego clave sobre el remate en la parte alta de la zanca, introduciendo los clavos debajo de la superficie del remate con un punzón.

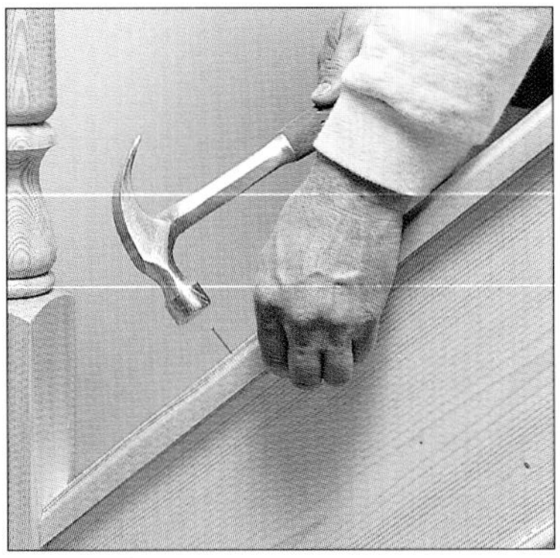

3 Marque una línea vertical con el nivel sobre el pasamanos y el remate de la zanca. La posición de esta línea no importa, dado que es simplemente una línea guía para ayudarle a marcar la longitud de los balaustres. Trace líneas equivalentes en la parte alta del remate y debajo de la barandilla.

4 Utilice dos trozos de listón delgado que actúen como guía para medir la altura de los balaustres. Sujete los dos listones juntos y luego deslícelos hasta que toquen las líneas verticales hechas sobre el remate y la barandilla. Ponga cinta adhesiva para unir los dos listones y mantener la medida.

5 Mantenga la barra medidora junto a uno de los balaustres y transfiera la medida de la altura. Ponga una falsa escuadra en ángulo entre el pilar de arranque y el remate de la zanca, y transfiera este bisel al balaustre. Tenga en cuenta que la parte superior e inferior del bisel se inclinan en la misma dirección.

Trucos del oficio

Guarde los balaustres en el interior durante unos cuantos días para que se puedan aclimatar a la temperatura y humedad de la casa antes de colocarlos. Con esto se asegura que no se encojan después, lo que produciría crujidos.

6 Corte los biseles sobre cada extremo del balaustre y luego colóquelo entre el pasamanos y el remate para comprobar si ajusta. Mantenga el nivel junto al balaustre cuando esté en su sitio para asegurar que está vertical. Si le parece bien la colocación, utilice este primer balaustre como modelo para cortar los demás.

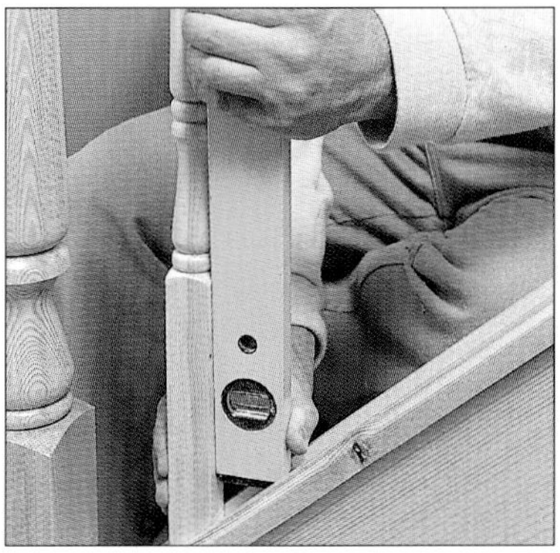

Consejo de seguridad

Asegúrese de que los balaustres no están demasiado distanciados entre sí, pues permitiría que los niños se cayeran por el hueco.

7 Empezando en la parte inferior de la escalera, clave los primeros dos tacos distanciadores: uno en la parte inferior de la barandilla y el otro en el remate de la zanca. Utilice un punzón para poner las cabezas de clavos por debajo de la superficie.

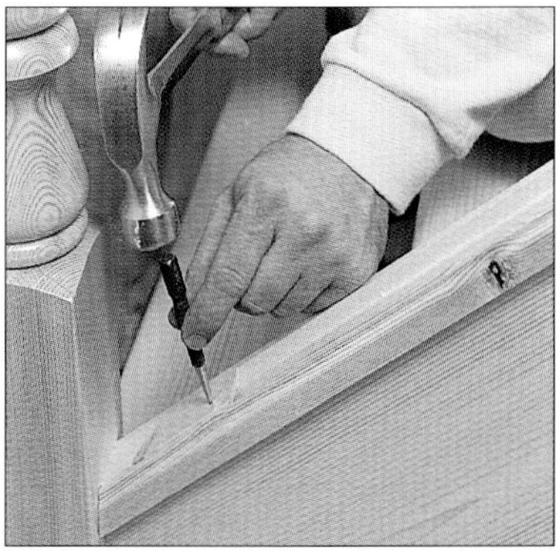

8 Añada el primer balaustre, luego siga con el siguiente taco distanciador, y así hasta que alcance la parte alta de la escalera. No se colocan fijadores en los mismos balaustres. Solamente los tacos distanciadores están fijados, dado que éstos son suficientes para sujetar los balaustres.

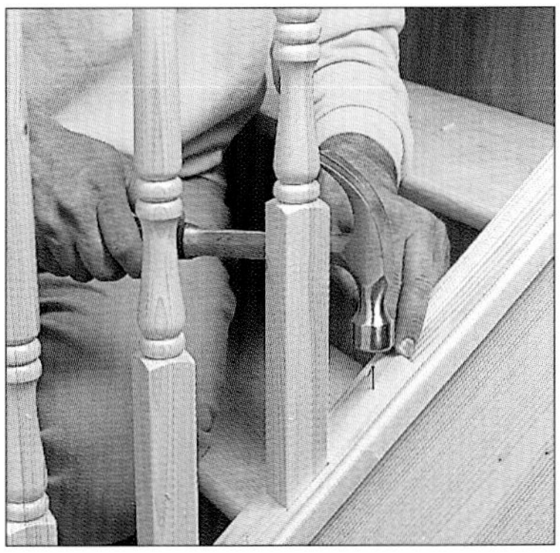

9 Cuando todos los balaustres se han colocado, líjelos suavemente; entonces aplique el acabado elegido.

Trucos del oficio

Si ha elegido balaustres torneados, asegúrese de que las partes talladas están todas en la misma posición. Con esto se garantiza un acabado y una apariencia más profesional.

Combinado con un pasamanos decorativo y un pilar de arranque, los balaustres dan el acabado perfecto a la escalera. También representan un elemento de seguridad, especialmente si tiene niños.

Bloqueo de la parte inferior de la escalera

En las casas más pequeñas quizá no sea adecuado panelar el hueco que queda bajo la escalera, si esto supone que se va a perder un trozo de espacio que se puede utilizar para otras cosas. En vez de esto quizá usted quiera dejar esta parte de la escalera abierta y disimular los detalles de construcción y arquitectura de la parte baja añadiendo un panel plano. Si sus necesidades cambian o usted se siente más confiado en sus destrezas en bricolaje, siempre existe la posibilidad de cerrarlo en el futuro.

Normalmente se utiliza el cartón yeso para formar el panel, aunque es pesado y difícil de manejar, y muchos otros materiales harán el mismo cometido igualmente. Para el proyecto que se muestra en estas páginas, los paneles utilizados son de contrachapado. Por su poco peso y fácil manejo, trabajar con contrachapado significa que es perfectamente viable para un aficionado al bricolaje con experiencia llevar a cabo este proyecto él solo y completarlo en un fin de semana. Los listones de madera forman el bastidor para fijar los paneles y como son delgados y pequeños es importante utilizar madera de buena calidad y sin defectos.

Herramientas para el trabajo

- Cinta métrica y lápiz
- Serrucho
- Destornillador
- Martillo
- Punzón de mano
- Brocha y rodillo para papel pintado

1 Corte trozos de listón de 25 x 25 mm para colocarlos como asiento, a los que se fijarán otras piezas perpendiculares distanciadas 200 mm para formar el armazón de los paneles. Necesitará cortar dos por cada pieza cruzada: haga una plantilla para ahorrarse el tener que medir cada una de las piezas. Cuando haya cortado suficientes piezas, mida y marque la mitad de la distancia entre cada escalón, para acoplar estos listones, dejando espacio desde el borde de la zanca para colocar las piezas transversales. Como las piezas transversales se cortan del mismo listón, serán de 25 mm. Pegue y atornille cada trozo en los puntos marcados.

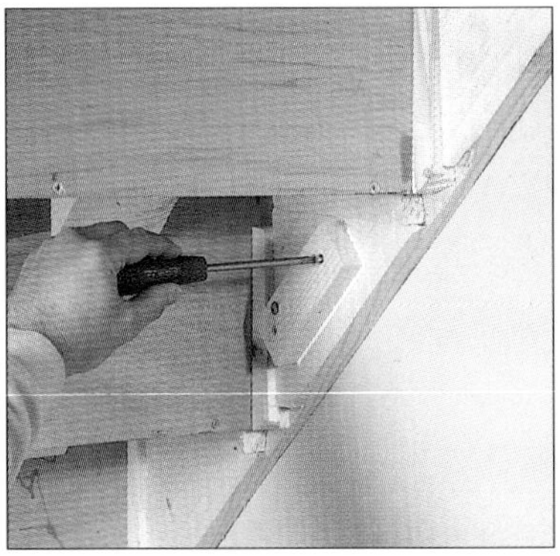

2 Mida y corte suficientes listones transversales para sujetar los paneles, distanciados 200 mm. Fíjelos en el lugar clavando o atornillando, de tal manera que atraviesen cada extremo y se introduzcan en las piezas de listón perpendiculares.

3 Corte contrachapado de 6 mm para ajustar a la anchura de la escalera, desde el borde de la zanca al borde de la zanca de enfrente, de forma que cualquier junta se sitúe sobre los listones transversales.

4 Marque en el centro de los listones transversales una pequeña raya que continúe hacia los lados de las zancas. Extienda pegamento para madera por la cara interior de cada pieza transversal y fije los paneles en su sitio sobre las zancas con clavos de panel de 20 mm.

Trucos del oficio

Para las escaleras más viejas, a las que quizá necesitemos acceder y abrir más tarde, no ponga pegamento y fije los paneles con pequeños tornillos.

5 Empuje las cabezas de los clavos con un punzón de mano para que queden por debajo de la superficie del contrachapado. Disimule los agujeros dejados por los clavos poniendo silicona para madera de forma que quede ligeramente sobresaliendo. Déjelo que se seque y luego líjelo.

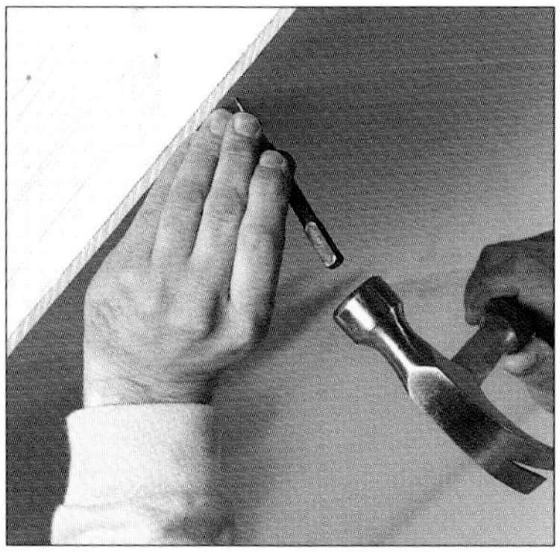

6 Clave un listón para cubrir las juntas que quedan a la vista entre el contrachapado y la zanca. Con esto se cubrirán las ranuras dejadas por la fresadora en las huellas y contrahuellas cuando se construyó la escalera.

Trucos del oficio

Cuando fije un listón delgado utilice clavos para contrachapado en lugar de los clavos para panel, porque son más finos y menos penetrantes y requieren menos silicona para disimular las cabezas de los clavos.

7 Finalmente, decore la superficie del panel acabado que combine o se iguale con la decoración existente en la habitación para unificar la ambientación. Si va a colocar papel pintado, compre uno de buena calidad para asegurar una adherencia perfecta en el contrachapado.

Trucos del oficio

Si prevé colocar papel pintado en el panel de contrachapado, estaría bien aplicar una capa de pintura de emulsión a la cara del panel que queda hacia dentro antes de fijarlo. Puede parecer un trabajo innecesario porque esa parte nunca estará a la vista; sin embargo, esto evitará que el panel se deforme y a su vez lo mantiene plano y el papel pintado no se despegará.

ILUMINACIÓN BAJO LA ESCALERA

Si en la parte inferior de la escalera se puede acoplar algún tipo de iluminación adicional, una idea es colocar luces empotradas. Tendrá que hacer el cableado necesario antes de colocar los paneles. Utilice una sierra de arco para cortar el agujero en el panel de contrachapado según las instrucciones del fabricante. Instalar iluminación eléctrica es un procedimiento complicado y con la electricidad hay que andarse con cuidado; contrate a un electricista profesional para que le haga la instalación de las luces y la conexión final.

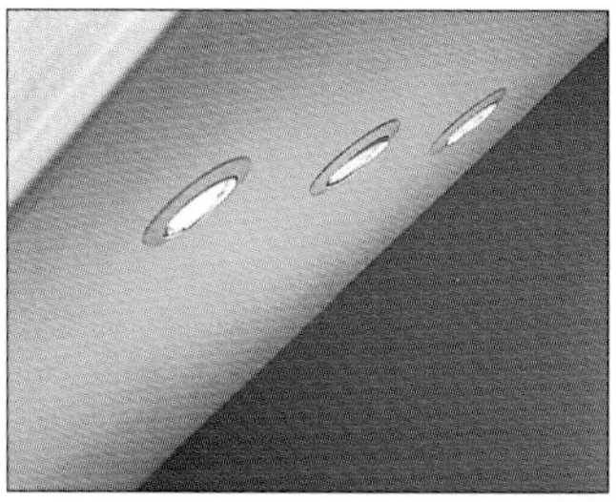

Con el acabado decorativo final, el cerramiento cumple dos funciones: oculta la parte inferior de la escalera y la incorpora como una parte más de la decoración de la habitación o vestíbulo.

Colocación de paneles triangulares - 1

Panel triangular realmente es el nombre que se da a los paneles que se colocan para cerrar la zona que queda debajo de la escalera y crear un espacio cerrado para hacer un armario. Hace tiempo era habitual encontrarlos en las casas antiguas, pero por cuestiones de presupuesto no se incorporan a las casas de nueva construcción. Aunque éste sea probablemente uno de los proyectos más complicados que aparecen en este libro, verá que el bonito acabado y el espacio extra para almacén creado al final hace que el esfuerzo merezca la pena.

Antes de empezar con este proyecto le aconsejamos que retire lo más lejos posible de la zona cualquier mueble u objeto, a fin de contar con el suficiente espacio para trabajar con comodidad. También quite los cobertores de suelo cercanos y compruebe y repare el subsuelo, si fuera necesario, antes de empezar a colocar los paneles. Utilice una madera cepillada para todo el armazón con el fin de dejar un aspecto más terso en la parte interior del armario, y debería ser de buena calidad porque la madera que se tuerce o se arquea origina que sea imposible que el panel quede plano.

Herramientas para el trabajo

- Cinta métrica y lápiz
- Plomada y cordel
- Serrucho fino
- Taladradora/destornillador sin cable
- Detector de vigas, electricidad y tuberías
- Nivel de burbuja
- Falsa escuadra
- Martillo de uña
- Martillo pequeño

1 Ponga la plomada junto a la zanca de la escalera y, con el plomo rozando el suelo, marque puntos de referencia con un lápiz en dos o tres sitios distintos entre el pilar de arranque y la pared. Una las marcas con un listón recto para formar una línea de referencia para la suela del panel. Al mismo tiempo, trace una línea vertical en la pared entre la línea guía de la suela y la parte exterior de la zanca donde se junta con la pared.

2 Si existe zócalo en la pared bajo la escalera, como aquí, habrá que quitarlo. Utilice un serrucho fino para hacer un corte en el rodapié por la marca de lápiz que acaba de hacer y retire la parte de debajo de la escalera. Algunas veces podrá cortar el zócalo in situ si lo despega de la pared. Para evitar cortes desiguales, quedará mejor y será más fácil si quita el trozo completamente y una vez cortado lo vuelve a colocar.

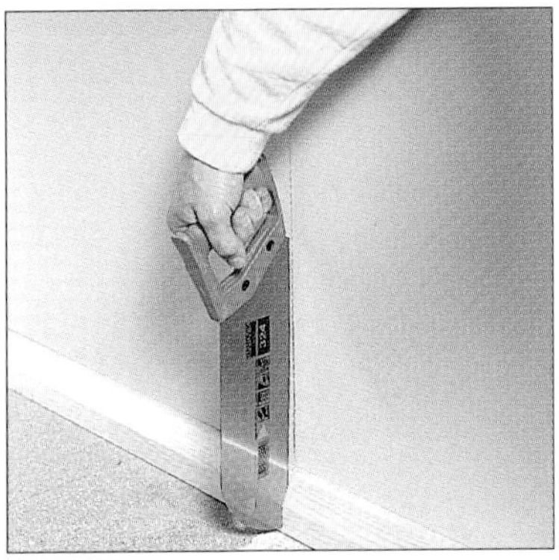

3 Decida dónde irá ubicada la puerta del armario y marque esta posición en la línea de referencia del suelo. Como guía, quedará bien una puerta de unos 750 mm de ancho a unos 250 mm de la pared.

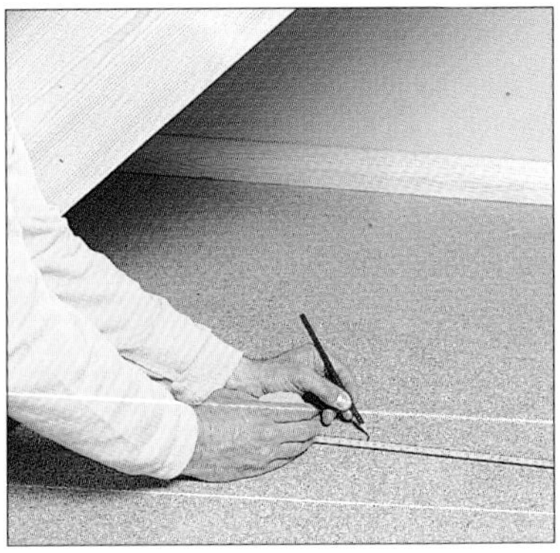

4 Corte trozos de madera para formar la suela, utilizando listones de 50 x 50 mm. Atorníllelos al suelo con una traladradora sin cable, dejando un hueco para la puerta en la zona marcada en el punto 3. Antes de atornillarlos compruebe con un detector que no existen conducciones de agua o de electricidad justo debajo de esa zona. Los listones tendrán que colocarse ligeramente retranqueados de la línea de referencia de la suela hecha en el paso 1, para permitir colocar junquillo. Utilice un recorte de contrachapado de 9 mm como guía para asegurar que queda este hueco.

5 Atornille los listones verticalmente en la pared bajo la zanca. De nuevo, mantenga esta línea de

referencia de 9 mm. Tendrá que fijarlos a la pared en tres puntos diferentes distanciados 450 mm, y fijarlos a la parte inferior de la suela, atornillando en ángulo en la madera.

6 Atornille otro listón de 50 x 50 mm en la parte trasera de la zanca libre, asegurándose de que el extremo inferior esté enrasado con la parte inferior de la zanca. Sobre esta última pieza, atornille otra de madera, dejando los mismos 9 mm desde el borte de la zanca abierta, igual que se hizo con la suela. Esto será la base de la zanca a la que se clavarán los puntales del armazón. Compruebe con un nivel que está vertical.

7 Corte más piezas de madera de 50 x 50 mm y clávelas distanciadas 200 mm a la base de la zanca en la parte superior y a la base de la suela debajo. Asegúrese de que los bordes exteriores de los puntales están alineados con el borde de la zanca y de la base de la suela. Coloque un puntal a cada lado de la puerta, comprobando con el nivel que están verticales. Para trazar el ángulo correcto en la parte alta, utilice una falsa escuadra colocada en el mismo ángulo que el existente entre la pared y la parte baja de la zanca.

8 Para formar el dintel del marco de la puerta del armario, mida hacia abajo 200 mm desde la zanca libre sobre los listones más largos que quedan a cada lado de la abertura, haciendo una marca con el lápiz en este punto. Corte y acople un trozo de madera para formar el dintel atravesado en este punto, comprobando con el nivel que está perfectamente nivelado. Fije el trozo de dintel atornillándolo al listón y dentro de la zanca en ángulo. Según mira a la puerta, debería verse un rectángulo con una de las esquinas.

9 Revista la parte exterior del marco con contrachapado de 9 mm. Atorníllelo al bastidor con tornillos de 25 mm. Utilice una broca especial para introducir las cabezas de los tornillos por debajo de la superficie. Asegúrese de que las juntas verticales se encuentran sobre un puntal. Coloque un taco por detrás de cualquier junta horizontal que no tenga apoyo.

10 Clave listones de 60 x 20 mm alrededor de la parte interna de la puerta para formar el marco de la misma, manteniéndolo al ras del revestimiento.

11 Coloque el zócalo, los frisos alrededor del marco de la puerta y tira de cobertura sobre la junta entre la zanca y el revestimiento.

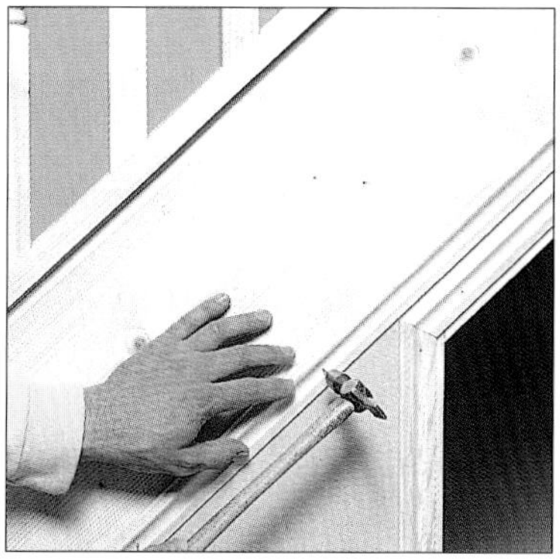

Trucos del oficio

Si hay espacio suficiente en la habitación, será más fácil construir el panel entero sobre el suelo antes de levantarlo y atornillarlo en su sitio sobre el armazón.

Colocación de paneles triangulares - 2

Una vez acabado el panelado básico del hueco de la escalera, decore con el mismo estilo que el resto de la habitación. Sin embargo, la adición de una puerta, el panelado y otros detalles ofrecerán a la vista una apariencia renovada y podrá elegir la decoración que mejor se coordine con el estilo general de la vivienda.

Herramientas para el trabajo

- Cinta métrica y lápiz
- Serrucho fino o sierra de arco
- Garlopa
- Martillo
- Abrazaderas
- Punzón de mano
- Destornillador

Realización de la puerta

1 Compruebe que el hueco tiene las aristas rectas y está vertical. Si el marco no está perfectamente vertical, retire los clavos y ajústelo. Mida con precisión el hueco de la puerta y traslade estas medidas a un tablero de contrachapado; el de 3 mm de grosor es perfecto, pero también puede utilizar uno de 6 mm. Corte la forma de la puerta utilizando un serrucho o sierra de arco con hoja de dientes finos. Utilice la garlopa para desbastar 3 mm en todo el perímetro.

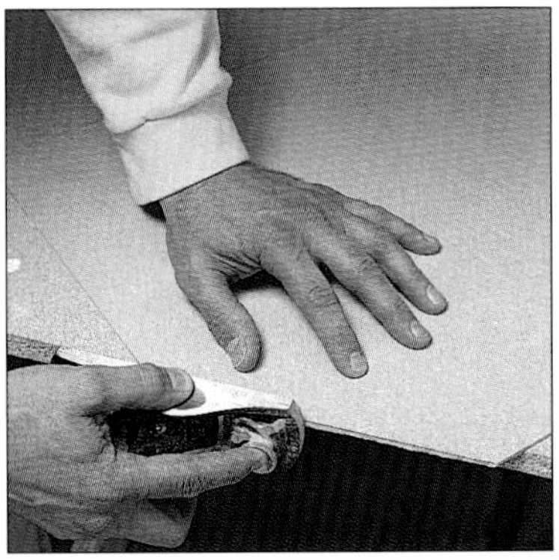

2 Compruebe junto al hueco de la puerta que el primer panel está colocado correctamente. Luego haga una copia exacta utilizando el panel como plantilla. Asegúrese de que ambos paneles son idénticos, porque si no la puerta quedará mal.

Trucos del oficio

Cuando la vaya a colocar, para evitar que la puerta se caiga por el marco, introduzca dos clavos a cada lado de la puerta, dejándolos que sobresalgan 10 mm para sujetar la puerta apoyada.

3 Utilizando uno de los paneles de la puerta como referencia, corte un listón de 25 x 40 mm que forme un bastidor interior para una puerta de 50 mm de espesor. Primero coloque los listones más largos y luego corte los transversales para que se ajusten a aquéllos. Si tiene habilidad para trabajar con la madera, corte los ingletes de las esquinas superiores. Eche pegamento de pva para madera en el contorno de uno de los paneles y coloque trozos de listón sobre el mismo, sujetándolos con unas abrazaderas.

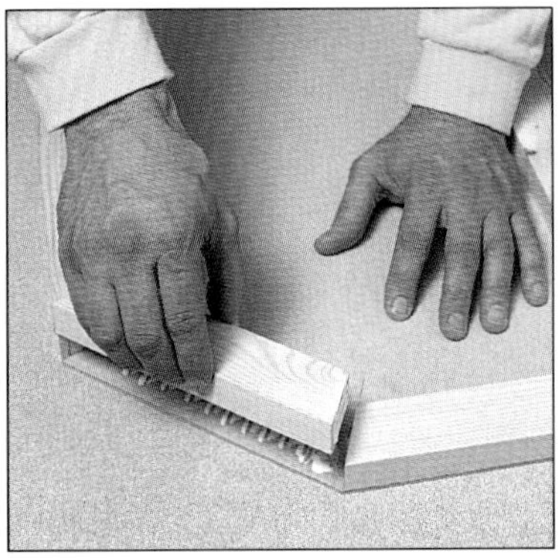

4 Eche pegamento de pva para madera sobre los listones y luego coloque encima el segundo panel, sujetándolo de nuevo con abrazaderas. Introduzca las cabezas de los clavos con un punzón de mano.

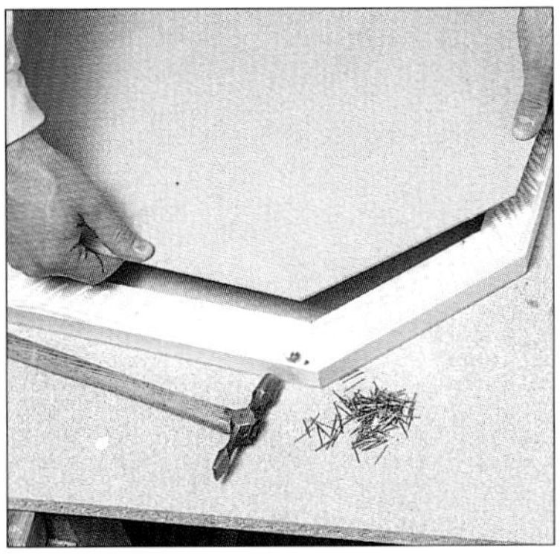

5 Instale una bisagra a 150 mm de la parte superior de la puerta y a 200 mm desde la parte baja. Las bisagras como las que se muestran aquí son más fáciles de instalar. Puede utilizar la bisagra tradicional que queda entre el canto de la puerta y el marco, pero son más difíciles de acoplar y requieren un alto grado de destreza.

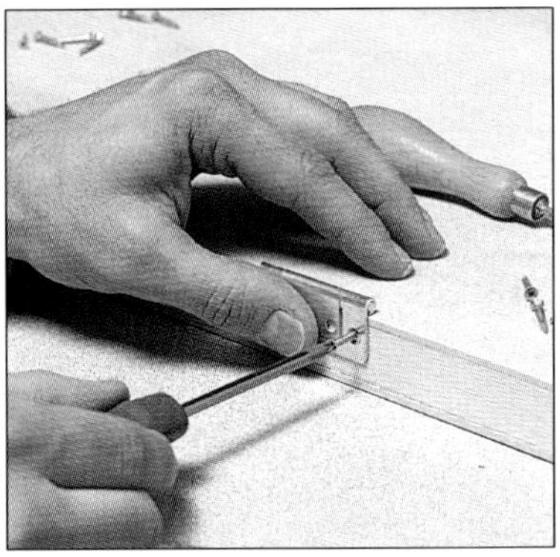

6 Coloque un pestillo magnético en el interior de la parte superior de la puerta para mantenerla cerrada. Luego fije el tirador elegido a no más

de un milímetro del suelo y a 100 mm del borde por donde se abre.

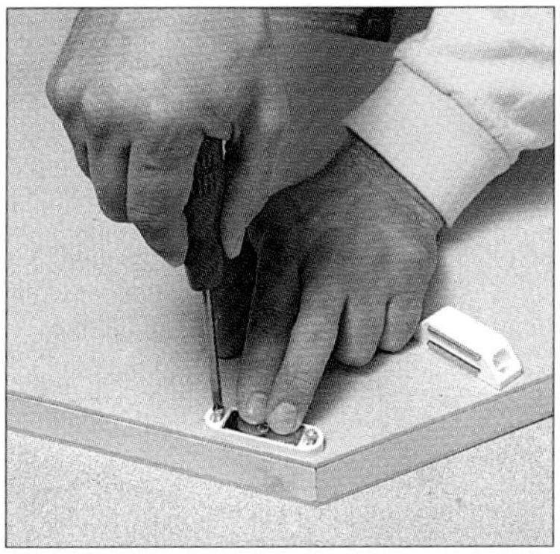

Colocación de molduras

Añadir molduras suaviza un poco el aspecto de caja lisa y sosa que tiene el panel. Si se hace bien y se acoplan los detalles con buen gusto, realzarán su trabajo. Intente que combinen con la decoración de la habitación o vestíbulo donde se ha colocado el panelado. Si los zócalos y la moldura de la parte inferior del panel son iguales, armonizará todo el ambiente. Igualmente, puede elegir algún elemento que combine con los frisos existentes y utilizarlo para enmarcar las puertas.

1 Una opción para minimizar la amplitud de los paneles lisos es añadir unos paneles de resalte. Corte una pieza de madera de 6 mm de grosor, 100 mm menor que el perímetro de la puerta. Haga un pequeño biselado en todo el contorno antes de pegarlo y colocarlo en su sitio.

2 Para dar la apariencia de paneles unidos, corte unos trozos de moldura pequeña, luego colóquelos de manera que cubran el borde del panel colocado en el punto 1. Tenga cuidado al cortar los ingletes de las esquinas, porque si se hace mal quedarán con un aspecto de chapuza. Finalmente, compruebe que la puerta encaja bien en el hueco, alisando los bordes si fuera necesario; luego decórela a su gusto y atorníllela en su sitio.

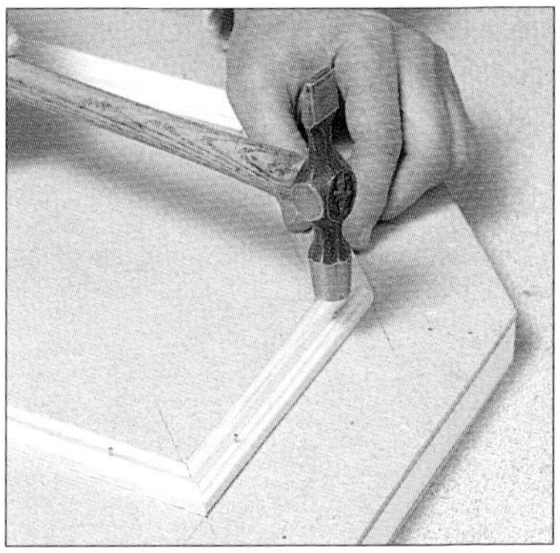

Trucos del oficio

Puede resultar difícil medir el hueco entre la puerta y el marco. Inténtelo utilizando una moneda como medida para mantener un hueco uniforme alrededor de la puerta.

ALMACÉN BAJO LA ESCALERA

Muchas tiendas de bricolaje cuentan con estanterías metálicas que sirven tanto para colocar cosas ligeras como de mucho peso. Este sistema es ideal para una zona bajo la escalera, porque se puede adaptar fácilmente a las necesidades de cada momento. Las tiendas también ofrecen una gran variedad de estanterías de madera, pero éstas son bastante más caras y con poco esfuerzo puede crear las suyas por la mitad de precio. Si pretende instalar anaqueles o estantes, haga esto antes de colgar la puerta para que pueda acceder mejor al interior.

El panel triangular decorado de manera que combine con el resto de la habitación ofrecerá un aspecto pulcro de la escalera y además se puede utilizar como almacén si se instala una puerta.

Abertura de una escalera

Mientras que la mayoría de las escaleras se pueden transformar totalmente simplemente cambiando el estilo de los pasamanos, balaustres y pilares de arranque, hay veces en que se necesitan cambios más radicales. Si realmente no le gusta el aspecto de su escalera, siempre tiene la opción de tirarla abajo o sustituirla completamente por un conjunto de escalones abiertos. Si decide embarcarse en un proyecto de tal envergadura, tendrá que asegurarse que no va a comprometer la seguridad de nadie cuando utilice la escalera.

Retirada de pasamanos y balaustres

Quitar por completo pasamanos y balaustres hará que cualquier escalera parezca que tiene más amplitud, aunque quizá no le guste a todo el mundo. Recuerde que cualquier escalera debería tener la barandilla apropiada. Si quita los balaustres y los pilares de arranque, entonces tendrá que instalar un pasamanos en la pared, y no es aconsejable eliminar los balaustres si tiene niños en casa. Para instalar un pasamanos fijado a la pared vea las páginas 100-101, y sobre supresión de balaustres y pilares de arranque se da información detallada en las páginas 111 y 118-119, respectivamente.

DERECHA: Sustituyendo la pared que la enclaustraba por balaustres, estas escaleras se han abierto a la habitación superior.

ABAJO: Si va a eliminar los balaustres de una escalera tendrá que añadir otros elementos de seguridad. Aquí se han acoplado luces empotradas en la parte inferior para iluminar los escalones, y se ha fijado un pasamanos a la pared.

Balaustres

Las balaustradas cegadas fueron muy populares en las décadas de 1920-1930 y muchas casas antiguas todavía cuentan con este panelado. Quitarlo y sustituirlo por balaustres proporcionará un gran cambio a la apariencia de la escalera. Un valor añadido será que contará con más espacio y más luz, creando un ambiente más actual. Para la instalación de balaustres, vea las páginas 120-121.

VENTA DE LA CASA

Si está pensando en abrir una escalera, tenga en cuenta que quizá algún día quiera vender la casa. Muchos posibles compradores se marcharán al ver una escalera que se aleja demasiado de la norma. Si decide continuar con esta opción, no estropee las zancas, los escalones ni cualquier otra parte que pueda comprometer la integridad estructural.

Transformación en huella abierta

Una opción menos radical para un proyecto de abertura de escalera es cambiar la huella cerrada para transformarla en una escalera con huella abierta. Generalmente esto incluye quitar la escalera entera, porque no se pueden eliminar simplemente las contrahuellas y esperar que las huellas permanezcan estables; siempre hay que sustituir la escalera. Esto puede parecer desalentador, pero se sorprenderá de la rapidez con que tal proyecto se puede completar. Normalmente se puede cambiar la escalera en uno o dos días.

Abertura de tabiques

Otra manera de dar un aspecto más contemporáneo es retirar el tabique de la escalera. Esto hará que la zona parezca más amplia y permitirá que la escalera tenga más luz. Si la pared es interior, no tendrá más que golpearla y quitarla, pero si es exterior habrá que colocar una ventana.

ASESORAMIENTO PROFESIONAL

Antes de comenzar con el proyecto de abrir la escalera consulte a un aparejador para que compruebe que no se va a minar la integridad de la escalera. Sus planes para cambiarla quizá necesiten la aprobación de la normativa sobre edificación, en cuyo caso tendrá que explicar los cambios a el funcionario encargado del control de la edificación en su Ayuntamiento antes de comenzar el trabajo (ver también páginas 26-27).

ARRIBA: Instalar una escalera con huella abierta permite integrar toda la zona del vestíbulo en un mismo ambiente, creando un espacio abierto entre dos plantas.

ABAJO: Colocando una simple persiana veneciana blanca, esta abertura de tabique rectangular realza el estilo minimalista y angular de la escalera y vestíbulo.

Barnizado de escaleras de madera blanda

Barnizar una escalera de madera blanda ofrece un montón de posibilidades interesantes y tiene muchas ventajas: barnizar es más fácil que aplicar pintura y permite que la veta y la textura de la madera se transparenten. Los barnices oscuros se pueden utilizar para dar una apariencia tradicional mientras que los más claros dan una sensación más contemporánea. Antes de barnizar, es fundamental que la superficie de la madera reciba la adecuada preparación para que quede sin rastro de pintura, polvo o suciedad, que podrían estropear el acabado.

Para un bernizado perfecto hay que quitar cualquier resto del acabado que tuviera con anterioridad, porque cualquier parte con pintura detrás evitará que el barniz se impregne en la madera. Una escalera sin ningún acabado anterior es más fácil de barnizar y gran parte del trabajo preparatorio se puede saltar; a menudo con un ligero lijado es suficiente.

Consejo de seguridad

Con productos para teñir y barnizar trabaje siempre en un sitio bien ventilado y mantenga a los niños y a cualquiera que tenga problemas respiratorios alejados del lugar de trabajo.

Herramientas para el trabajo

- Brochas
- Guantes de protección gruesos
- Decapante
- Pistola de aire caliente
- Espátula triangular
- Lijadoras eléctricas
- Mascarilla
- Punzón de mano y martillo
- Espátula
- Aspiradora y cepillo
- Trapo
- Trapo que no contenga algodón
- Guantes de látex

Decapado de la pintura

1 Empezando por la parte de arriba de la escalera, aplique un decapante de pintura con una brocha vieja, introduciéndolo dentro de todas los huecos. Déjelo durante el tiempo recomendado por el fabricante antes de rascarlo. Quizá sea necesaria más de una aplicación si la capa de pintura es gruesa o no se suelta.

Consejo de seguridad

Los decapantes de pintura son muy irritantes para la piel; lleve guantes gruesos cuando lo aplique y lo retire.

2 Otro método es utilizar una pistola de aire caliente. Mantenga la pistola a una distancia de unos 200 mm de la superficie hasta que la pintura empiece a abombarse, luego rásquela mientras está todavía blanda. Una espátula triangular afilada puede ser útil para acceder a los rincones difíciles. No deje la pistola de aire caliente en el mismo sitio durante mucho tiempo o corre el riesgo de abrasar la pintura.

3 Un cuchillo de cocina viejo y afilado es ideal para retirar la pintura de los rincones donde se juntan huella y contrahuella. Utilice un rascador de pintura ancho en las zonas planas, como zancas, huellas y contrahuellas.

Preparación de la superficie

1 Lije la escalera en su totalidad para quitar cualquier resto de pintura, llevando una mascarilla. Una lijadora eléctrica, aunque no es esencial, hace el trabajo más rápido en las zonas planas.

ELECCIÓN DE ABRASIVOS

La variedad de papeles abrasivos que se venden en la tienda de bricolaje le puede confundir bastante. Los productos varían en coste y finalidad y el artículo menos caro no es siempre el más económico. Cuando elija el producto apropiado, mire la parte de atrás del paquete para comprobar el trabajo para el que es adecuado.

Madera sin tratar: Para lijar la madera puede utilizar papel de lija normal o mejor papel con óxido de aluminio. Aunque este producto es el doble de caro, durará como mínimo tres veces más; por eso a la larga le saldrá más barato.

Madera con acabado: El papel de carburo de silicona impermeable tiene una apariencia negra y es ideal para lijar superficies previamente pintadas o barnizadas; normalmente se vende como papel seco o mojado. Cuando se empapa de agua este papel no se atasca como lo pueda hacer el papel seco.

2 Una vez se ha dado un lijado general a la escalera, es el momento de hacer las reparaciones necesarias en la superficie de la madera. Remache cualquier clavo que sobresalga y rellene los agujeros con sellador para madera. Si los agujeros son pequeños, utilice un sellador que sea adecuado para barnizar. No valen todos los selladores, por ello compruebe las instrucciones. Para agujeros más grandes, pegue un trozo de madera que sea igual que la madera existente.

Trucos del oficio

Es mejor utilizar sellador para carrocerías cuando se rellenen agujeros y grietas. La mezcla es fácil de utilizar y se endurece en poco tiempo. También es compatible con barnices de base oleosa.

3 Pase la aspiradora para retirar el polvo y la suciedad que quede. Utilice un cepillo para empujar los restos de suciedad y astillas desde los rincones hacia la boca del aspirador.

4 Como preparación final limpie la superficie con un trapo. Doble el trapo a menudo para que siempre pase una parte limpia del mismo. Cuando esté muy sucio, quítelo y coja otro trapo limpio.

Trucos del oficio

Nunca utilice un trapo húmedo en vez de uno seco, porque levantará el grano de la madera. Esto evitará que el tinte sea absorbido adecuadamente por la madera.

Aplicación del tinte

1 Aplique el tinte con un trapo que no contenga algodón y utilizando guantes de látex. Haga pasadas largas y suaves y no restregue la superficie. Evite pasar dos veces por el mismo trozo; siempre puede aplicar una segunda capa para oscurecer el color.

2 Aplique una capa de barniz para sellar la superficie del tinte una vez se haya secado. Asegúrese de que el tipo de barniz es compatible con el tinte (ver abajo). Aplique otra capa de tinte y barnice, luego lije suavemente con papel abrasivo fino, antes de poner la capa final.

ELECCIÓN DE TINTES

Un barniz de composición oleaginosa se puede utilizar con tinte de composición oleosa o al agua. El barniz acrílico no se secará si lo utiliza sobre tinte oleaginoso. Evite hacer acabados muy brillantes o encerados en escaleras, porque pueden hacer resbalar.

Pintado de escaleras

Conseguir un acabado profesional al aplicar pintura a escaleras y rellanos puede ser una tarea difícil. Hay tantos pequeños escondrijos y grietas que la idea de llevar a cabo la decoración completa puede suponer un panorama desalentador. Sin embargo, siguiendo los pasos adecuados y trabajando de manera metódica para asegurar que cada paso se ha completado adecuadamente antes de pasar al siguiente, podrá obtener maravillosos resultados.

Al igual que con muchos otros proyectos en los que se necesita conseguir un acabado decorativo fino, la cuidadosa preparación es la clave para tener éxito. Es esencial tomarse el tiempo suficiente para preparar las escaleras con el fin de que estén en las condiciones adecuadas para recibir el acabado de pintura. Por ello, después de que haya quitado la pintura vieja, tinte o barniz, tendrá que realizar algunas reparaciones antes de aplicar el nuevo acabado. Vea las páginas 128-133 para saber cómo hacer reparaciones. Las escaleras a las que no se ha aplicado pintura u otros acabados se pueden volver a decorar después de que hayan sido lijadas. Por lo menos deberá dar una primera capa, dos primeras manos y dos manos finales. Las pinturas esmaltadas de una mano o autoselladoras se pueden utilizar, pero suelen durar igual que la pintura aplicada correctamente con el sistema tradicional. Si sus escaleras son más viejas, usted se sorprenderá al ver que al decapar la pintura quedan al descubierto detalles que habían quedado bajo capas de acabados.

Consejo de seguridad.

Las casas con muchos años quizá se pintaron con productos que contenían plomo. Si sospecha que la escalera ha sido pintada con pintura conteniendo plomo, deberá limitar la cantidad de polvo creado. Una manera de hacer esto es quitar la pintura con papel de lija húmedo. También debería evitar la utilización de sopletes y pistolas de aire caliente, quitando la pintura con un decapante no cáustico. Los decapantes modernos son bastante más seguros que las viejas soluciones cáusticas; no obstante, trátelos con respeto y siga las instrucciones del fabricante. Siempre utilice guantes de goma gruesos y gafas para proteger las manos y los ojos.

Herramientas para el trabajo

- Cinta adhesiva y cuchilla
- Cubo y esponja
- Mascarilla y gafas protectoras
- Soplete o pistola de aire caliente
- Estropajo de aluminio
- Lijadora orbital
- Trapos
- Brochas
- Lija
- Papel abrasivo

1 Retire la moqueta u otro material que esté cubriendo la escalera. Si piensa volver a poner la moqueta deje las pinzas en su sitio, pero tape los clavos con cinta, para evitar heridas en manos, pies y rodillas.

2 Limpie el acabado existente con un jabón alcalino, siguiendo las recomendaciones del fabricante. Haga esto sólo si va a lijar la pintura para prepararlo para el nuevo acabado. Si está quemando la pintura, no necesita lavar las superficies.

3 La manera más rápida de quitar las capas gruesas de pintura vieja es quemarlas con la ayuda de un soplete o pistola de aire caliente. Éstos se pueden comprar o alquilar en las buenas ferreterías o tiendas de bricolaje. Aplique el suficiente calor para que la pintura se abombe, después utilice un rascador para quitarla mientras está aún blanda.

Consejo de seguridad

Los sopletes y las pistolas de aire caliente pueden producir un incendio si no se utilizan con las debidas precauciones. Mantenga estos aparatos siempre en movimiento para evitar abrasar la madera o que ocasionen un incendio accidental. Tenga un extintor o un cubo de agua a mano por si fuera necesario

4 Cuando haya quemado tanta pintura como sea posible con el soplete, utilice un estropajo de aluminio para quitar cualquier resto de pintura. Este trabajo puede producir polvillo, así que lleve la adecuada mascarilla.

5 Utilice una lijadora eléctrica sobre las superficies planas más grandes. Empiece con papel de grano de 80 y acabe con papel de 120. Trabaje dentro de los rincones con los dedos o un palo plano envueltos de papel.

Consejo de seguridad

Siempre lleve una mascarilla de buena calidad cuando lije. El lijado produce polvo que puede ser dañino si entra en las vías respiratorias o los pulmones. Esto es especialmente importante si sospecha que las escaleras han sido previamente pintadas con pintura que contenía plomo.

6 Corte tiras de papel de lija y, sujetándolas con los índices y los pulgares de cada mano, tire de ellas hacia atrás y adelante para limpiar las partes redondas de los balaustres torneados.

7 Cuando haya quitado la pintura vieja en su totalidad, el siguiente paso es preparar una superficie que no tenga polvo para aplicar la nueva pintura. Pase la aspiradora por las escaleras para recoger la mayor cantidad de polvo posible, luego pase un trapo para quitar cualquier resto de partículas de polvo.

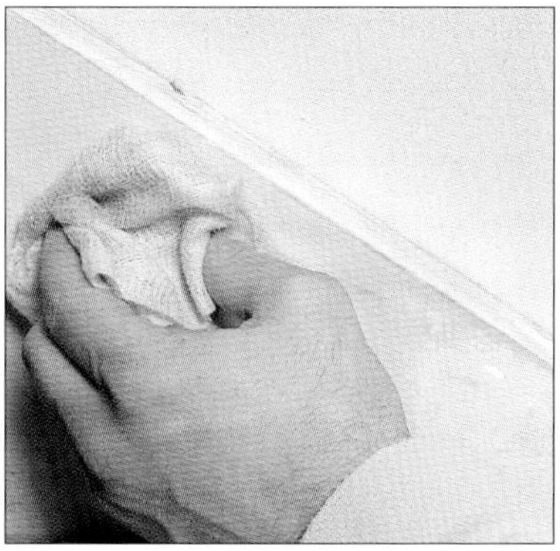

Trucos del oficio

Las brochas nuevas suelen soltar pelos, que se pegan a la pintura y con ello echan a perder el acabado final. Para evitar que esto ocurra, utilice la brocha nueva para aplicar las primeras capas, luego límpiela bien. Después de que la brocha se haya utilizado y limpiado varias veces, dejará de soltar pelos antes de aplicar la capa final.

8 El primer paso del proceso de pintado es hacerlo sobre la madera desnuda. Es importante seguir el orden correcto de aplicación: primero balaustres, luego barandilla y finalmente huellas y contrahuellas.

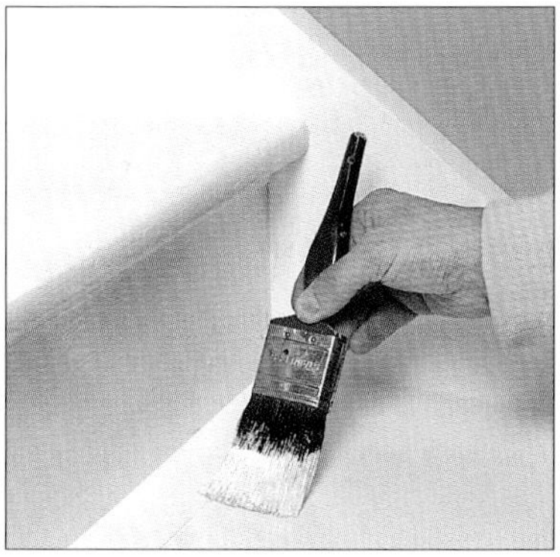

9 Una vez esté seca la primera mano, proceda a dar la siguiente. Siga las recomendaciones de aplicación dadas por el fabricante de la pintura, pero siempre aplique al menos dos capas base. Siga el mismo orden que para la primera capa. Espere a que se seque la última mano y entonces humedezca un papel abrasivo de 350 para lijar la superficie. Séquelo con un trapo limpio.

10 La superficie de la escalera ahora está lista para recibir la mano final de pintura. Pase una brocha de cerdas de buena calidad por la superficie. Siga el mismo orden de aplicación que utilizó para dar las capas anteriores.

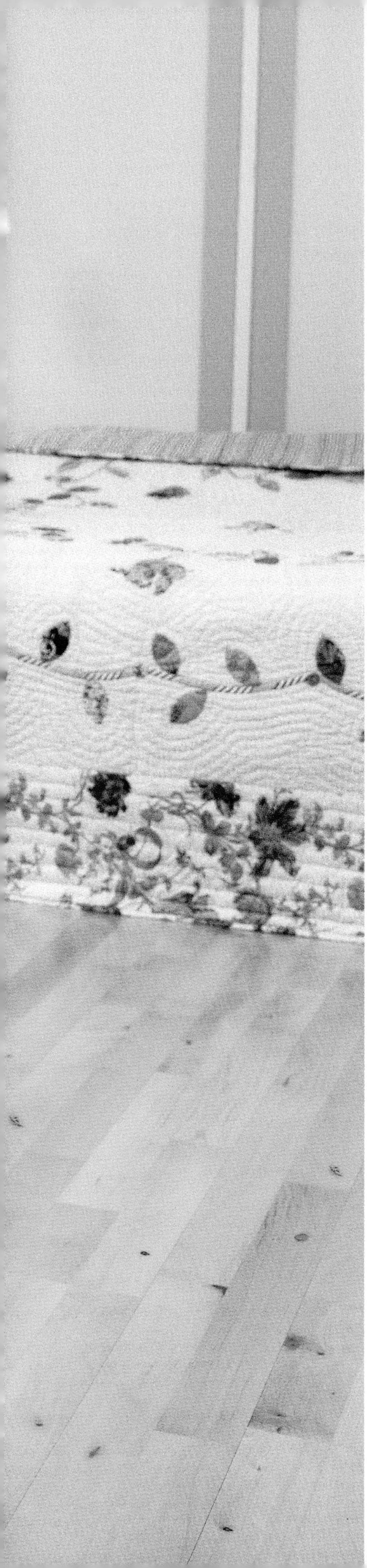

reparar y renovar

Cada vivienda, cualquiera que sea la antigüedad que tenga, necesitará en cierta medida algún tipo de mantenimiento regular; la proporción dependerá generalmente de cómo y cada cuanto tiempo se efectuaron reparaciones en el pasado. Merece la pena tomarse su tiempo para estar seguro de que el trabajo se ha hecho a conciencia, porque no hay nada más irritante que tener que realizar la misma reparación por segunda vez unos meses después. Hacer reparaciones dará nueva vida a suelos y escaleras viejas, pero si también quiere cambiar la apariencia en este capítulo encontrará ideas para reformas fáciles.

El suelo viejo de madera puede quedar con apariencia de nuevo sustituyendo las tablas rotas y lijando y barnizando la superficie.

Arreglar problemas en suelos y escaleras

Una casa probablemente sea la mayor inversión que usted jamás hizo y por ello hay que cuidarla. Las reparaciones grandes salen siempre más caras que resolver el problema antes de que vaya demasiado lejos; como dice el refrán, una puntada a tiempo salva ciento. Las roturas, humedad y crujidos en escaleras son asuntos que se deberían investigar inmediatamente. Si se cogen a tiempo, las reparaciones suelen ser fáciles, pero cuando se ignoran pueden acarrear un fallo estructural.

Problemas en suelos

Grietas

La mayoría de las grietas en el enlucido de una habitación, especialmente en las casas más modernas, pueden tener su origen en el asentamiento natural de los materiales, y en las casas más antiguas, en que el enlucido con que están revestidas se aplicó en poca cantidad y la mezcla no era la adecuada. Tales grietas a menudo aparecen en las esquinas de la habitación o alrededor de los marcos de las puertas, y no deberían ser muy grandes. Algunas grietas, sin embargo, especialmente las grietas en el techo, están causadas por ligeros movimientos de la tarima más que por el asentamiento general o un enlucido pobre. Éstas generalmente no son causa de alarma y sólo hay que arreglarlas, porque un ligero movimiento estacional es normal en los suelos de madera maciza. Si la casa es nueva, el movimiento del suelo probablemente sea debido al encogimiento natural una vez la casa empieza a secar, y la humedad que contiene la madera se reduce. Sin embargo, en las casas antiguas las grietas del techo, acompañadas por suelo levantado en la habitación que está encima, pueden indicar que las vigas están carcomidas o que hay tablas que se han soltado de las vigas debido a que los clavos se han oxidado. Las grietas persistentes tras el zócalo quizá también indiquen problemas en el suelo o incluso hundimiento, y las grietas en subsuelos hechos con madera prefabricada generalmente son indicio de problemas más serios. Si no le es fácil descubrir la auténtica causa de la grieta o si continúa ensanchándose, esto puede ser indicio de graves problemas estructurales y debería revisarlo un profesional.

Humedad

Los zócalos mojados o con humedad son una señal segura de humedad ascendente en la fábrica de la pared, que podría estar causada porque la capa horizontal aislante no cumple su misión o se ha estropeado. Este tipo de humedad se nota más en paredes expuestas al viento, especialmente después de que ha llovido mucho cuando la humedad cala la pared. Si es notoria la humedad de la pared, quizá sean las vigas las que estén absorbiendo el agua. Si a esto se unen ladrillos huecos bloqueados y escasa ventilación en el vano del suelo, la putrefacción puede aparecer pronto. En las plantas superiores una mancha de humedad en el centro del techo es un buen indicador de una tubería que gotea. Aunque es probable que la mayoría de los daños se produzcan en el techo, la humedad también puede rezumar por las vigas de madera. Las casas construidas después de 1920 son menos propensas a humedades, dado que su estructura de pared hueca está diseñada para canalizar el agua que penetre por una pared exterior hacia la parte interna del piso bajo.

Problemas en tarimas

Las aberturas entre tarimas a menudo están causadas por contracción de la madera. Inserte tablas más anchas o levante todo el suelo, tape los huecos y vuelva a colocar el suelo. Otra alternativa es insertar pequeñas piezas revestidas con pegamento para sellar el hueco. Si la tabla está partida, entonces quítela y reemplácela; pero si la rotura es pequeña, simplemente coloque más fijadores para evitar otros movimientos. Si se ha levantado un suelo de tarima, quiere decir que los fijadores han fallado o se han soltado, y se puede solucionar clavando o atornillando nuevos fijadores.

CONTRATACIÓN DE UN SUPERVISOR

Los supervisores no solamente están para tasar propiedades cuando éstas se venden o se compran, sino que también se les puede llamar para que examinen los posibles problemas de su casa y le asesoren sobre cómo arreglarlos. Los servicios de un supervisor cualificado a menudo son bastante caros, pero están capacitados para hacer una revisión profesional en la estructura de su casa, haciendo pruebas especializadas y entregándole un informe escrito sobre las condiciones en que se encuentra su vivienda, al igual que un médico le hace un chequeo de su salud.
Si opta por contratar a un supervisor, puede encontrar direcciones y teléfonos que le serán de utilidad en las páginas amarillas o listados de empresas de su localidad.

Consejo de seguridad

Los suelos y las escaleras son elementos estructurales importantes en una casa y a menudo son escenario de lesiones y accidentes domésticos. Si nota repentinos cambios, busque el asesoramiento profesional de un supervisor o un aparejador.

Problemas en escaleras

Escaleras

La presión interna en la madera puede hacer que un escalón se agriete. Si la fisura es grande, entonces quítelo y sustituya el peldaño; si es pequeña, arréglela desde abajo o inyecte resina epoxy en el hueco. Los crujidos en las escaleras, la mayoría de las veces se producen porque están sueltas o por falta de pegamento en las cuñas y tacos que van bajo la escalera. Averigüe la causa y renueve o sustituya cualquier pieza que falte. También puede fijar un refuerzo de madera entre la junta interior de huella y contrahuella, y normalmente se solucionará el problema. Los salientes normalmente se rompen por el uso y desgaste general, sin que haya ramificaciones estructurales. Simplemente corte la parte afectada y ponga una pieza de madera que iguale con la original. Los daños en las contrahuellas son relativamente raros porque no se desgastan tanto como las huellas. Si se ha partido o se ha soltado una contrahuella, podría deberse a algún problema serio en la estructura general de la escalera. Si se hace una inspección minuciosa y no se descubren otros daños, entonces la contrahuella partida se puede fijar de la misma manera que se hace con una huella.

Zancas

Si se empiezan a formar aberturas entre la zanca y la pared, puede estar motivado porque las piezas que fijan la zanca a la pared se hayan soltado. Sustituya estos fijadores, taladrando la zanca y utilizando el tornillo y el taco adecuados para que la zanca quede bien sujeta a la pared. Una oquedad entre la zanca y la huella generalmente indica un fallo de la cuña. Sustituya la cuña por debajo de la escalera, asegurándose de que le da una capa de pegamento.

Balaustrada

Las juntas abiertas entre un pasamanos y el pilar de arranque a menudo están causadas por falta de pegamento en la junta o por algún remache suelto. Quite el remache con la taladradora, inyecte un poco de pegamento para madera y ponga un remache nuevo. Los pilares de arranque de las escaleras viejas se sujetan mediante una unión de caja y espiga que pasa a través de las vigas bajo el suelo. Es normal que la cuña de esta unión se salga. Los balaustres rotos, sueltos o que faltan, normalmente están así porque las juntas están rotas en la parte superior e inferior. Quite el pegamento viejo y vuelva a echar un nuevo adhesivo en la junta, sujetando el balaustre hasta que el pegamento se seque.

Identificación del problema

Tendrá que revisar el estado de suelos y escaleras de su vivienda con cierta regularidad, quizá cada seis meses o así. Tales revisiones se hacen mejor cuando se ha quitado la cobertura del suelo, y el subsuelo y la estructura de la escalera quedan a la vista. También puede ser de ayuda que otra persona suba y baje las escaleras y ande por el suelo, de forma pausada, mientras usted escucha dónde cruje.

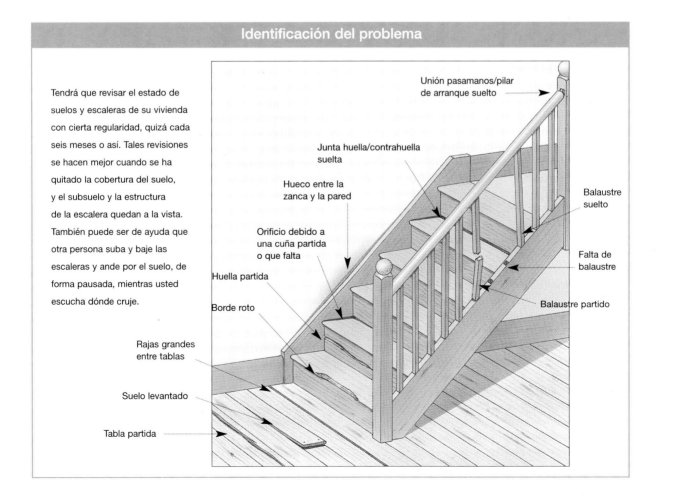

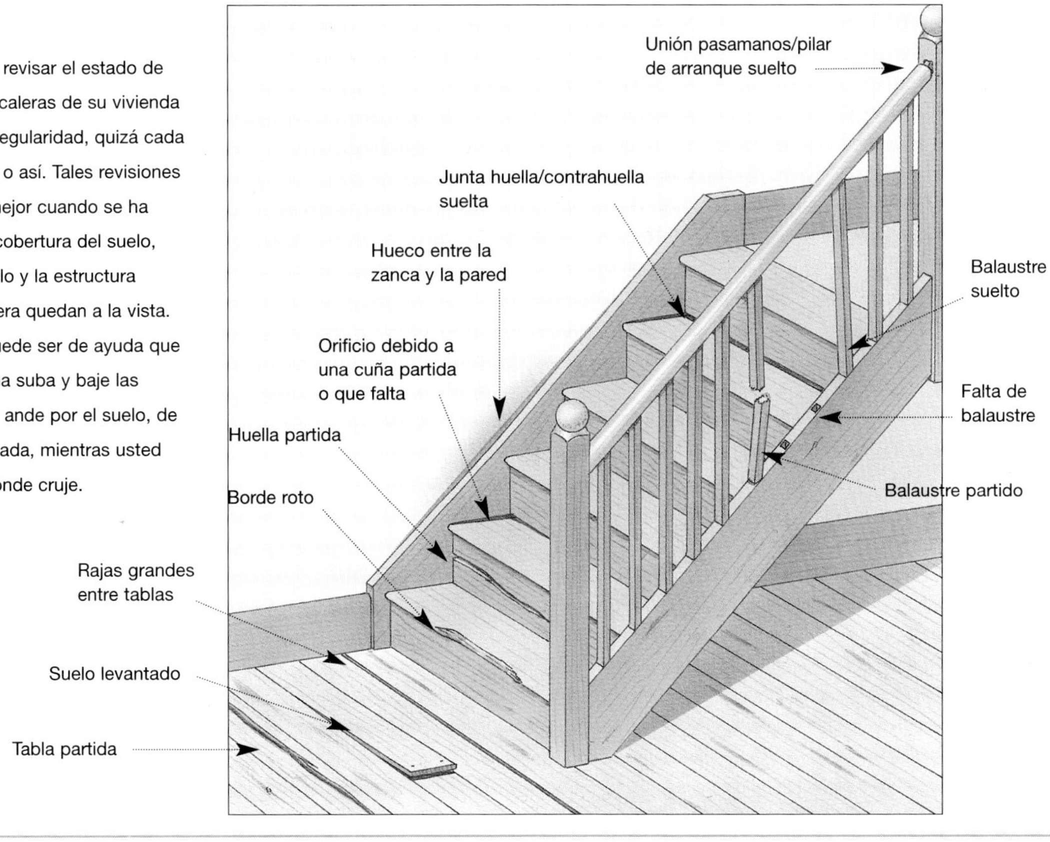

Tratamiento de la humedad

Una casa en la que haya humedades es algo más que un sitio desagradable para vivir, porque según pase el tiempo causará daños considerables al edificio. Las edificaciones que tienen humedad permanentemente quizá también planteen riesgos de salud para sus ocupantes y daños en los revestimientos interiores, como puede ser la moqueta, muebles y marcos de ventanas. Si consigue que su vivienda no tenga humedad, creará un medio ambiente más agradable y saludable donde vivir y ayudará a evitar problemas de putrefacción y moho en la casa.

Tipos de humedades

Tres tipos diferentes de humedad son atribuidos a influencias exteriores; todos ellos pueden afectar adversamente a la vivienda.

Humedad ascendente

Como su nombre indica, la humedad ascendente es agua que proviene del suelo y es absorbida por dentro de las paredes de la casa. La mayoría de las casas construidas después de 1920 están protegidas de la humedad ascendente por una barrera física llamada capa aislante horizontal, que evita que la humedad ascienda por encima de cierto nivel. Sin embargo, una capa aislante puede fallar o ser puenteada de varias maneras. Por ejemplo, una pila de madera o montón de tierra, que descansan junto a la pared exterior por encima del nivel de la capa aislante, es todo lo que se necesita para generar humedad.

Moho de humedad ascendente sin tratar.

Humedad penetrante

Incluso si la capa aislante horizontal está en perfectas condiciones, algunas casas pueden tener paredes con humedad, que además puede dañar el suelo. En general, esto

La humedad penetra por las tuberías.

solamente suele afectar a una o dos paredes. Si existen paredes en su vivienda que dan de cara a la parte donde son predominantes los vientos y la humedad sólo aparece durante o después de un chaparrón, casi seguro que sufren de humedad penetrante. Las paredes macizas tienen un riesgo mayor, porque no hay oquedad que detenga la humedad. Una vez encuentra una vía por donde entrar en la pared, la humedad se alojará en el interior donde será absorbida por las vigas del suelo y la madera. Al contrario que la humedad ascendente, que sube desde la tierra y sólo afecta a suelos de la planta baja. Los ladrillos porosos, las juntas dañadas, revocado defectuoso o incluso una fuga de agua continua pueden causar humedad penetrante.

Condensación

Cuando el aire cálido y húmedo encuentra una superficie fría el aire se enfría, y la condensación son las gotitas que se forman cuando el aire cálido no tiene más capacidad para contener la humedad. Esto no es menos dañino para la estructura del edificio que la humedad penetrante o ascendente. Más traicionero que cualquier otro tipo de humedad, es a menudo el más difícil de tratar de una manera efectiva. Las principales causas de condensación son generalmente la ventilación escasa, el pobre aislamiento o la falta de calefacción. Las tuberías que no están revestidas en los vanos bajo del suelo también atraen la condensación y el goteo que produce a menudo se confunde con una tubería que gotea. Instalar calefacción en la habitación ayudará a que el aire absorba más humedad y frenará en parte la condensación. Hay que evitar las estufas de parafina y gas, porque estos aparatos utilizan combustible compuesto de un 50 por 100 de agua, lo que hará incrementar la cantidad de humedad en el aire.

La condensación supone la misma amenaza.

Atajar la humedad

Lo primero y más importante que hay que hacer para tratar la humedad es averiguar la causa del problema.

Pequeñas reparaciones

A menudo es mejor llamar a un profesional, pero antes de afrontar ese gasto compruebe que la humedad no la está causando un problema que se puede subsanar con una pequeña reparación. Roturas en ladrillos, revocado roto y perdido o tuberías que gotean son algunas de las causas más comunes de humedad. Tales problemas son fáciles de corregir, y taponar una cañería que gotea es mucho más barato que sustituir o instalar una capa aislante horizontal.

Una tubería que pierde agua se puede reparar fácilmente.

Tratamiento de la capa aislante horizontal que falla

Si su vivienda no incluye una capa aislante horizontal o ésta falla, se puede instalar una nueva inyectando productos químicos impermeables dentro de la fábrica al nivel de la capa aislante. Normalmente, esta tarea la realizan empresas dedicadas al tratamiento de humedades, pero es posible alquilar el equipamiento y comprar los productos químicos para realizar el trabajo usted mismo. El inyectar productos químicos antihumedad es una tarea para hacer en dos etapas, lo que conlleva taladrar agujeros en la pared de ladrillo de 150 mm, primero a una profundidad de 75 mm, en cuyo punto el fluido se inyecta; luego taladrar a 150 mm en paredes macizas y 200 mm en paredes huecas, y repetir el inyectado.

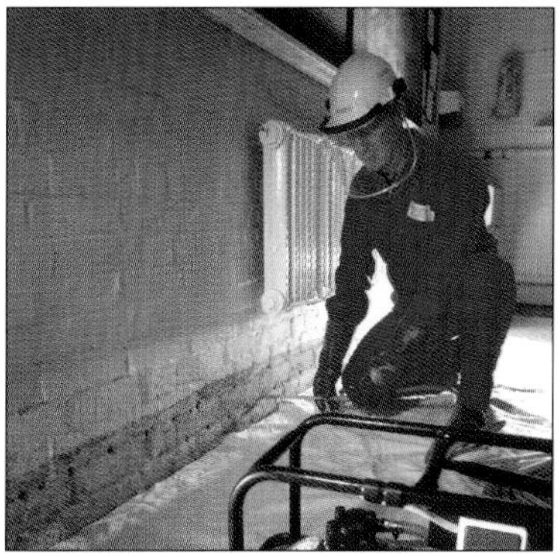

Fluido impermeable inyectado internamente.

Consejo de seguridad

Algunos productos químicos antihumedad son venenosos; siga las instrucciones y actúe siempre con precaución.

Anatomía de la capa aislante horizontal

Desde finales del siglo XIX, la mayoría de las casas se han construido incorporando una capa impermeable para defenderse de la humedad ascendente. Llamada capa aislante horizontal, esta capa normalmente se construye dentro de las paredes a unos 150 mm sobre el nivel del suelo, y a menudo mostrará una línea negra en la pared de ladrillo o de piedra. Las capas aislantes de las casas más modernas están formadas con una tira de plástico fuerte y en las casas más antiguas solían estar hechas con dos capas de pizarra o ladrillos especiales resistentes al agua. Los ladrillos huecos colocados a intervalos en una pared representan otro método para evitar la humedad en la vivienda. Estos actúan mejorando la ventilación del vano inferior del suelo.

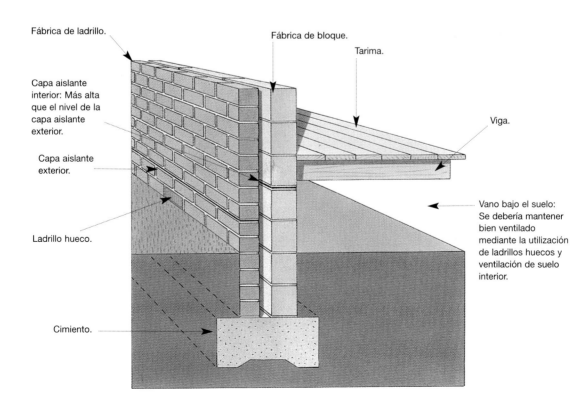

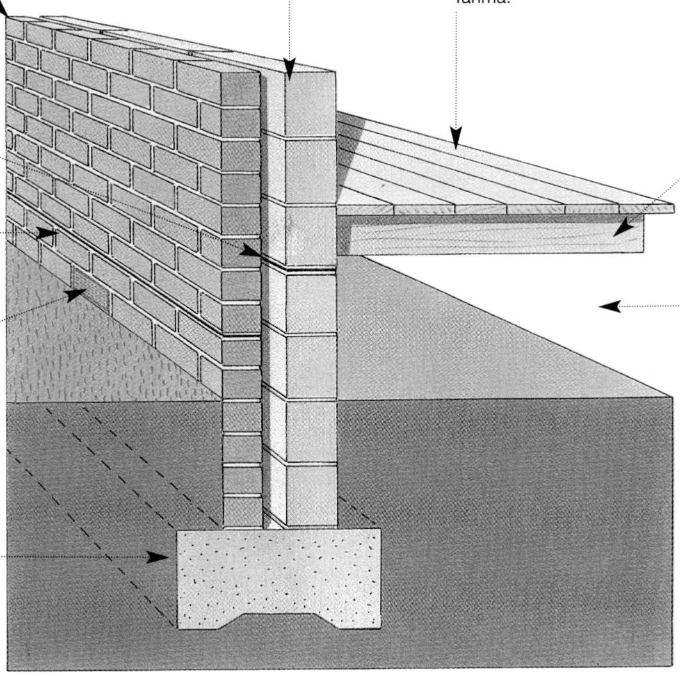

Tratamiento de plagas y carcoma

Una casa tiene el peligro constante de verse afectada por plagas y zonas que se pudren, e incluso en el caso de encontrarnos con casas con un mantenimiento de muy buena calidad, es posible que puedan aparecer. Ser capaz de detectar qué plaga es la que produce el daño, cómo han podido aparecer y qué tratamiento efectivo puede emplearse para erradicarlas, son puntos básicos. Algunas infecciones son más una molestia que un peligro para las estructuras de la casa, pero otras tienen la capacidad de destruir su casa si no se las controla.

Insectos de la madera

Casi la mitad de los hogares se ven afectados por la plaga de algún tipo de escarabajo de la madera. No son los escarabajos en sí, sino las larvas las que producen este daño, que se introducen por la madera excavando túneles laberínticos. La mejor manera de solucionar el problema es tratar la madera con un pesticida. Si no está muy seguro, busque ayuda especializada.

Madera podrída, húmeda y seca

Nos podemos encontrar con madera podrida en lugares templados de la casa al igual que en zonas estancadas, producido por el agua que puede salir de tuberías o de los ladrillos que previenen la circulación de aire bajo el suelo. Una vez que la carcoma ha comenzado, puede atacar vigas de madera e incluso penetrar en los muros. En la parte más interna de la carcoma se encuentra el núcleo, blanco en apariencia, del que se desprenden fibras grisáceas.

Dándose las condiciones apropiadas, la carcoma puede extenderse de forma alarmante y a gran velocidad, destruyendo vigas sanas. Si detecta carcoma seca cuando está trabajando en el arreglo del suelo, todas las vigas afectadas se deben quitar y quemar para evitar que se extienda. Si encuentra carcoma húmeda, ésta es menos peligrosa y no se expande tan rápidamente como si está seca. La carcoma húmeda sólo se produce cuando tenemos madera con un alto nivel de humedad; la carcoma dejará de expandirse una vez que la humedad haya descendido o desaparecido.

TIPO	SÍNTOMAS	CAUSAS	TRATAMIENTO	SIGNOS REVELADORES
Escarabajo de la madera: Escarabajo marrón que no mide más de 3 mm. 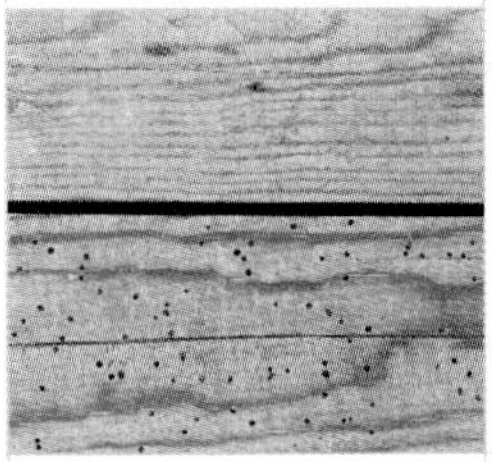	Destrucción de las vigas de madera ocasionada por las larvas al penetrar por una de las secciones del techo.	Los escarabajos depositan pequeños huevos ovalados en las grietas y hendiduras que se encuentran, que luego incuban. La carcoma puede introducirse en una casa a través de mobiliario antiguo ya infectado. Es más peligroso al principio del verano, cuando estos insectos pueden aparecer en sus casas buscano un lugar idóneo donde anidar.	Trate la madera con un líquido especial o queme la superficie infectada para acabar con las larvas y los huevos. Si la infección es seria, pida ayuda a un especialista.	Agujeritos pequeños de aproximadamente 1,5 mm de diámetro y señas de lo que podría ser serrín muy fino en la superficie de madera.
Escarabajo "de mirada asesina": Escarabajo marrón que a menudo tiene manchas blancas de 5 mm. Las larvas son blancas y del mismo tamaño que cuando han alcanzado su completa madurez. 	Destrucción del techo de madera provocado por las larvas al introducirse por el interior de una de las secciones. Mucho más destructivo que un escarabajo de la madera común.	Los escarabajos depositan los huevos en grietas y hendiduras, que luego incuban y maduran. Este tipo de escarabajo prefiere la madera vieja y dura, y el roble es su hábitat preferido, muy raramente atacando maderas más blandas.	Trate la madera con un líquido especial o queme la superficie infectada para acabar con las larvas y los huevos. Si la infección es seria, pida ayuda a un especialista. También puede ponerlo en conocimiento de las autoridades locales.	Las larvas causan un daño importante con numerosos túneles de 3 mm de diámetro, haciendo que la madera se vaya deshaciendo en este proceso.

TIPO	SÍNTOMAS	CAUSAS	TRATAMIENTO	SIGNOS REVELADORES
El escarabajo del polvo: Escarabajo marrón y negro de unos 5 mm de longitud. Las larvas son blancas y del mismo tamaño que una vez alcanzada la madurez. 	Destrucción de la madera provocada por las larvas abriéndose paso por una de las secciones de la misma. Muy raramente atacan maderas fuertes y duras de los edificios, siendo más frecuente la infección de madera que se encuentra almacenada para su posterior transporte.	Mal mantenimiento de la madera o empleo de material que tiene un alto contenido de albura (la madera que se encuentra justo debajo de la corteza).	El tratamiento es el mismo que para otros tipos de carcoma, utilizando un cepillo apropiado o un líquido especial.	Agujeros de unos 2 mm de diámetro en la superficie de la madera. Las larvas no penetran en la madera tanto como los otros dos tipos de escarabajos, así que toda la superficie de la madera se puede desprender al tocarla, dejando visibles los huecos.
Carcoma seca: Consiste en finísimos hilos que cubren la superficie de la madera en las primeras fases. Si las condiciones son las adecuadas, esto cambia hasta dar la impresión de pelotas de algodón. En fases avanzadas, esta carcoma se asemeja a esponjas de color rojizo. 	Olor mohoso que no se va. A menudo debajo de superficies no visibles en el suelo y alfombras en zonas húmedas, las hembras se extenderán infectando madera perfectamente sana. En las últimas fases producirá que las tablas y pisos de madera se pudran completamente.	Aire estancado y húmedo con poca ventilación. Bloqueo de zonas de ventilación y rejillas en el suelo. Tuberías con pérdidas y sistemas aislantes bajo el suelo ya desgastado proporcionan condiciones óptimas para que se desarrolle este tipo de carcoma.	Ponga fin a las condiciones que ocasionaron la aparición de la carcoma. Extraiga al menos un metro de la parte de la superficie que ha sido infectada por la carcoma desde la parte que muestre signos claros de la infección. Tape la zona afectada con ladrillos para terminar con las esporas y así evitar posibles nuevas plagas. También haga uso de tratamiento de especialistas.	Casi siempre, el signo más evidente es el aire estancado. La parte exterior visible de la madera puede cambiar de color, unido a la aparición de musgo.
Carcoma húmeda: Descoloración de la superficie de la madera, con los tablones del suelo adoptando un color negro en las fases más avanzadas. Cuando la superficie de la madera se desprende, el interior se vuelve marrón y fibroso. 	Madera suave y blanda, sin consistencia y húmeda al tacto. Pintura desconchada y con burbujas en la superficie de la madera.	Las causas principales son tuberías que gotean y la humedad de la lluvia. En el caso de viguetas del suelo, puede aparecer esta plaga en lugares donde éstas están en contacto con ladrillos humedecidos. También puede producirse que la humedad suba por los muros y penetre por las esquinas de los suelos siguiendo el camino trazado por el aislante que contienen.	Localice el origen del problema antes de reemplazar ningún tablón afectado por la carcoma. Raspe o rocíe con un líquido especial para la conservación de madera tanto los tablones nuevos como los antiguos. Trate de ventilar la zona.	Manchas negras en la pintura y papel cerca de la zona afectada, que incluso vuelven a aparecer tras haberlos limpiado previamente. Humedad en las alfombras o moquetas que cubren la zona. En suelos donde se han fijado tablones nuevos, la humedad puede causar que éstos se levanten.

Solución de problemas en suelos viejos

Los suelos más viejos inevitablemente necesitarán reparaciones porque el uso y desgaste diario pasan factura al cabo de los años. El mantenimiento normalmente es sencillo y, como es probable que se hayan colocado antes de la aparición de los tableros grandes de contrachapado prefabricado, los problemas con que nos encontraremos serán aquellos relacionados con tablas de madera maciza. La mayoría de las zonas que requieren atención serán fáciles de reparar una vez se haya quitado cualquier cobertura de suelo, y se pueden tratar con la ayuda de unas cuantas herramientas básicas.

Trucos del oficio

Cuándo se revisa: El momento ideal para revisar y corregir los problemas es cuando se va a reemplazar la moqueta u otra cobertura de suelo. En este momento la tarima quedará totalmente a la vista y se puede hacer una observación general.
Retirada del zócalo: Si va a restaurar el suelo, piense en retirar los zócalos antes de empezar con el trabajo. Esto facilita en gran medida la colocación del suelo, porque se evitará el trabajo de tener que remeter la nueva tarima bajo el zócalo.

Consejo de seguridad

Lleve rodilleras cuando trabaje sobre un suelo de madera, para proteger las rodillas de astillas y clavos salientes.

Fijación de tablas sueltas

Una de las principales razones de que los suelos crujan es que las tablas se han soltado con el tiempo.

Herramientas para el trabajo

- Martillo
- Punzón de mano

Clave cualquier tabla suelta utilizando clavos de cabeza perdida, porque están especialmente diseñados para suelos. Introduzca las cabezas de las puntas por debajo de la superficie con un punzón de mano.

Tapado de ranuras

Con el paso del tiempo la tarima se encoge y las ranuras empiezan a aparecer entre las tablas. Las ranuras harán que la moqueta se ensucie más y que se sienta más frío en la habitación por el aire que entra a través de estos huecos. Existen dos métodos para sellar estas ranuras: o bien se rellenan estas ranuras, o bien se quita el suelo entero y se vuelve a colocar otra vez.

Herramientas para el trabajo

- Cinta métrica y lápiz
- Serrucho
- Martillo
- Gato para tarima

Relleno de las ranuras

Las ranuras regulares entre tablas se pueden rellenar con una tira de madera. Corte una tira del ancho de la ranura y del grosor de la tabla, échela pegamento a ambos lados y luego insértela dentro del hueco con la ayuda de un martillo.

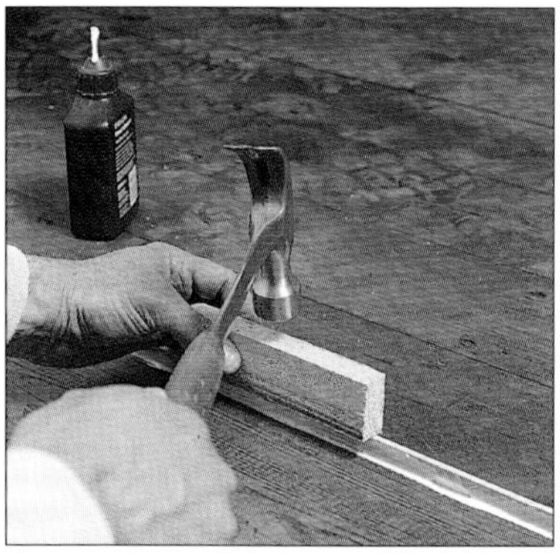

Recolocación del suelo

Otra opción es levantar y volver a colocar toda la tarima de la habitación. Coloque la primera tabla bien pegada a la pared y, utilizando un gato para tarima, vaya ajustando las tablas para que queden bien arrimadas unas a otras. Coloque nuevas tablas en los huecos que falten.

Trucos del oficio

Los bordes viejos suelen ocasionar que los clavos no aseguren adecuadamente las tablas. Si se quita una tira de cada lado, aunque esto reduzca la anchura de la tabla, se ganarán unos bordes nuevos para colocar los fijadores.

Instalación de tablero

Colocar tableros prefabricados, en este caso madera comprimida, sobre la tarima existente es un proyecto que merece la pena. Al instante sella cualquier ranura evitando que la suciedad y el aire se cuelen desde abajo, y ofrece un suelo liso sobre el que colocar moqueta u otro material. Sin embargo, la colocación de estos tableros no significa que sea una panacea. Aunque cubrirá bien pequeños hundimientos y ondulaciones de las tablas existentes, es esencial que cualquier tabla que falte sea reemplazada y la que esté rota o dañada se repare antes de que se coloque el tablero encima.

Trucos del oficio

Preparación del tablero: Antes de colocar los tableros hay que rociarlos con agua para quitar las tiranteces internas. Esto evita que el tablero se abombe o se arrugue más tarde y podría dañar la cobertura de suelo que tenga encima.

Lado áspero hacia arriba: Colocar el tablero con la parte áspera hacia arriba ofrecerá más sujeción a la moqueta que lo cubra y evitará que se deslice. Si la cobertura de suelo se va a pegar, la superficie áspera ayudará a su adherencia.

Herramientas para el trabajo

- Cinta métrica y lápiz
- Grapadora
- Gafas protectoras
- Martillo
- Sierra de U
- Serrucho

1 Empiece en un rincón de la habitación y coloque un tablero con la parte fina hacia arriba. El método tradicional para colocar madera prensada es con clavos para paneles acoplados al suelo cada 100 mm en todas las direcciones. Para evitar ondulaciones coloque los clavos desde el centro hacia los bordes.

2 Termine con el primer tablero y arrime totalmente el siguiente. No obstante, para evitar que se levante alguna parte, tendrá que dejar una pequeña ranura de aproximadamente 3 mm entre cada tablero. Si la habitación es particularmente pequeña o usted trabaja sin ayuda, se dará cuenta de que los tableros enteros son difíciles de manejar y tendrá que cortarlos a un tamaño más manejable. Si utiliza tableros más pequeños, tenga en cuenta que aun así tendrá que dejar una ranura de 3 mm alrededor del borde.

3 Para ajustar el tablero alrededor de obstáculos tales como las tuberías del radiador, primero corte una pieza de 100 x 100 mm del tablero para que deje libre el trozo de la tubería. Luego haga una plantilla de papel que ajuste perfectamente en el hueco. Trace la forma en un recorte de madera antes de cortarlo y colocarlo en su sitio.

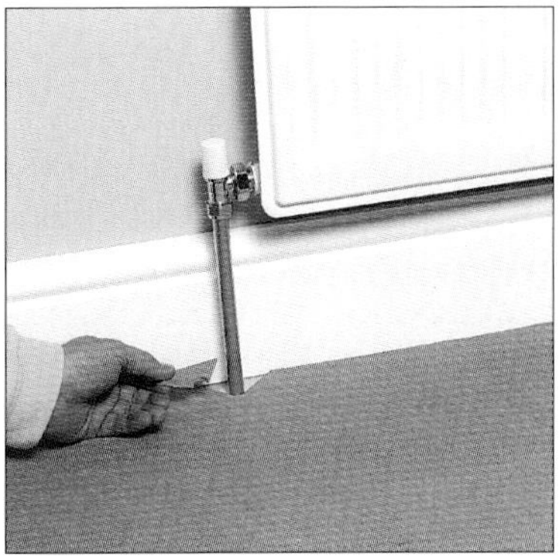

INSTALACIÓN CON GRAPAS

Un método alternativo más rápido para colocar el tablero es con una pistola grapadora. Si va a utilizar una pistola grapadora, asegúrese antes de resguardarse los ojos con unas gafas protectoras, porque si salta una grapa le puede dar en la cara a gran velocidad y dañarle seriamente.

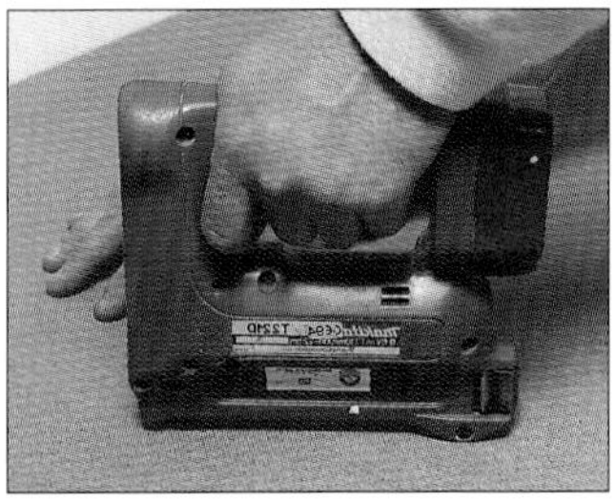

VOLVER EL SUELO DEL REVÉS

Una manera de rejuvenecer un suelo viejo sin gastarnos dinero en comprar nueva tarima es volver las tablas del revés. A menudo la parte de abajo no está desgastada y seguirá teniendo la madera original. Si las tablas están muy deterioradas esto no funcionará, pero merece la pena averiguarlo como medida de ahorro.

OTROS PROBLEMAS

Al revisar y reparar la tarima al mismo tiempo conviene inspeccionar la estructura donde se apoya el suelo. Asegúrese de que las vigas, el apuntalamiento y otros elementos están en buenas condiciones; repárelo y sustitúyalo si fuera necesario.

Sustitución de un trozo de tarima

En casi todas las casas existe alguna estancia que tiene el suelo de madera, bien en forma de tarima o bien en tableros prefabricados, como puede ser el contrachapado. Los suelos de madera generalmente requieren poco mantenimiento, pero hay ocasiones en que algunas tablas necesitan atención. Por ejemplo, quizá tenga que sustituir una tabla de tarima que se ha partido o cuya superficie se ha dañado irremediablemente; o si se necesita acceder a las tuberías que van por debajo, entonces las tablas se tienen que cortar y colocar otras nuevas. Sustituir un trozo del suelo es una tarea relativamente fácil.

Suelos de tarima

El procedimiento para sustituir un suelo de tarima descrito a continuación se aplica a tablas unidas con el mecanismo de lengüeta y ranura. Éstas son ligeramente más difíciles de quitar y algunos de los pasos citados se pueden omitir si las tablas del suelo son de canto liso, lo que hará que el trabajo sea menos duro. En algunas habitaciones, especialmente en aquellas que son bastante pequeñas, las tablas se remeten bajo el zócalo sin juntas intermedias. En este caso, simplemente levante la tabla en el centro de la habitación y metiendo un recorte de madera por debajo podrá cortarla por la mitad. Si no está totalmente seguro del tamaño del daño de una tabla, entonces sustituya la tabla entera.

Herramientas para el trabajo

- Detector de vigas, cables y tuberías
- Sierra circular
- Cincel ancho
- Escuadra
- Sierra de dientes finos
- Cinta métrica y lápiz
- Serrucho
- Taladradora/destornillador sin cable o martillo

1 Aquí la tabla que se va a sustituir está partida por la mitad. No se suele partir longitudinalmente en su totalidad, así que primero inspeccione el daño para evaluar si sustituye sólo un pequeño trozo de la tabla.

2 Averigüe las posiciones de las vigas, bien utilizando un detector o siguiendo la línea de los clavos. Marque con un lápiz el sitio donde haya que hacer la sustitución. Localice las vigas que se encuentran más allá del borde de la rotura y marque esto también. Por razones de seguridad es esencial saber si hay tuberías o cables eléctricos bajo las tablas antes de cortar.

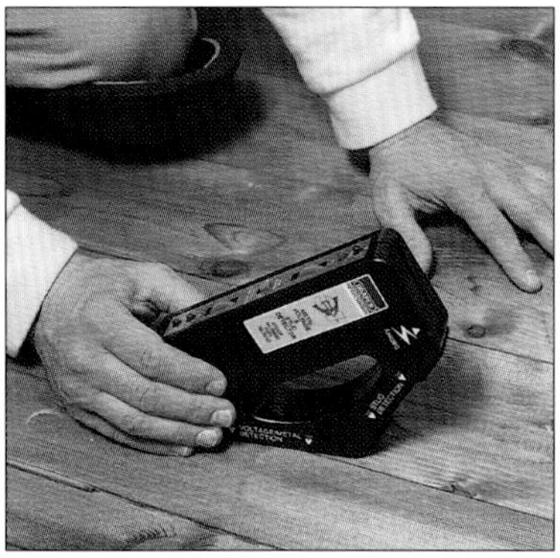

3 Con una sierra circular corte a una profundidad aproximada de 15 mm. Lleve la cuchilla por ambos lados de la tabla partida, en toda su longitud, para cortar las lengüetas. Si el suelo se ha construido utilizando tablas con canto recto omita este paso.

Consejo de seguridad

Las sierras circulares son seguras si se utilizan correctamente, pero casi nadie se siente cómodo con ellas. Si usted no se encuentra seguro, en su lugar puede utilizar una sierra para tarima (sierra especial con la hoja curvada).

4 Inserte un cincel ancho por el lado cortado y con delicadeza levante la tabla. Empiece cerca de la junta y siga haciéndolo longitudinalmente. Mantenga la tabla con un recorte de madera debajo y dibuje una línea con una escuadra para asegurar que cualquier junta quedará sobre la parte central de la viga. Corte esta línea con un serrucho de dientes finos.

5 Mida y corte un nuevo trozo de tarima para que ajuste totalmente en el espacio dejado por el trozo estropeado. Si utiliza una tabla con sistema de machihembrado, tendrá que cortar la lengüeta con un serrucho antes de colocarla.

6 Una vez se ha hecho el corte exacto en la tabla nueva, clávela o atorníllela en su sitio. Quizá sea mejor utilizar tornillos por si hubiera que acceder a la parte inferior del suelo en una fecha posterior.

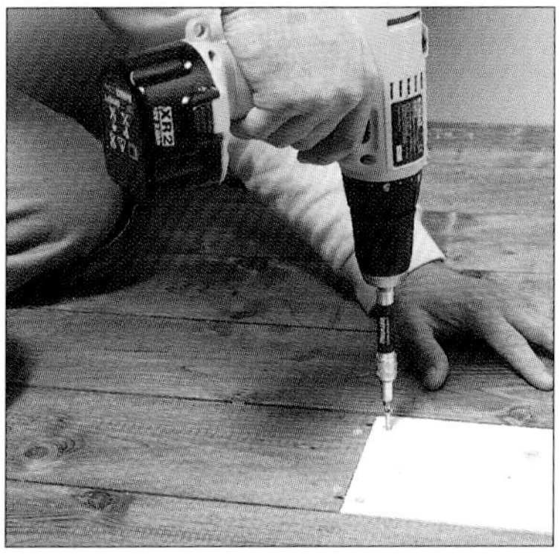

Suelos de aglomerado

Es bastante improbable que un trozo de suelo de aglomerado se parta de la misma manera que lo hace una tabla de tarima, pero habrá ocasiones en que se encuentre con que hay que sustituir una parte del suelo. Por ejemplo, quizá tenga que sustituir un tablero o más de uno después de cortar para acceder a las instalaciones que pasan por debajo del mismo, o quizá tenga que cortar un tablero que se ha estropeado debido a los daños producidos por la humedad.

Herramientas para el trabajo

- Cinta métrica y lápiz
- Sierra circular
- Cincel ancho
- Martillo de uña
- Grapas
- Serrucho
- Taladradora/destornillador sin cable

1 Ajuste la sierra circular para realizar un corte de 15 mm de profundidad y sierre alrededor del borde de la tabla para quitar la lengüeta. Tenga cuidado de no cortar las tablas que están al lado.

2 Con suavidad levante el tablero utilizando cinceles anchos. No lo levante solamente por un lado, sino que hágalo por todo el perímetro al mismo tiempo. Los clavos saldrán con el tablero; si no es así, tire de ellos con un martillo de uña.

3 Coloque tacos de madera entre las vigas para apoyar los extremos de las tablas que no están unidas a una viga.

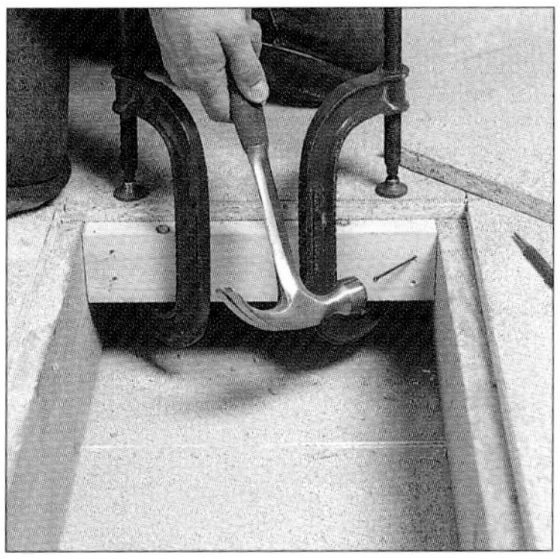

4 Sierre las lengüetas del tablero de sustitución con un serrucho, para que se acople en el hueco.

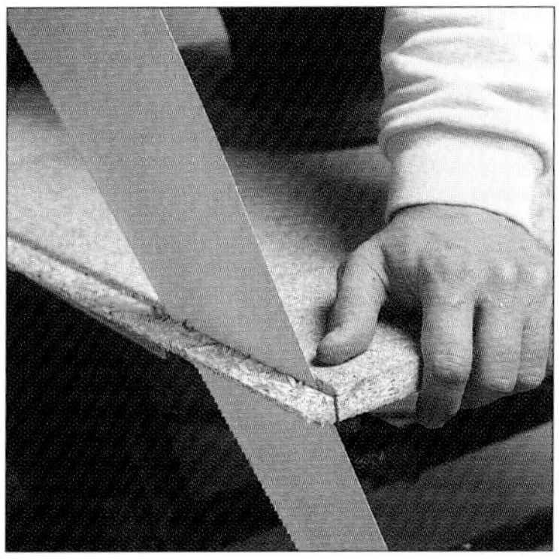

5 Finalmente, ajuste el nuevo tablero en el hueco y fíjelo. Se pueden utilizar clavos como fijadores, pero es mejor introducir tornillos.

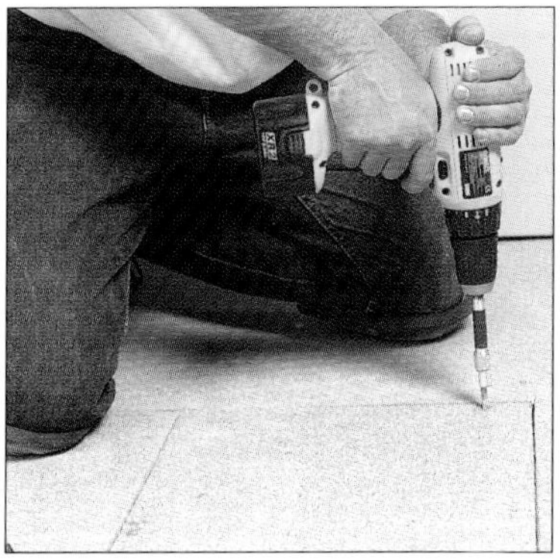

Trucos del oficio

Un tablero atornillado permitirá un acceso más fácil a las instalaciones de la parte inferior en el futuro, y el atornillado evita las fuertes vibraciones del martillo, lo que puede causar grietas en el techo que hay debajo.

Colocación de refuerzos cruzados

Los refuerzos cruzados dan una mayor consistencia a los suelos de las plantas superiores de las viviendas. Fabricados de madera o metal, se utilizan para diversas funciones. Evitan que un suelo se doble y se deforme, que traspase la vibración hacia abajo, y mantienen las vigas uniformemente espaciadas unas de otras. Es importante colocarlos perfectamente, porque de otra manera producirán que el suelo cruja.

A menos que vaya a construir en su totalidad un suelo suspendido, no es habitual que lo complete con un refuerzo cruzado. Con bastante frecuencia verá que cuando levante la tarima sólo habrá uno o dos refuerzos sueltos o que faltan. Para suelos nuevos, la instalación de refuerzos cruzados en diagonal es una tarea relativamente fácil, que desde hace unos años se ha vuelto más cómoda con la aparición en el mercado de refuerzos metálicos prefabricados. Los refuerzos cruzados se deben colocar en las vigas antes de la instalación de suelos o techos.

Consejo de seguridad

Cuando coloque refuerzo cruzado no puede existir ningún tipo de suelo. Para hacer el trabajo más seguro y más fácil, coloque unos tablones de andamio o un suelo provisional sobre las vigas para crear una plataforma de trabajo.

Refuerzos de madera

Herramientas para el trabajo

- Cinta métrica
- Tiza
- Barra medidora
- Falsa escuadra
- Ingletadora
- Taladradora/destornillador sin cable
- Martillo

1 Mida la longitud de las vigas en cada extremo de la habitación y divida el resultado por tres. Trace una línea con tiza en ambos puntos de la parte inferior de todas las vigas.

2 Fabrique una barra medidora con dos tiras finas de madera de unos 15 x 3 mm de grosor y unos 400 mm de longitud. Utilice la barra para medir la distancia entre la parte superior de una viga y la inferior de la siguiente. Ponga cinta adhesiva alrededor de las tiras para que se fijen en esta medida.

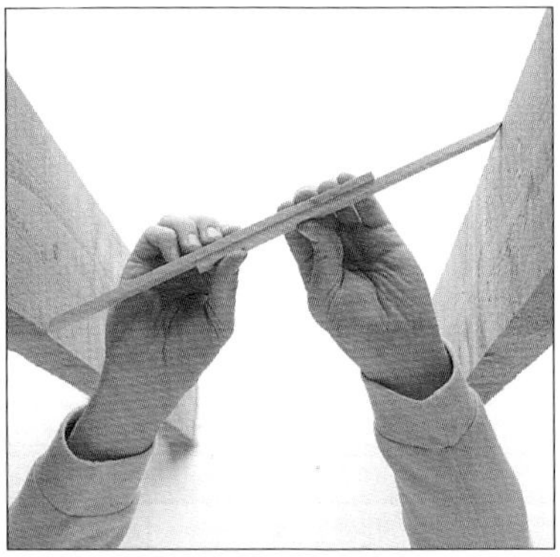

3 Coloque la barra en diagonal sobre un trozo de madera de 50 x 25 mm y transfiera la medida marcando con un lápiz a cada extremo. Ponga una falsa escuadra en ángulo cerrado y utilice ésta para marcar el mismo ángulo en la cara de la madera en ambos extremos de lo que será el refuerzo. Asegúrese de que las medidas son correctas, porque hará de plantilla para los demás refuerzos.

4 Después de comprobar que se ajustan corte los refuerzos utilizando una ingletadora que se ajuste al bisel; necesitará cuatro refuerzos para cada viga. Como los ángulos son los mismos, el borde cortado de uno forma el extremo cortado del siguiente refuerzo.

Trucos del oficio

Si tiene que cortar muchos refuerzos convendrá alquilar una sierra eléctrica, porque se ahorrará tiempo y dinero. Esta herramienta le ayudará a realizar el trabajo en la mitad de tiempo.

5 Coloque los refuerzos donde las líneas de tiza cruzan cada viga y ponga clavos sesgados entre las vigas; primero taladre agujeros guía con la ayuda de una taladradora sin cable.

Deje un pequeño hueco entre cada refuerzo para evitar crujidos cuando el suelo se mueva.

Trucos del oficio

El error más grande que puede cometer al instalar refuerzos cruzados es que se toquen en el punto donde se cruzan. Esto puede producir desagradables ruidos que aparecerán una vez el suelo se haya terminado. Para evitar este problema utilice un trozo de contrachapado como guía para mantener una separación uniforme entre refuerzos cuando los fije en su sitio.

Refuerzos metálicos

Los refuerzos metálicos han sustituido ahora a los refuerzos de madera en la mayoría de las construcciones nuevas. No hay que cortarlos, son más rápidos de instalar y se pueden comprar de la misma medida que el espacio existente entre vigas que suele ser de 400 mm, 450 mm o 600 mm.

Herramientas para el trabajo

Martillo

Tiza

1 Marque dos líneas de tiza como se ha descrito anteriormente. Empezando en un extremo de la habitación, clave los refuerzos a través del agujero de la parte superior, utilizando clavos galvanizados para fijarlos con seguridad a cada viga. Continúe a lo largo de toda la habitación.

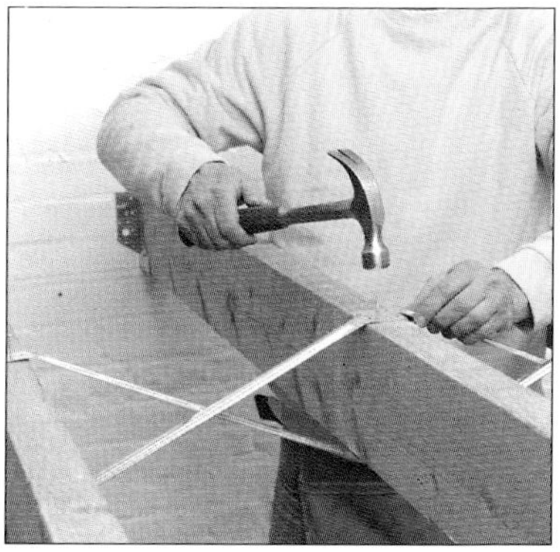

2 Trabajando desde la habitación de abajo, doble los refuerzos hasta que toquen la viga de enfrente. Clávelos en su sitio, de nuevo con clavos galvanizados, teniendo cuidado de mantener un pequeño espacio donde los refuerzos se cruzan para evitar posibles ruidos.

Trucos del oficio

Utilice unos alicates de punta larga para sujetar los clavos cuando los está introduciendo en las vigas. Le ayudará a proteger los dedos de un desliz accidental del martillo.

Los refuerzos cruzados ofrecen un apoyo adicional a las vigas. Se pueden fabricar de madera o de metal, pero los refuerzos de metal son más fáciles de colocar.

Renovación del suelo de parqué

El suelo de parqué macizo raramente se instala hoy en las casas porque su precio es casi prohibitivo, pero es relativamente frecuente encontrarlo en las grandes casas antiguas. Flexible y resistente cuando está bien colocado, durará muchísimos años. Normalmente no requiere ninguna reparación grande, y si así fuera, sería una tarea de especialista y habría que dejarlo a unas manos expertas. Una vez dicho esto, un avanzado aficionado al bricolaje tiene capacidad para sustituir unas cuantas tablas de madera o dar un nuevo acabado a un suelo estropeado.

Lijado

Para lijar correctamente un suelo de madera tiene que alquilar máquinas especiales en la tienda de alquiler de herramientas. Empiece colocando un papel basto en la lijadora y finalice con uno de grano fino para quitar los arañazos, después de pasar la aspiradora a la superficie del suelo. Se necesita una lijadora con una forma especial para llegar a aquellas zonas que no se pueden lijar con una máquina grande. El lijado puede ser un trabajo sucio y esté seguro de que se levantará mucho polvo. Antes de empezar, quite todos los muebles y asegúrese de que el suelo está limpio. Selle con cinta adhesiva las puertas del resto de la casa y abra una ventana. Póngase una mascarilla buena y protectores para los oídos cuando utilice máquinas lijadoras.

Trucos del oficio

Cualquier clavo o grapa que sobresalga romperá el papel de lija, cuyos recambios son caros y el alquiler cobrará una cantidad extra por las hojas usadas. Examine por entero el suelo y saque cualquier elemento que pudiera engancharse con el tambor de la lijadora.

Procedimiento de lijado

Gire siempre la máquina inclinada hacia atrás para que el tambor no toque la superficie del suelo. Empiece en una pared y lije cruzando la habitación de un rincón a otro, solapando las pasadas. Si deja que la lijadora permanezca quieta en un sitio durante un rato, hará incisiones en el suelo.

1. Utilice la lijadora de suelos en un ángulo de 45° en la dirección de las tablas, haciendo barridos por todo el suelo.

2. Repita el barrido a 45° con la lijadora en la dirección contraria.

3. Lije por toda la superficie del suelo, siguiendo la dirección de las tablas y de la veta.

4. Utilice una lijadora de bordes para acabar el perímetro de la habitación en la zona próxima al zócalo o superficie de pared.

5. Utilice una lijadora especial para rincones a fin de poder acceder a los mismos.

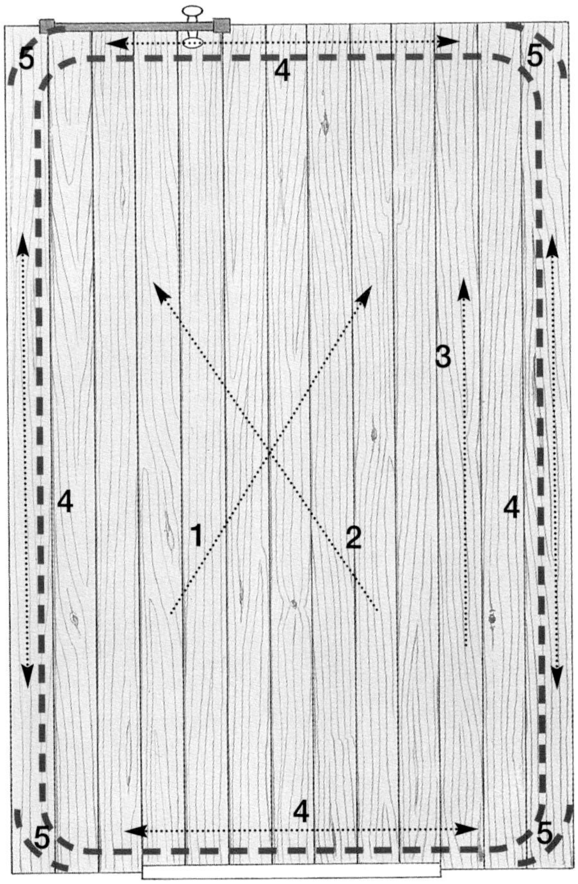

Volver a colocar tablas

Las tablas se fijan normalmente sobre una base de arena o cemento mezclado con brea. Pero para reemplazar sólo algunas utilice un preperado de látex. Si le faltan tablas, el fabricante le proporcionará las necesarias, o procure encontrar tablas en algún almacén.

Herramientas para el trabajo

Cincel viejo
Espátula japonesa
Brocha vieja
Lijadora eléctrica

1 Quite las piezas sueltas y rasque la brea vieja de la parte trasera de las mismas con un cincel viejo para madera. No utilice calor, porque la brea podría arder.

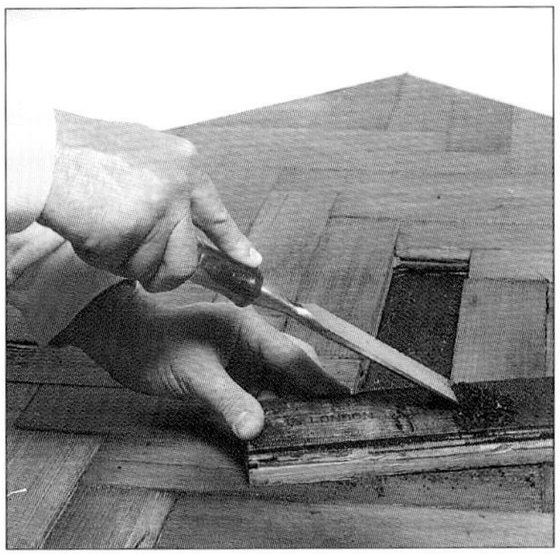

2 Extienda una capa de adhesivo de látex en el hueco del suelo con una espátula de pintor, dejándolo a un grosor de unos 4 mm.

3 Extienda una fina capa de látex en la parte trasera de las tablas con una brocha vieja e inmediatamente coloque las tablas sobre el látex húmedo en el suelo, siguiendo el modelo original de las demás tablas. En algunos casos las tablas de madera tenderán a flotar sobre la capa de adhesivo.

4 Coja una hoja de polietileno y colóquela entre el suelo y un trozo de contrachapado, que será ligeramente mayor que la zona del suelo que se ha reparado. Luego sitúe varios ladrillos sobre el contrachapado para que hagan presión sobre las tablas hasta que el adhesivo se haya secado.

5 Cuando ya esté listo el adhesivo, rellene cualquier grieta que quede con un sellador para madera. Finalmente, lije las tablas para que queden al mismo nivel que el resto del suelo.

Con un acabado cuidadoso se asegura que las tablas colocadas de nuevo igualen el color de las que están alrededor; el suelo de parqué quedará como si fuera nuevo.

Pintado y barnizado de suelos

Cuando el presupuesto para la reforma del hogar es ajustado, se suele dejar el suelo para cuando se pueda afrontar el pago de la cobertura idónea. Una buena manera de dar a la habitación el acabado que queremos sin gastar una fortuna es pintando o barnizando el suelo. Si el suelo se encuentra en unas condiciones relativamente aceptables, se quedará sorprendido al ver lo estupendo que queda con poco dinero. Si tiene mucha extensión, entonces incluir una o dos alfombras en el presupuesto puede suavizar el efecto.

Herramientas para el trabajo

- Martillo y punzón de mano
- Espátula
- Lijadora eléctrica de suelos
- Aspiradora
- Cepillo
- Trapo
- Rodillo de pintar
- Brochas

Barnizado

1 Inspeccione el suelo e introduzca cualquier clavo que sobresalga de la superficie. Si el suelo está atornillado, asegúrese de que los tornillos están bien enroscados sin que descuellen. Quizá tenga que quitar todos o algunos de los tornillos y volver a introducirlos si las cabezas se encuentran a menos de 2 mm por debajo de la superficie.

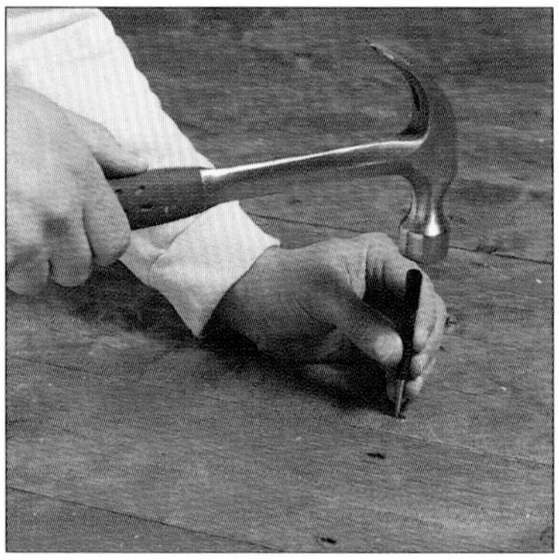

2 Utilice una espátula ancha y masilla moldeable para cubrir todas las cabezas de clavos y tornillos. Si se va a pintar el suelo, no importa de qué color sea la masilla. Si se va a barnizar, elija el tono que más se parezca al color del suelo.

Trucos del oficio

Casi todas las masillas cambian de color cuando se aplica el barniz, por ello es mejor elegir un matiz ligeramente más claro que la madera. Pruebe en una pequeña zona antes de colocarlo en toda la superficie del suelo.

3 Una vez la masilla se haya secado, lije el suelo con la lijadora eléctrica, limpiando el exceso de masilla según va pasando. Siga el método de lijado de suelos de madera descrito en la página 124.

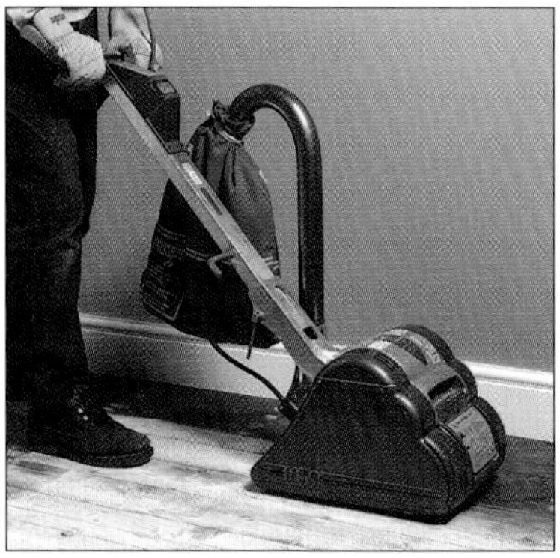

4 Pase la aspiradora de limpieza industrial al suelo. Utilice un cepillo de barrer suave para sacar la suciedad persistente y luego pase la aspiradora otra vez.

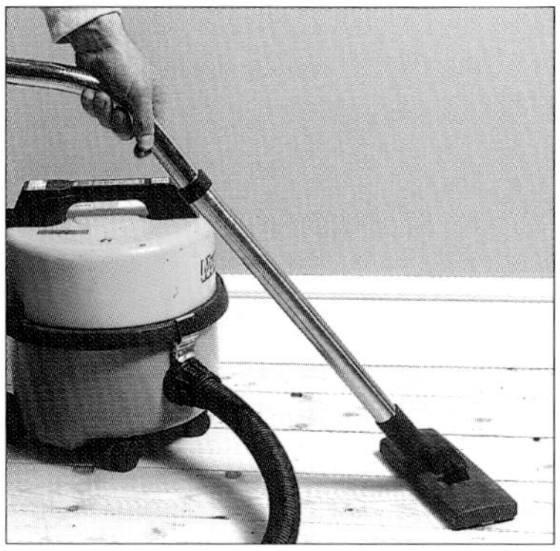

5 Cierre todas las ventanas y puertas; entonces pase un trapo por la superficie para quitar cualquier suciedad que haya quedado, que de otra manera podría estropear el acabado.

6 Diluya la primera mano de barniz añadiendo aproximadamente un 30 por 100 de volumen del disolvente recomendado. Aplique el barniz utilizando un rodillo con palo extensible. Trabaje hacia atrás desde la primera pasada, de tal manera que pueda ver esas áreas que ha olvidado.

Consejo de seguridad

Las pinturas y los disolventes pueden ser peligrosos si se ingieren, especialmente los niños; por ello nunca deje un bote abierto si no está presente.

7 Deje que se endurezca la primera mano y luego aplique la siguiente sin diluir el barniz. De nuevo, utilice un rodillo de pintar, pero mantenga una brocha a mano para que pueda ir retocando alrededor del borde de la habitación y aplicar barniz en aquellas zonas a las que no se puede acceder con el rodillo. Antes de que aplique la tercera y última capa, lije cualquier mancha utilizando papel de lija fino y limpie cualquier resto de polvo con un trapo limpio. Los barnices basados en agua elevarán el grano bastante, por ello este ligero lijado pagará dividendos en el acabado final.

Pintado

Existen pinturas duraderas especialmente fabricadas para suelos de garajes y cuartos de trabajo. Aunque solamente se pueden conseguir en una limitada gama de colores, dan excelente cobertura y se pueden usar en cocinas, cuartos de baño y zonas de juego. Las pinturas de emulsión son de secado rápido y durarán varios años si están cubiertas con un barniz adecuado.

Estarcido

Una base de color fuerte se puede aligerar pintando una plantilla o ribete en el perímetro de la habitación. Puede comprar plantillas ya listas para colocar o puede cortarlas usted mismo en papel especial para plantillas. Coloque la plantilla sobre el suelo con cinta adhesiva, luego puntee un poco de pintura con una brocha de estarcido. Quite la plantilla inmediatamente.

Aplicación de arena secada al horno

Una técnica simple, aunque bastante efectiva para hacer la superficie del suelo más segura en cuartos de baño y cocinas, es esparcir arena secada al horno sobre la pintura húmeda para crear un acabado antideslizante. Cuando la pintura se haya secado, barra el exceso de arena y selle la superficie con una capa de barniz.

Se pueden realizar efectos decorativos de gran contraste cuando se pinta un suelo. El suelo pintado con un color fuerte, como este que se muestra, hará que la habitación parezca más cálida y más brillante.

Solución de problemas en escaleras viejas

Las escaleras necesitan muy poco mantenimiento y una escalera nueva cumplirá su función durante años sin tener grandes problemas. Afortunadamente, cuando los problemas aparecen éstos suelen ser pequeños y fáciles de resolver, y un mantenimiento básico generalmente es fácil de llevar a efecto. Una escalera que cruje o un pasamanos que se tambalea a menudo significa más un fastidio que un peligro, pero los pequeños problemas como éste se deben tratar lo antes posible, porque si se va dejando luego requerirá unas reparaciones mayores.

Casi todos los problemas de escaleras se pueden solucionar con un equipo básico de herramientas; lo más difícil suele ser hallar el problema. El crujido de las escaleras está causado por dos piezas de madera que se rozan entre sí; por ello, si el peldaño hace ruido cuando se pisa, es casi seguro que se debe a que el peldaño se ha partido o a que su borde se ha soltado de la base donde se sujetaba. Cuando existen varios problemas trate de trabajar de una manera sistemática, rectificando uno antes de ponerse con otro.

Trucos del oficio

Pida ayuda a alguien para que suba y baje las escaleras mientras usted observa y escucha con atención para descubrir el lugar del problema.

Herramientas para el trabajo

- Cinta métrica y lápiz
- Serrucho
- Taladradora/destornillador sin cable
- Palillos de madera o plástico para mezclar
- Martillo
- Sierra de arco
- Garlopa
- Maza
- Jeringuilla

Peldaños partidos

1 Los peldaños partidos son habituales en las escaleras viejas y si la escalera se ha recubierto con moqueta, una señal segura será un peldaño que cruje. Se puede arreglar fácilmente de dos maneras distintas. Primero quite cualquier cobertura que tenga el suelo para dejar al aire la rotura.

2 Si se puede acceder a la parte inferior del peldaño, se puede colocar un remiendo sobre la parte rota. Corte un trozo de contrachapado de 150 mm de ancho y de una longitud tal que se acople con comodidad entre las zancas. Revista la pieza con pegamento para madera y atorníllela en su sitio. Asegúrese de que los tornillos no son demasiado largos o sobresaldrán por la parte de arriba del peldaño.

3 El pegamento epoxy es una buena alternativa cuando el único acceso es desde arriba. Retire el polvo o suciedad de la grieta y luego introduzca el epoxy dentro de la junta con un palillo mezclador de plástico o de madera. Déjelo que se endurezca durante todo la noche y luego líjelo para dejarlo enrasado.

Consejo de seguridad

Mucha gente es sensible a los componentes de las resinas epoxy. Utilice guantes desechables y crema protectora para las manos.

Trucos del oficio

Mezcle resina epoxy con un poco de serrín para hacer una pasta más consistente y más fácil de aplicar. El pegamento tiene una consistencia gelatinosa y esto también evitará que se derrame.

Pérdida de cuñas pegadas

Otra de las causas por las que las escaleras crujen es la pérdida de cuñas pegadas. Estas cuñas triangulares refuerzan los rincones donde se juntan huella y contrahuella, y se ajustan por la parte inferior de la escalera (ver también página 16). Sustituya cualquier cuña que falte cortando un trozo de madera del tamaño adecuado. Eche pegamento a la cuña y golpéela con un martillo para acoplarla en su sitio, sujetándola con unos clavos hasta que el pegamento se haya secado.

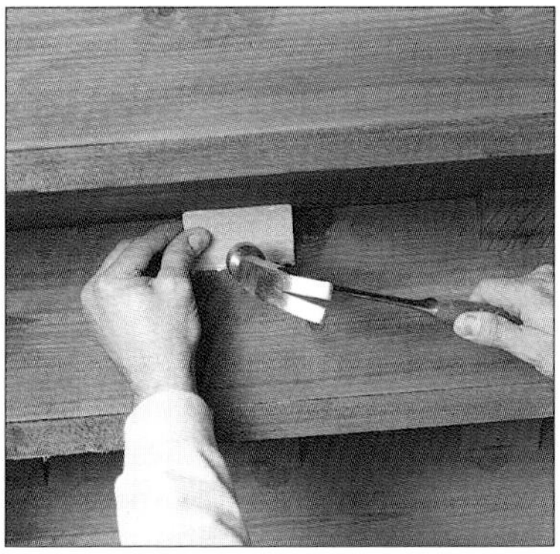

Saliente partido o estropeado

1 Para reparar un saliente partido o estropeado, utilice un listón recto para trazar una línea a 12 mm desde la línea del borde original. Luego, en ángulo de 45°, corte 10 cm hacia dentro de esta línea con un serrucho. Habiendo hecho estos cortes iniciales, quite el resto de la madera desgastada utilizando una sierra de calar.

2 Corte una madera para reemplazar, ligeramente más grande. Péguela en el sitio, sujetándola con cinta adhesiva hasta que el pegamento se seque. Cuando ya esté listo, utilice una garlopa y papel abrasivo para darle la misma forma que tenía originalmente.

Cuña suelta

Un hueco entre la huella y la zanca significa que la cuña está suelta. Quite la cuña original o corte una nueva. Eche pegamento para madera en la ranura y vuelva a poner la cuña golpeándola con un martillo.

Pilar que se tambalea

1 Para sujetar un pilar de arranque que se tambalea, mida 50 mm desde la base del pilar. Busque la línea central y marque la posición. Taladre un agujero de 9 mm a una profundidad de 12 mm en ángulo de 45° con la huella.

2 Continúe taladrando con una broca de 3 mm desde el centro de este agujero hasta la huella. Luego inserte un tornillo para madera del 8 de 75 mm y ajústelo con firmeza. Pegue una bolita de madera que ajuste al agujero de 12 mm y cubra la cabeza del tornillo.

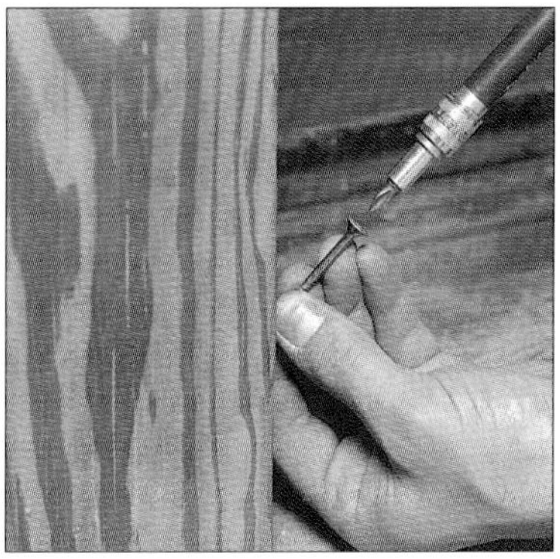

Balaustre suelto

Para fijar un balaustre suelto, primero despéguelo de la parte inferior del pasamanos golpeándolo con una maza y sacándolo del alojamiento del escalón. Limpie el pegamento viejo y eche nuevo adhesivo antes de clavarlo al pasamanos.

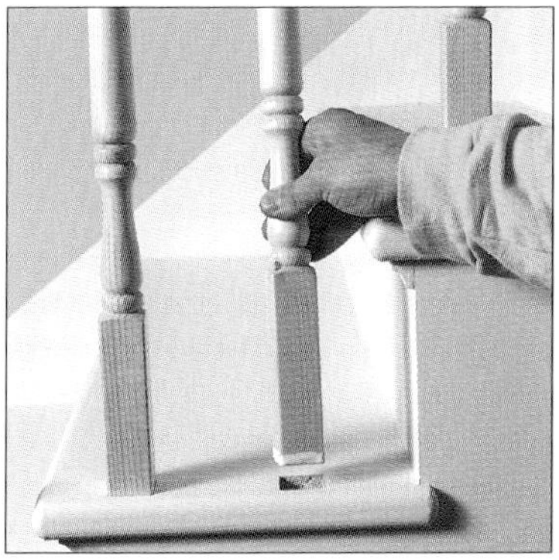

Trucos del oficio

Si el problema requiere una reparación que incluye quitar alguna parte de la escalera pero no se puede hacer sin mucha dificultad, se puede arreglar echando pegamento epoxy en la junta suelta con una pequeña jeringuilla.

Reparación de peldaños rotos

Las escaleras inevitablemente sufren por el desgaste diario, pero, en general, su estructura permanece en buenas condiciones durante un largo período de tiempo. Sin embargo, si se cree que un peldaño está roto, habrá que repararlo de inmediato para evitar que se produzca un accidente serio. Sustituir un peldaño de escalera es un trabajo lo suficientemente fácil como para que la mayoría de los aficionados al bricolaje lo puedan realizar, pero si el fallo parece más serio, habrá que consultar a un profesional.

Existen diversos métodos de reparar peldaños rotos, pero incluso los más simples requieren poder acceder debajo de la escalera. Si el hueco de la escalera está cerrado con panelado triangular, será fácil efectuar la reparación porque se puede acceder con facilidad. En las escaleras nuevas que tienen la caja bloqueada tendrá que quitar los paneles y luego volverlos a colocar (ver páginas 98-99).

Consejo de seguridad

Si trabaja en el arreglo de una escalera, coloque un cordón o un trozo de cinta que se vea, de lado a lado, en la parte alta y en la baja de la escalera para evitar que se utilice. Podría ocurrir un desagradable accidente si alguien introduce su pie en el escalón que falta.

Herramientas para el trabajo

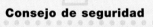

- Cinta métrica y lápiz
- Serrucho
- Taladradora/destornillador sin cable
- Hoja de sierra
- Escofina
- Martillo de uña
- Maza
- Sierra
- Martillo

Fijación rápida

Si el peldaño se ha partido en toda su longitud, se hará una reparación rápida pegando y atornillando un trozo de contrachapado a la parte baja del mismo. Corte una chapa de 9 mm de un tamaño que se acople perfectamente a los tacos y cuñas pegados.

Sustitución del peldaño

Se pueden utilizar dos métodos para unir peldaños a las contrahuellas. Algunas escaleras emplean un simple ensamble reforzado dentro de la contrahuella para asegurar el peldaño. El otro, más común, es que la contrahuella esté machihembrada o alojada dentro de la huella. Para comprobar de qué tipo son las que tiene, trate de insertar una hoja de sierra por la junta de huella y contrahuella. Si no entra, entonces será una junta como la última descrita y que tendrá que cortar antes de poder quitar el peldaño.

1 Apalanque hacia fuera por debajo del saliente con una escofina. Guarde el saliente para acoplarlo más tarde. Quite cualquier clavo que quede.

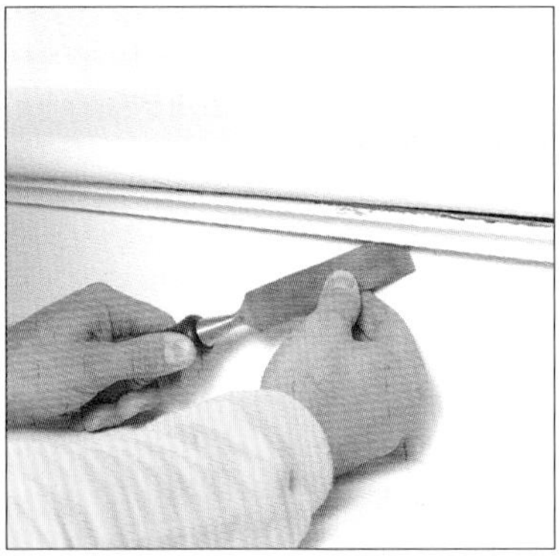

2 Desde la parte de atrás de la escalera utilice un cincel y una maza para quitar los tacos pegados en el rincón donde se juntan huella y zanca. No los guarde, porque tendrá que poner unos nuevos después.

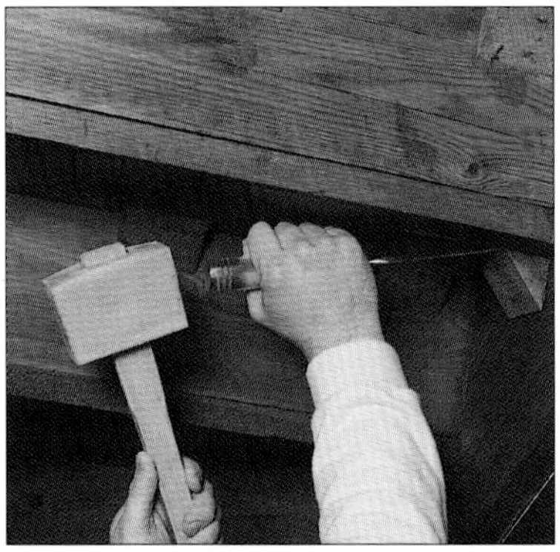

3 Taladre tres o cuatro agujeros pequeños de unos 3 mm de diámetro en la contrahuella y a través de la junta de la huella debajo de la zona dañada; esto le permitirá insertar una hoja de sierra. Empiece a hacer el corte con la sierra, luego cuando tenga la suficiente longitud utilice un serrucho para acabar de cortar, manteniendo la hoja paralela a la parte inferior de la huella. Utilice el mismo procedimiento para serrar la junta entre la huella y la siguiente contrahuella, operación que tendrá que realizar desde la parte

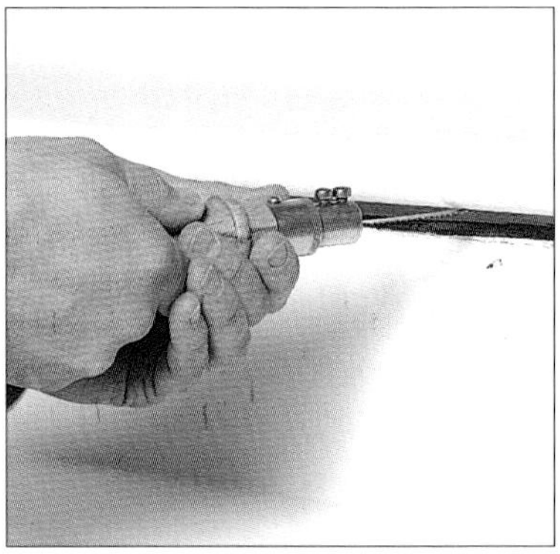

trasera de la escalera. De nuevo asegúrese de mantener la hoja del serrucho paralela a la superficie de la huella.

4 Con la escofina retire las cuñas que sujetan la huella. Si la escalera es del tipo de zanca cerrada, deje libre la huella dándole un golpe seco con el martillo apoyándose en un taco de madera por el lado derecho y adyacente a la zanca. Si tiene zanca abierta, golpee el saliente de la misma manera.

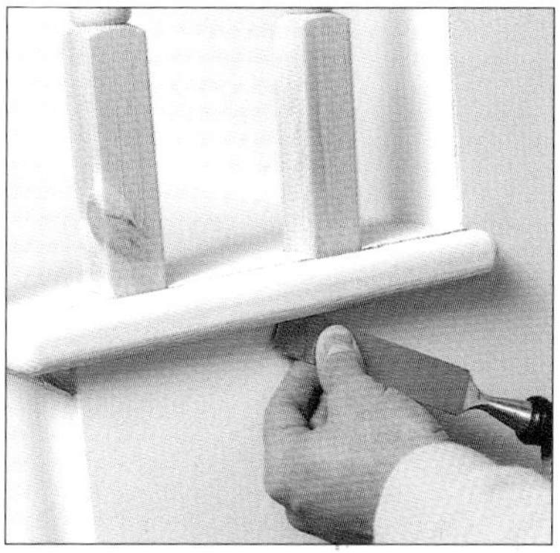

5 Si es una escalera de zanca abierta, el método es ligeramente diferente. Saque la moldura en borde de la huella, luego quite los balaustres golpeándolos por el lateral para desalojarlos de sus huecos antes de golpear la huella desde atrás.

6 Corte la madera de la huella de sustitución, utilizando la vieja como plantilla. Asegúrese de que la madera tiene las mismas dimensiones que la huella existente y que el saliente es idéntico al original, porque si no es así no ajustará perfectamente.

7 Vuelva a colocar la huella siguiendo el mismo procedimiento que cuando la quitó, sólo que al revés. Corte nuevos tacos y cuñas, cúbralos con pegamento y ajústelos apretándolos con firmeza en su sitio. Finalmente, vuelva a poner los balaustres y la moldura redondeada o de Escocia, si se quitó con anterioridad.

Trucos del oficio

Si la escalera es vieja o hay prueba de que tenga podredumbre o alguna plaga, hay que dar un tratamiento a la madera, ya sea nueva o vieja, con un producto adecuado antes de sellar la parte trasera de la escalera.

Hacer una reparación es algo tan sencillo como dar el mismo acabado al escalón nuevo como a los otros y así la escalera paracerá la de antes.

Tratamiento de escaleras que crujen

Teniendo en cuenta la calidad de su construcción, inevitablemente llegará un momento en que los peldaños de la escalera empiecen a crujir. La principal causa de que una escalera cruja es simplemente el uso y desgaste general, acompañado del encogimiento y movimiento naturales de la madera, lo que significa que tarde o temprano todas las escaleras de madera crujirán. En muchos casos, esto es molesto más que otra cosa y, gastando un poco de su tiempo, debería ser capaz de erradicar cualquier crujido.

En la mayoría de los casos, los mejores resultados se obtienen cuando la mayor parte de las reparaciones se efectúan por debajo de la escalera. Mientras que éste sería el escenario ideal, no siempre tenemos esa opción; sin embargo, muchas de las reparaciones pequeñas se pueden hacer desde la parte frontal. Se pueden utilizar diferentes técnicas para resolver el mismo problema y la mayoría de las opciones posibles se muestran en estas páginas.

Herramientas para el trabajo

- Martillo
- Taladradora/destornillador sin cable
- Serrucho
- Destornillador
- Cincel para madera

Trucos del oficio

Para identificar dónde está el problema, será de gran ayuda que otra persona suba y baje las escaleras despacio mientras usted observa y escucha cada paso que da. Si tiene un armario bajo la escalera, puede saber dónde hay aberturas entre juntas si se mete dentro con una luz para ver dónde están las grietas o si pone un foco que ilumine desde fuera.

Peldaños sueltos-clavado

Una de las reparaciones más simples, que será más fácil si no tiene la oportunidad de acceder al hueco bajo la escalera, es clavar la huella a la contrahuella que tiene debajo. Tenga cuidado de que los clavos no se salgan de la contrahuella, estropeando su apariencia. Los clavos se fijarán mejor si se introducen en forma de cola de paloma, como se muestra aquí.

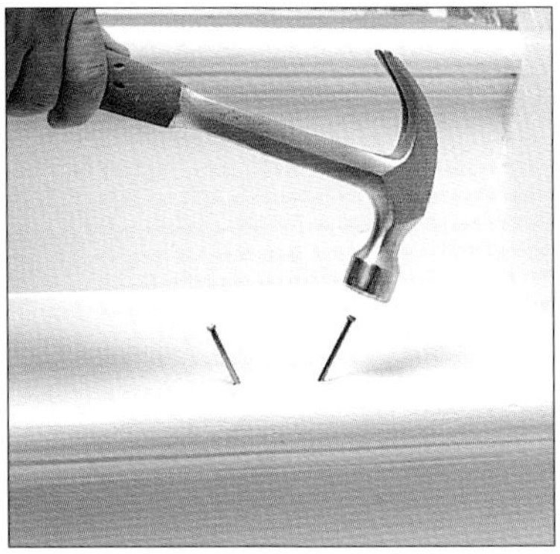

Peldaños sueltos-atornillado

Un método mejor para fijar un peldaño suelto, de nuevo sin necesidad de acceder bajo la escalera, es con una fila de tornillos mejor que con clavos. Primero tendrá que horadar agujeros en la huella, a la misma altura que la contrahuella, e introducir los tornillos. Utilice tornillos del n.° 8, de 38 mm, y asegúrese de que las cabezas quedan

bien metidas bajo la superficie de la huella. Para ultimar el acabado remeta bien los tornillos. La broca especial taladra al tamaño correcto el agujero guía para los tornillos, quedando por debajo de la superficie. Luego se cortan unas bolitas que igualen a la madera, se pegan sobre el tornillo y se dejan enrasadas.

Sustitución de cuñas

Una ranura entre la superficie de la huella y la zanca indica una cuña suelta o que falta. Si está suelta, quite la cuña debajo de la escalera, limpie el adhesivo viejo, eche pegamento y vuelva a colocarla. Si falta o está dañada, corte una nueva de madera y péguela.

Reforzado de juntas

Para reforzar la junta entre una zanca libre y la huella, corte un taco de madera de 35 mm de lado y de la longitud de la huella. Colóquelo bajo la escalera y, en la parte trasera del escalón en cuestión, atornille el taco junto al rincón donde se encuentran huella y zanca. Primero eche pegamento al taco y taladre agujeros para tornillos del n.° 8, de 50 mm. Si puede, coja un ayudante para que se sitúe sobre la huella y desde arriba cierre el hueco entre el taco y el escalón, al tiempo que usted introduce los tornillos.

Junta de contrahuella suelta

Si se pega un trozo de listón en el rincón, algunas veces se refuerza la junta de una contrahuella suelta. Si la escalera está a la vista, tendrá que igualar a la madera existente.

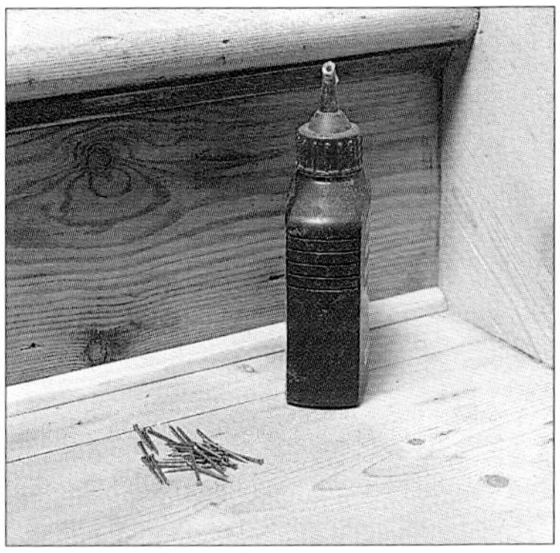

Inyectado de adhesivo

Quizá pueda apalancar con un cincel para abrir una junta e inyectar adhesivo. Sujete la junta hasta que el adhesivo se seque. Esto es efectivo combinado con otras reparaciones como la sustitución de tacos pegados.

Dónde insertar las cuñas

Introducir unas cuñas pequeñas revestidas con pegamento es un método efectivo para fijar juntas entre huella y contrahuella. Haga unas cuñas de unos 30 mm de longitud y de 3 mm de grosor en la parte más ancha. Después que se haya secado el pegamento, utilice una escofina delgada para retirar los extremos que sobresalgan de las cuñas.

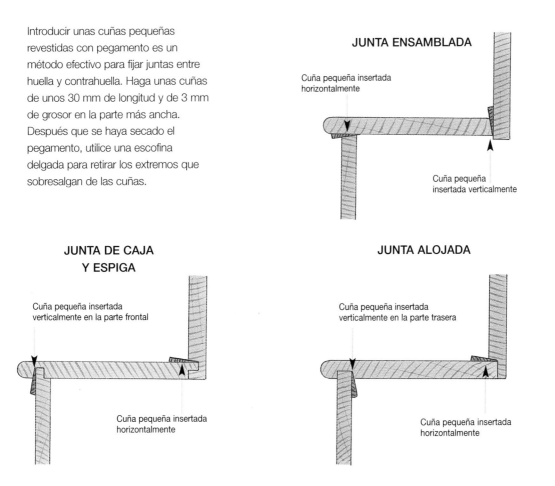

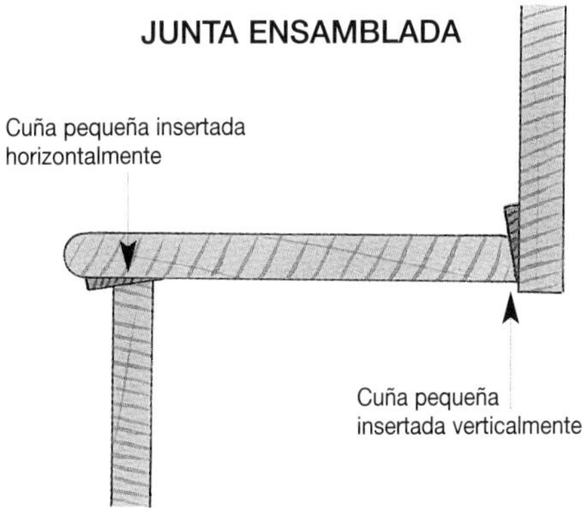

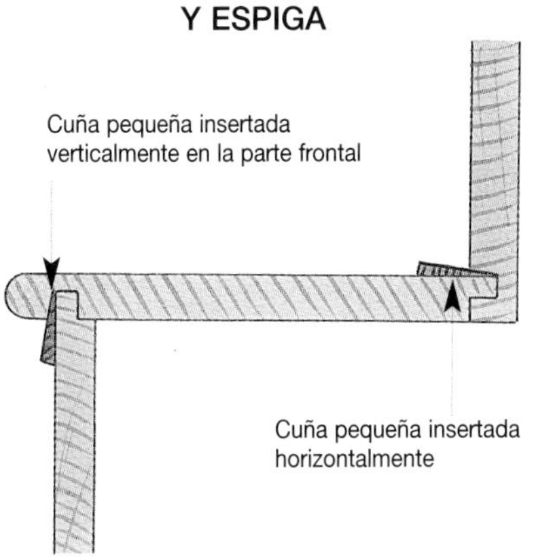

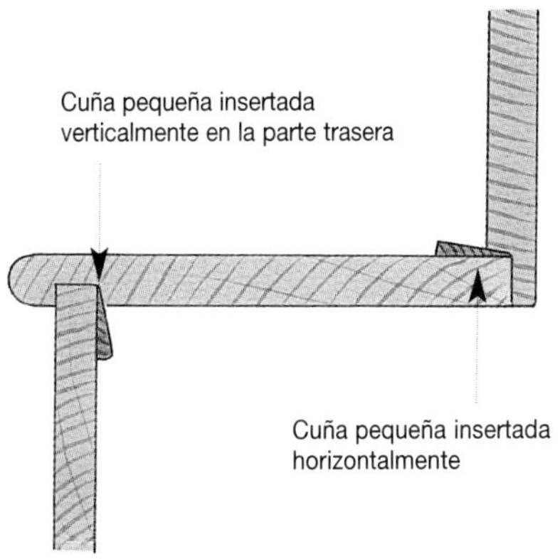

glosario

Aglomerado: Madera prefabricada utilizada para suelos, hecha de astillas de madera comprimida y que se suministra en tableros. Los tableros normalmente se unen con un mecanismo de machihembrado.

Alojamiento: Rendija dentro de la cual se puede fijar una pieza de madera. En las escaleras, es el nombre que se da a las ranuras en las que se acoplan las huellas y las contrahuellas.

Alojamiento para viga: Agujero en la pared o en una viga de carga para sujetar vigas cuando no se utilizan colgadores.

Apisonar: Acción de aplicar presión para compactar materiales y unirlos.

Argamasa: Mezcla de cemento, arena y en ocasiones otros elementos que se emplean en albañilería y enlucido.

Árido: Piedra machacada, guijarros, grava o material similar que forma la parte más importante de compuestos, tales como hormigón y mortero. Los áridos más finos son conocidos como arena. Árido también algunas veces se refiere al balasto.

Arquitrabe: Tiras decorativas de moldura colocadas alrededor del marco de una puerta para crear un acabado sobre la junta entre el marco y la pared.

Balaustre: Parte de una balaustrada; el término correcto para denominar los postes de una escalera colocados entre el pasamanos y la zanca.

Baldosa sin vitrificar: Baldosa de gran dureza que se ha cocido en un horno y que se emplea como material para cubrir el suelo.

Bloque de madera: Cada una de las partes constituyentes de un suelo de parqué.

Bloquear: Palabra técnica para definir simplemente "tapar un espacio". En el contexto de este libro se refiere específicamente a disimular los detalles de construcción de la parte baja de una escalera con la adición de paneles lisos de madera o cartón yeso.

Capa aislante horizontal: Membrana impermeable (antiguamente de pizarra, ahora de plástico) colocada entre capas de ladrillo en paredes exteriores, posicionada justo sobre el nivel del suelo para evitar que la humedad penetre en el interior de una casa.

Carcoma (húmeda): Deterioro de la madera debido a una cantidad excesiva de humedad, no tan seria como la carcoma seca pero que igualmente conduce a la destrucción de la superficie.

Cartón yeso: Material laminado formado por el intercalado de una capa central de yeso dispuesta entre dos láminas de papel resistente que se emplea para alisar suelos y tabiques.

Cemento: Aglutinante en forma de polvo que junto con arena y áridos forma, respectivamente, mortero para colocar ladrillos u hormigón.

Condensación: Humedad que se produce cuando el aire está completamente saturado y es incapaz de absorber más; normalmente aparece sobre superficies que tienen menos temperatura que el ambiente, como los cristales fríos de las ventanas.

Contrachapado: Un tipo de tablero hecho de tres o más láminas de madera.

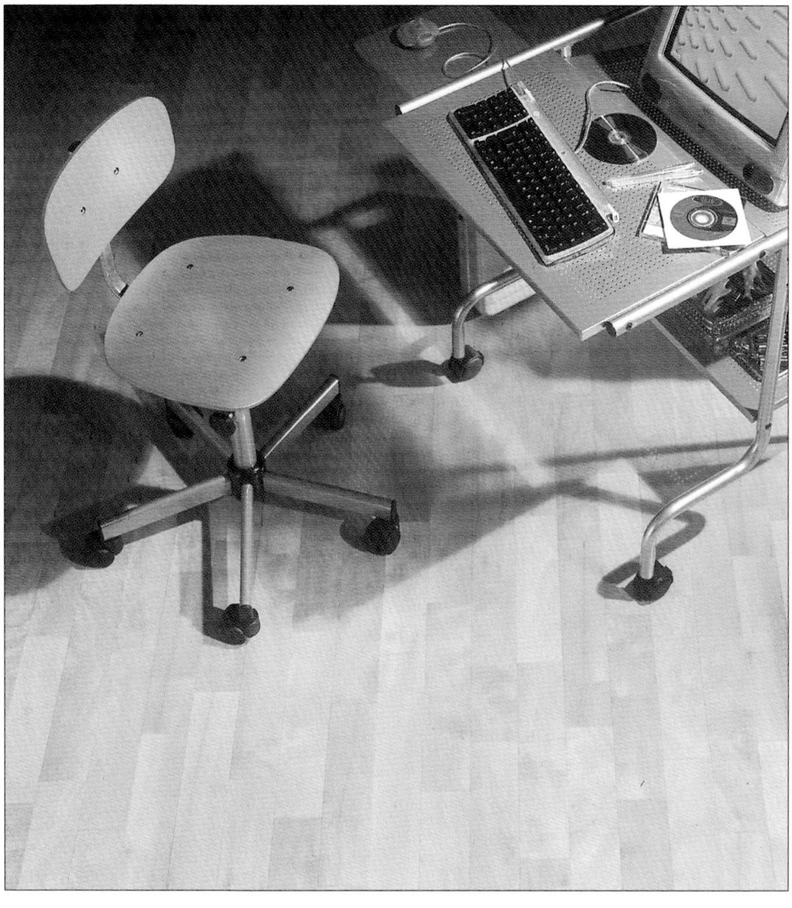

Contrahuella: La parte elevada de una escalera que une dos escalones.

Cuña pegada: Cuña de madera acoplada a las escaleras para que la huella se sujete a la zanca.

Eje: Poste principal que se encuentra atravesando la escalera de arriba a abajo y que sostiene el pasamanos.

Ejes: Barras redondas de madera que se emplean para cubrir el espacio entre el pasamanos y la zanca.

Emplaste: Yeso en polvo utilizado para rellenar pequeños agujeros y muescas, y cubrir las cabezas de clavos y tornillos antes de decorar.

Encofrado: Tablas de madera clavadas entre sí para formar un molde temporal para sujetar el cemento húmedo hasta que fragua.

Escalera de huella abierta: Tipo de escaleras sin contrahuellas, lo contrario que las escaleras de peldaños cerrados.

Firme de suelo: Capa hecha con ladrillo roto, escombros de hormigón y otro material de construcción, colocada para nivelar y ofrecer una base estable antes de hormigonar.

Fluido antihumedad: Producto utilizado para reparar una capa aislante horizontal que falla o hacer sus veces si no existe. Se inyecta en numerosos puntos en la pared exterior al nivel de la capa aislante horizontal para formar una capa impermeable.

Grava: Piedra de río lavada y normalmente cribada a un diámetro máximo de 20 mm.

Gravilla: Arena muy gruesa extendida sobre una capa de firme del suelo en suelos de hormigón para evitar que la membrana antihumedad se perfore.

Hormigón: Material de construcción hecho con cemento, arena, árido y agua que cuando se asienta forma una masa dura con aspecto de piedra y se utiliza para suelos y subsuelos, cimientos de paredes y como solado de patios, pasos para vehículos y otras cimentaciones de construcción.

Hueco guía: Pequeño agujero que permite a un clavo o tuerca clavarse en la madera.

Huella ascendente: Tipo de escalera que incluye una contrahuella en cada escalón, lo contrario de la escalera de huella abierta.

Humedad elevada: Humedad que penetra en un edificio por el suelo debido a un fallo en el aislante de un muro o de un suelo de cemento.

Humedad penetrante: Humedad que entra en un edificio debido a algún defecto en su estructura y aislamiento.

Insectos de la madera: Gusanos que viven en la celulosa que se encuentra en la madera; la plaga de estos insectos puede ocasionar un gran daño en la madera hasta que incluso resulte irrecuperable.

Ladrillo hueco: Ladrillo especial colocado en paredes exteriores, con gran cantidad de agujeros para permitir que el aire fluya dentro de una habitación o bajo un suelo de madera.

Laminado: Revestimiento para el suelo, realizado empleando un proceso en el cual una fina lámina, normalmente de madera barnizada se une a otra superficie para formar un material homogéneo.

Lana mineral: Término genérico que se emplea para denominar al material aislante fabricado con fibras minerales.

Látex: Material plástico que se emplea para allanar e igualar distintas zonas.

Licencia de obras: Permiso legal que se debe pedir a la autoridad local para llevar a cabo determinados tipos de edificaciones.

Listón: Trozo de madera de 50 x 25 mm, o menor tamaño, en sección cruzada, utilizado para construir bastidores, etc.

Listón de sujeción: Tira de madera con clavos alojados con las puntas hacia arriba para sujetar la moqueta.

Listón y yeso: Revestimiento para techos y tabiques de casas antiguas, que consiste en yeso aplicado a listones de madera unidos dejando muy poco espacio entre ellos, que se sujetan con clavos a viguetas del techo o travesaños de los muros.

Listoncillo: Tira de madera pequeña y corta que sujeta otra pieza mayor.

Machihembradro: Ensambladura de ranura y lengüeta empleado para unir uno o más paneles.

Mamparo: Pared parcial que a menudo cuelga sobre la caja de la escalera o a un lado de la misma, y que no está apoyada directamente en el suelo.

Mampostería: Argamasa empleada para las junturas entre los ladrillos. Se emplean distintas herramientas de mampostería para dar distintos perfilados.

Marca de referencia: Marca sobre la pared, o en otra parte fija, a una determinada altura, que será la referencia para hacer otras mediciones.

Masilla: Material no fraguador empleado para cerrar los espacios que quedan entre los materiales de construcción, como por ejemplo, entre el marco de una ventana y los ladrillos de alrededor. También se le conoce como calafateo.

MDF: Abreviatura comúnmente empleada para panel de fibra de madera de densidad media (en inglés, *medium-density fibreboard,* panel fabricado de fibras de madera comprimidas).

Mecha: Acción por la cual la humedad de la madera se absorbe por los extremos de una viga por medio de atracción capilar.

Membrana aislante: Hoja de material colocada entre el subsuelo y el suelo para evitar que la humedad suba por el hormigón y el firme del suelo.

Mitrado: Cuando dos secciones de un material, normalmente madera, se unen formando un ángulo, como en el caso del arquitrabe que resulta de la unión de la parte más alta y uno de los lados del marco de una puerta.

Moldura: Decoración que se encuentra en los bordes de una sección de madera.

Montantes: Pies de madera empleados en la construcción de la estructura de un muro.

Muro tachonado: Pared que contiene montantes de madera y que está recubierta de yeso, empleado para la construcción de tabiques en casas y con un acabado también de yeso.

Paleta llana: Herramienta empleada para mezclar y aplicar material de construcción, normalmente cemento, yeso, y argamasa, de distintos tamaños.

Paneles de tímpano: Paneles especiales que se emplean para cubrir el espacio triangular justo debajo de la escalera.

Pared hueca: Paramento de vivienda consistente en dos capas, o "pieles", de fábrica que quedan unidas con abrazaderas de metal o de plástico, y con una cavidad (el hueco) –normalmente de 50 mm de ancho– entre ellas. La pared interna suele estar construida con bloques, y la cavidad se rellena parcial o totalmente con materiales aislantes.

Parqué: Revestimiento para el suelo formado de bloques de madera dispuestos de forma geométrica. Otro nombre para denominar al entarimado de madera.

Pasamanos: Barandilla fijada, bien a la pared o a la caja de escalera, que se puede agarrar para apoyarse al bajar o subir la escalera.

Paso: La parte horizontal de un escalón en la que uno sitúa el pie al subir y bajar una escalera.

Pilote: Pequeños trozos de material que forman la lámina de una moqueta, pudiendo formar un dibujo o ser liso.

Plomada: Pie perpendicular.

Podredumbre seca: Tipo de ataque por hongos a la madera y otros materiales de construcción. Empieza siendo una cobertura sedosa en la madera, luego cambia con el aspecto de bolas de algodón y finalmente queda con una apariencia de esponja en color rojo oscuro.

PVA (acetato de polivinilo): Adhesivo empleado en construcción- líquido de color blanco que se utiliza como adhesivo y para sellar zonas en edificios.

Refuerzos cruzados: Listones de metal o madera que se fijan a las vigas para evitar movimientos del suelo.

Registro de acceso: Agujero, redondo o cuadrado, cortado en el suelo para permitir el acceso a las instalaciones eléctricas o de fontanería.

Rejilla de suelo: Pieza metálica que se acopla sobre un agujero cortado en el suelo para permitir que pase el aire en la habitación y en la zona bajo el suelo; puede ser movible o fija.

Rellano/descansillo: Zona que se encuentra a la mitad de una escalera que une distintos tramos, normalmente para permitir que estos tramos de escalera cambien de dirección. El término también se emplea para denominar la parte que se encuentra en lo más alto de la escalera.

Revestimiento: Nombre dado al material que cubre los principales elementos estructurales que están debajo.

Saliente: El borde redondeado de los peldaños de madera.

Soporte de viga: Abrazadera de metal utilizada para sujetar los extremos de las vigas en su unión con la pared, con variedades específicamente diseñadas para madera o ladrillo. En algunos casos se embuten al construir la pared.

Subsuelo: El material que se encuentra debajo de una cubierta de suelo, normalmente una tabla de suelo, cemento o aglomerado de madera.

Suelo colgante: Suelo que se encuentra entre dos muros.

Taco: Elemento plástico insertado en un agujero de la pared que se emplea para colocar una tuerca y asegurarnos de que queda fijada en la pared.

Taco pegado: Pieza triangular de madera acoplada a la parte trasera de las escaleras entre huella y contrahuella.

Tintura: Compuesto químico de agua o aceite que se utiliza par cambiar el color de la madera.

Vara: Dos palos colocados a una distancia y enlazados para hacer mediciones de un sitio a otro.

Vigas: Viguetas de madera o acero que sujetan el suelo y, en las habitaciones superiores, el techo que tienen encima.

Vinilo: Plástico manufacturado que se emplea para fabricar cubiertas de suelo decorativas y fáciles de limpiar.

Zancas: Parte de una escalera que sostiene las partes finales de los escalones y contrahuellas (si éstas existen).

Zócalo (cenefa): Moldura decorativa y de protección localizada en la parte de unión entre el suelo y el muro.

índice

d

e

f

g

h

r

s

t

u

v

y

z

los autores

Julian Cassell y Peter Parham han dirigido su propio negocio de construcción y decoración durante varios años, habiendo renovado con éxito gran variedad de pequeñas y grandes propiedades en el Reino Unido. Estos autores premiados han escrito varios libros, que cubren todos los aspectos del bricolaje, y su aproximación innovadora al problema les ha convertido en invitados populares de programas de televisión y radio.

agradecimientos

Nos gustaría agradecer a las siguientes personas por darnos apoyo, asesoramiento y ayuda en general para la elaboración de este libro: David House de Hewden Hire, en Bruton; Andrew Toogood, de Bradfords, en Yeovil; Colin y Ros Lawrence, John White y Richard Hooper, de B. J. White, de Yeovil; Michael y Sue Read, y Bill Dove.
Murdoch Books querría extender su gratitud a todos aquéllos que han colaborado en este libro, pero gracias en especial a: Alister Laing, Michelle Pickering y Iain MacGregor por tratar problemas con su acostumbrada facilidad. También muchísimas gracias a Tim Ridley, no solamente por su experiencia tras la cámara, sino también por sus contribuciones delante de ella. "Grazie mille" a Marina Sala, su más que competente ayudante, y, como siempre, muchas gracias a Adele por su experiencia tanto en los departamentos de consulta como de proveedores.

Calle Primavera, 35
Polígono Industrial El Malvar
28500 Arganda del Rey
MADRID-ESPAÑA

Publicado por primera vez en 2001 por Murdoch Books UK Ltd.

Ferry House, 51–57 Lacy Road,
Putney, London, SW15 1PR

ISBN: 84-9764-001-2
Depósito legal: M-26192-2002

Autor: Julian Cassell y Peter Parham
Título original: Floors and stairs
Impreso en: COFÁS, S. A.

Todas las fotografías son de Tim Ridley y sus derechos de Libros Murdoch UK Ltd excepto: pág. 6 Ideal-Standard, pág. 7 Armitage Shanks, pág. 8 Fired Earth, págs. 10 y 11 Armitage Shanks, pág. 15 Armitage Shanks (ambas), págs. 20 y 21 Armitage Shanks, pág. 22 Armitage Shanks (ambas), pág. 23 arriba y abajo derecha Armitage Shanks, abajo izquierda Ideal-Standard, pág. 30 válvulas Ideal-Standard, arriba derecha Armitage Shanks, pág. 31 todas las fotos Ideal-Standard, pág. 36 y 37 Armitage Shanks, pág. 53 abajo derecha Armitage Shanks, pág. 57 abajo derecha Ideal-Standard, pág. 59 abajo derecha Ideal-Standard, pág. 61 abajo derecha Armitage Shanks, págs. 64 y 65 Ideal-Standard, págs. 66 y 67 todas las fotos Ideal-Standard excepto la de la pág. 67 abajo derecha de Armitage Shanks, págs. 78 y 79 Amstrong, pág. 80 izquierda Ideal-Standard, derecha Armitage Shanks, pág. 81 izquierda Armitage Shanks, pág. 87 abajo derecha Armitage Shanks, págs. 96 y 97 Ideal-Standard, pág. 98 Armitage Shanks (ambas), pág. 99 abajo izquierda y derecha Armitage Shanks, págs. 112 y 113 Ideal-Standard, págs. 124 y 125 Armitage Shanks, pág. 133 abajo derecha Murdoch Books®/Meredith.

IMPRESO EN ESPAÑA - PRINTED IN SPAIN